Reihe
Doppelstunde
Sport

Herausgegeben von
Stefan König

Bibliografische Information der Deutschen Nationalbibliothek
Die Deutsche Nationalbibliothek verzeichnet diese Publikation in der Deutschen Nationalbibliografie; detaillierte bibliografische Daten sind im Internet über http://dnb.d-nb.de abrufbar.

Bestellnummer 0534

4., überarbeitete Auflage 2024

www.hofmann-verlag.de

Erschienen als Band 3 der „Reihe Doppelstunde Sport“

Bei den Filmaufnahmen der Doppelstunde Turnen haben mitgewirkt:
Filmteam: Valerie Auer, Johannes Fritz, Michael Kurz, Daniel Meuter, Recep Öksüz, Philipp Reitter
Turner:innen: Manuela Hotz, Stephanie Schüler, Daniel Fauser, Georg Walk, Samira Lange, Linus Dobberstein

Druck: Druck- und Kalender-Marketing Sosset GmbH, Kißlegg

Printed in Germany · ISBN 978-3-7780-0534-7

Inhaltsverzeichnis

IV Sechs Doppelstunden für die Klassen 10 bis 12 (16- bis 19-Jährige)

Anhang

Vorwort des Herausgebers

Die Frage, ob „Turnen boomt oder floppt“, war eine zentrale Überlegung im Vorwort des Herausgebers zur 1. Auflage der **Doppelstunde Turnen**. Damit sollte deutlich gemacht werden, dass Turnen in der Schule einen zumindest modifizierten Zugang erfordert. Ein bloßes Hereinholen des Wettkampf- bzw. Kunstturnens in den Sportunterricht im Sinne einer Abbilddidaktik funktioniert nicht mehr – zu unterschiedlich sind die motorischen Voraussetzungen der Schüler:innen und zu konträr ihre Interessen. Aus diesem Grunde haben Sven Lange und Katrin Bischof in ihrem Werk versucht, durch ein vielseitiges Konzept Turnen so aufzuarbeiten, dass es unter verschiedenen Sinnrichtungen betrieben werden kann. Vertieft wurde diese Idee durch viele Beispiele für schülerzentriertes Arbeiten an Bewegungsaufgaben, letztendlich ein Weg, um auch dem Doppelauftrag des Sportunterrichts gerecht zu werden.
Seit 2006 sind nun weit über 8000 Bücher der **Doppelstunde Turnen** verkauft, ein klares Zeichen dafür, dass in der Praxis tätige Sportpädagog:innen diesen didaktischen Ansatz schätzen. Gezeigt hat sich aber auch, dass sich die gesamte Buchreihe **Doppelstunde Sport** zunehmend zu einem Kommunikationsmedium zwischen Lehrkäfte sowie Trainer:innen und den Autor:innenteams entwickelt; dies führt unter anderem auch dazu, dass wir für die gesamte Buchreihe unzählige Rückmeldungen über die Bewährung der Doppelstunden in der Schul- und Vereinspraxis erhalten. Gleiches gilt auch für die **Doppelstunde Turnen**, die in der Zwischenzeit in vielen Fachzeitschriften besprochen und bewertet wurde. Erfreulicherweise sind diese Rückmeldungen zu großen Teilen positiv, sodass wir heute der festen Überzeugung sind, dass das Buch sowohl für das Turnen in der Schule als auch im Verein sehr wohl tauglich ist.
Die nun vor Ihnen liegende vierte Auflage der **Doppelstunde Turnen** wurde an einigen Stellen „kosmetisch“ verbessert, formal überarbeitet und die eine oder andere Skizze nochmals „aufgepäppelt“.
Der Herausgeber und die Autoren sind stolz darauf, mit der 4. Auflage der **Doppelstunde Turnen** eine Unterrichtshilfe geschaffen zu haben, die diesen Namen auch verdient. Sie wünschen sich möglichst viele, aber auch kritische Leser, die aufgrund gelungener Doppelstunden viel Freude beim Unterrichten haben
Prof. Dr. Stefan König

Vorwort von Kim Bui

Es ist mir eine große Freude, dass ich die Gelegenheit habe, ein Vorwort für das Buch **Doppelstunde Turnen** zu schreiben. Für mich ist Turnen die Grundsportart, die ich seit meiner Kindheit liebe und ausübe. Neben drei Teilnahmen bei Olympischen Spielen und dem Gewinn zweier Bronzemedaillen bei Europameisterschaften, ist es einfach die Begeisterung und Faszination für diese Sportart.
Es ist ein Sport, der meine körperliche Fitness und Beweglichkeit verbessert und mir ein Gefühl von Stärke und Selbstvertrauen gibt. Das Turnen hat eine lange Geschichte, die bis ins antike Griechenland zurückreicht. Im Laufe der Jahrhunderte hat sich der Sport weiterentwickelt und erhielt im 19. Jahrhundert einen wichtigen Impuls durch Turnvater Jahn. Er gründete 1811 den ersten Turnplatz und legte damit den Grundstein für die modernen Turnvereine.

Turnen ist ein Sport, der sowohl Kraft als auch Ausdauer erfordert und bei dem Koordination und Körperbeherrschung eine große Rolle spielen. Es ist eine olympische Disziplin, die von Millionen Menschen auf der ganzen Welt ausgeübt wird. Vom Breitensport bis zum Spitzensport gibt es viele Möglichkeiten, sich im Turnen zu betätigen und seine Fähigkeiten zu verbessern.

Durch dieses Buch soll wertvolles Wissen weitergegeben werden wie körperliche Fitness und Beweglichkeit verbessert wird, sowie neue Fähigkeiten und Fertigkeiten erlernt werden können.
Es werden Ihnen verschiedene Übungen und Techniken für Schulstunden vorgestellt, die den Schüler:innen dabei helfen können, die körperliche Fitness und Beweglichkeit zu verbessern. Dabei ist es den Herausgebern besonders wichtig, dass Sie die Übungen immer auf die Fähigkeiten und Grenzen abstimmen und auf eine korrekte Ausführung achten.
Ich hoffe, dass dieses Buch dazu beiträgt, Turnen für Viele noch interessanter und spannender zu machen. Es ist ein Sport, der mich begeistert und der mir immer wieder neue Herausforderungen und Erfolgserlebnisse bietet.
Ich wünsche ganz viel Spaß!

Mit sportlichen Grüßen
Ihre Kim Bui

I

TURNEN UNTERRICHTEN

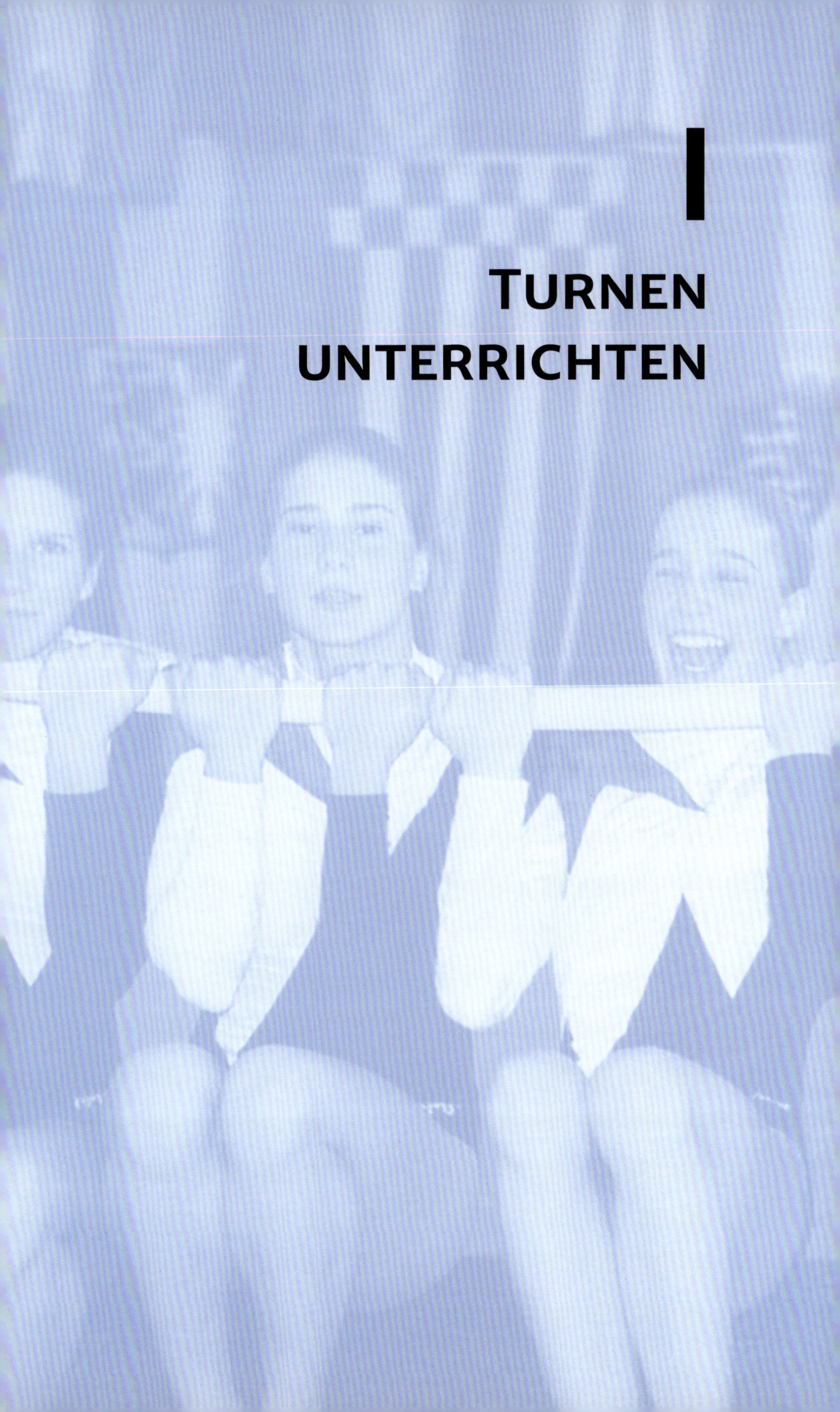

Turnen und die Sportart Gerätturnen

Turnen ist heutzutage weitaus differenzierter zu betrachten als allgemein angenommen wird. So umfasst Turnen mittlerweile vier Olympische und 21 Nicht-Olympische Sportarten. Rund 4,8 Millionen Mitglieder zählt der Deutsche Turnerbund, sodass die Turner:innen nach dem Deutschen Fußballbund (DFB) als zweitgrößter Spitzenverband im Deutschen Sportbund (DSB) vertreten sind. Mit mehr als zwei Millionen Kindern und Jugendlichen ist er sogar der größte Verband Deutschlands für Schüler:innen. Dies zeigt: Turnen ist „in".

In der Schule scheint das Turnen dagegen „out" zu sein. Ob das an der mangelnden Motivation der Schüler:innen, am gesellschaftlichen Wandel oder am Boom anderer Sportarten liegt, wurde bis heute nicht erforscht. Ein Umstand trägt auf jeden Fall dazu bei: Turnen, im Sinne des klassischen Gerätturnens, wird nach wie vor sehr häufig in traditionellen Formen durchgeführt, auch wenn es zahlreiche didaktische Positionen gibt, die andere Möglichkeiten aufzeigen. Ebenfalls werden neuere Entwicklungen in Lehrkräftefortbildungen zu wenig berücksichtigt und die einschlägige Fachliteratur tendiert dazu, Gerätturnen zu sehr als Wettkampfsportart anzubieten. Offensichtlich scheint dies für den Schulsport eine Sackgasse zu sein, denn immer mehr Lehrkräfte turnen mit ihren Schüler:innen zwischenzeitlich überhaupt nicht mehr. So liegt Turnen nach einer Untersuchung in Südhessen nur auf Rang 19 der Beliebtheitsskala bei Schüler:innen, andere traditionelle Sportarten liegen dagegen weit davor (vgl. Digel, 1996). Bei einer Befragung von 1651 Schüler:innen weiterführender Schulen im Saarland findet sich weder bei den Jungen noch bei den Mädchen das Turnen in den Top Ten der Wunschsportarten (vgl. Wydra, 2001), und bei einer Befragung an neun ausgewählten Gymnasien in Baden-Württemberg findet sich Turnen nicht einmal bei den ersten 22 Nennungen der gewünschten Inhalte für den Sportunterricht (vgl. Klenk, 2004).

Das am Wettkampfsport Gerätturnen ausgerichtete Modell scheint für die Schule folglich keine Lösung zu sein. Nach verschiedenen Versuchen in den 1980er- und 90er-Jahren neue und alternative Konzepte zu entwickeln und umzusetzen, finden wir heutzutage bei fast allen neueren Veröffentlichungen eine Rückkehr zum traditionellen Gerätturnen. Insofern erscheint es sinnvoll, mit einem modifizierten Ansatz zu versuchen, Turnen für die Schüler:innen wieder attraktiver zu machen.

Vielen fällt es vielleicht schwerer, einen Aufschwung am Reck zu erlernen, als einen Ball in einen Korb zu werfen, aber das Turnen bietet auch viele Zwischenstationen auf dem Weg zum gekonnten Element. So ist auch ein Aufschwung mit Partner:innenhilfe schon ein Erlebnis und ein Aufschwung nur mit Gerätehilfe schon ein erster Erfolg. Zusätzlich bilden unterschiedliche Sinnperspektiven wie Experimentieren, Finden und Gestalten oder Ausdruck/Ästhetik/Darstellung weitere Zugangsmöglichkeiten, um die Vielfalt dieser Sportart für viele Schüler:innen zu erschließen.

Befragungen zeigen uns, dass der bislang eingeschlagene Weg der primären Sportartenorientierung dem Turnen in der Schule nicht aus seiner Misere helfen kann. Wir schlagen daher einen neuen Weg ein, da wir überzeugt davon sind, dass für Schüler:innen eine weitaus differenziertere Betrachtungsweise benötigt wird als für die turnbegeisterten Kinder in den Vereinen. Die Grundlage dazu bietet der mehrperspektivische Ansatz von Dietrich Kurz (vgl. Kurz, 1998a).

Turnen vielseitig unterrichten

In der turndidaktischen Diskussion werden seit geraumer Zeit drei allgemeine sportdidaktische Konzepte näher betrachtet: Das Sportartenprogramm von Söll (1996), das Konzept der Handlungsfähigkeit von Kurz (1990) und das Körpererfahrungskonzept, auch sportkritische Fachdidaktik genannt, von Funke (1989; 1990). Diesen drei Konzepten ist gemeinsam, dass sie alle einen pointierten Standpunkt vertreten, sich übergreifend auf den gesamten Schulsport beziehen und in die Schulsportpraxis aufgenommen und verbreitet worden sind (vgl. zusammenfassend Balz, 1992, S. 14). Hinsichtlich ihrer Vorstellung von Schulsport unterscheiden sie sich aber deutlich:

1. Schulsport im Sinne von Söll (1996) folgt ganz eindeutig den Vorgaben des außerschulischen Sports und hat deshalb die Aufgabe, bei Schüler:innen die konditionellen und motorischen Voraussetzungen auszubilden, um sie für den Sport außerhalb der Schule vorzubereiten. Insofern hat Leistung die zentrale Zielsetzung und Sinnrichtung von Sportunterricht zu sein.

2. Kurz (1998a) betrachtet dagegen menschliches Handeln als sinngeleitetes Tun und sieht die Notwendigkeit, im Sportunterricht unterschiedliche Sinnperspektiven zu erschließen, die individuell sinnvoll und pädagogisch bedeutsam sein können. Leistung stellt hierbei nur eine mögliche Sinnperspektive von Sportunterricht dar.

3. Im Gegensatz dazu sieht Funke-Wieneke (1992) ganz andere Aufgaben für den Sportunterricht. Sein Konzept zielt darauf ab, Kindern und Jugendlichen einen zeitgemäßen und selbstbestimmten Umgang mit dem eigenen Körper zu ermöglichen. Sportunterricht soll deshalb den Schüler:innen Erfahrungen des Körpers und mit dem Körper – also materiale, soziale und personale Erfahrungen – anbieten.

In dem hier vertretenen sportartspezifischen Didaktikmodell **Doppelstunde Turnen** werden diese drei Konzepte im Sinne eines integrativen Konzepts umgesetzt, wobei folgende Grundstruktur zugrunde liegt: Zentral für das Gesamtcurriculum der **Doppelstunde Turnen** ist der pragmatische Ansatz der Handlungsfähigkeit von Kurz (1998b). In diesem Gesamtrahmen gibt es aber einerseits auch Teilbereiche, die das klassische und traditionelle Turnen im Sinne des Sportartenkonzepts von Söll (2000) thematisieren. Andererseits wird an anderen Stellen, insbesondere in den unteren Klassen, auch auf Ideen des freien Turnens im Sinne von Funke-Wieneke (1992) zurückgegriffen, um Kindern einen möglichst breiten Zugang zu dieser Sportart zu ermöglichen.

Folglich werden sich die **Doppelstunden Turnen** im Sinne von Kurz allen Sinnrichtungen, die sportliche Aktivitäten sowohl für die Schüler:innen als auch für die Lehrkräfte bedeutsam machen (vgl. Balz 1992, S. 15), öffnen und diese berücksichtigen. Integrativ Turnen zu unterrichten bedeutet deshalb, Turnen im Sportunterricht zu großen Teilen nach den u. a. von Balz (1992), Kurz (1998a+b), Paul und Sölken (1998), Stibbe (2000) und Thiele (2001) ausführlich beschriebenen und diskutierten Sinnrichtungen zu unterrichten (vgl. zusammenfassend Bruckmann, 1992):

- Leistung/Selbstdarstellung/Selbstbewährung
- Ausdruck/Ästhetik/Darstellung
- Eindruck
- Abenteuer/Wagnis/Risiko
- Experimentieren/Finden/Gestalten
- Gesundheit/Fitness/Wohlbefinden
- Anschluss/Geselligkeit/Kommunikation/Kooperation

Gleichzeitig werden auch die Leitideen der Bewegungserziehung und der Körpererfahrung im Turnen an verschiedenen Stellen dominant vertreten.

In anderen Worten: Neben dem Ansatz des mehrperspektivischen Unterrichtens (vgl. Kurz, 1998a+b) wird auch das ausschließlich sportartenorientierte Unterrichten von Söll (2000) aufgegriffen, um bestimmte Elemente der Kunstsportart Gerätturnen zu trainieren. In anderen Stunden hingegen werden den Schüler:innen noch mehr Freiheiten ermöglicht, in dem Körpererfahrungen in die Stunden integriert werden, sodass die Schüler:innen mehr als nur das Erlernen bestimmter Fähigkeiten und Fertigkeiten bzw. die Erschließung verschiedener Sinnmuster erfahren.

Fazit: In der **Doppelstunde Turnen** werden verschiedene didaktische Ansätze integriert, um auf diese Weise Turnen attraktiver zu machen und um dem eingangs beschriebenen Problem, dass Turnen im Schulsport nur noch ein Randdasein führt, entgegenzuwirken. Deshalb finden sich in der **Doppelstunde Turnen** Stundenbilder, die sowohl verschiedene Sinnperspektiven dieser Sportart thematisieren, als auch Entwürfe, die dem eher traditionellen Turnen zuzuordnen sind. Genauso gibt es aber Stunden, die in den freien Bereich des Turnens gehören. Aufgrund dieses differenzierenden Ansatzes werden deshalb auch bei den Organisations- und Sozial formen unterschiedlichste Varianten in die einzelnen Doppelstunden integriert.

Trotz dieser klaren didaktischen Position ist eine weitere zentrale didaktische Frage noch nicht gelöst: die Frage nach der Auswahl von Inhalten für den Turnunterricht. Turnen ist eine Sportart, die unzählig viele Bewegungsmöglichkeiten und Techniken umfasst. Sie auch nur annähernd alle im Schulsport zu behandeln, ist unmöglich, sodass auch das didaktische Konzept **Doppelstunde Turnen** exemplarisch auswählen muss. Hierfür bietet der Ansatz der Strukturgruppen im Turnen eine ausgezeichnete Hilfe; er wird deshalb im nächsten Kapitel beschrieben.

Orientierung an den Strukturgruppen

Bereits Ende der 1960er-Jahre haben Leirich, Rieling und Hess (vgl. Arnold, Leirich & Rieling, 1976) eine für das Gerätturnen durchgängige Ordnung festgelegt. Knirsch (1996) hat in seinem „Fundamentum des Gerätturnens“ diese mit leichten Veränderungen versehen und unterscheidet 9 Strukturgruppen (vgl. Knirsch, 1996, S. 32), während Brüggemann (1994) 5 Strukturgruppen der dynamischen Elemente nach biomechanischen Gesichtspunkten unterscheidet (vgl. Tabelle 1).

Innerhalb einer Strukturgruppe finden sich diejenigen Turnelemente wieder, die im Sinne einer Funktionsanalyse gemeinsame Aktionen und Funktionen haben. So haben bspw. alle Felgen gemeinsam, dass aus der Felglage eine fußwärtsgerichtete Hüftstreckung geturnt wird. Eine Verwendung dieser übergeordneten Grundprinzipien erlaubt es, beim Lernen von Elementen gezielt den Transfer von bereits bekannten Übungsteilen zu neuen Übungsteilen zu nutzen. Wird das Gelernte auf andere Situationen übertragen, ist es möglich, einen schnelleren

Lernerfolg zu erreichen. Aus dieser Sichtweise ergibt sich folgendes Unterrichtsprinzip: Einzelne Elemente, wie z. B. das Kippen oder Felgen, sollen nicht nur an einem Gerät geübt werden, vielmehr ist die Bewegung an verschiedenen Gerätearrangements anzubieten.

Tab. 1: Strukturgruppen des Gerätturnens

Knirsch (1996)	Brüggemann (1994)
Schwungbewegungen	Absprung und Abdruck (TAKO)
Sprungbewegungen	Rotationen vertikale Ebene/ horizontale Achse (ROVE)
Rollbewegungen	Rotationen horizontale Ebene/ vertikale Achse (ROHO)
Ab-/Auf- und Umschwungbewegungen	Im Flug erzeugte Rotationen (AIRO)
Überschlagbewegungen	Landungen (LAND)
Kippbewegungen	
Felgbewegungen	
Stemmbewegungen	
Drehbewegungen um die Körperlängsachse	

Organisationsform Gruppen- und Team-Training

Das Arbeiten, Üben und Lernen in Gruppen ist nicht nur eine beliebte Organisationsform, sondern sie bietet den Schüler:innen auch die Möglichkeit, neben den sportlichen Fertigkeiten und Fähigkeiten Sozialkompetenzen zu erlangen (vgl. Balz, 1996). Im Übrigen ist ohne Kooperation das Turnen sowieso kaum möglich, da man zumindest anfangs auf die Rückmeldung von außen angewiesen ist, um eine eigene Bewegungsvorstellung zu entwickeln. Für die Arbeit in Teams sollten folgende Punkte deshalb nicht außer Acht gelassen werden:

1. Die Sportmethodik unterscheidet *Gruppenarbeit vom Gruppenunterricht*, die beide im *Gruppenlernen* vereint sind. Das Belehren wird bei der Gruppenarbeit zugunsten des Erarbeitens in den Hintergrund gerückt. Das Nebeneinander der Schüler:innen wird dabei zu einem Miteinander, und die Leistung des vermeintlich Schwächeren ist für das Gruppenergebnis ebenso wichtig wie die des Stärksten. Entscheidend ist jedoch, dass sich die Gruppe wirklich als Gruppe begreift, die gemeinsame Ziele erreichen will. Gruppenarbeit ist somit keine Summierung äußerlich verbundener Einzelarbeit, sondern beruht auf einer Kooperation, in der die

einzelnen Gruppenmitglieder ein Gesamtergebnis hervorbringen, das sich anders darstellt als die Addition von Einzelleistungen (vgl. Blumenthal, 1988).

„Die soziale Interaktion in der Gruppe in ihrer Abhängigkeit von der sozialen Handlungsfähigkeit der einzelnen Gruppenmitglieder und deren Einstellung zueinander ist entscheidend für die Effektivität des Gruppenhandelns“ (Brodtmann, 1986, S. 15). Soziale Kompetenz als Ziel des sozialen Lernens in der Gruppenarbeit heißt deshalb, in sozialen Situationen selbstbestimmt das eigene Handeln und Verhalten mit den Interessen, Bedürfnissen und Fähigkeiten des anderen in Einklang bringen zu können und daraus persönliche Zufriedenheit zu gewinnen (vgl. Blumenthal, 1988, S. 139).

2. Bei der Gruppenbildung muss zwischen großen und kleinen Gruppen unterschieden werden, ebenso zwischen langfristig bestehenden und kurzzeitig gebildeten Gruppen, die lediglich eine gemeinsame Aufgabe lösen.

   - Kleine Gruppen bzw. Teams
     Kleine Gruppen dienen vor allem dem sozialen Lernen. Es geht dabei um ein gemeinsames, selbstständiges und zielgerichtetes Handeln in der Gruppe. Die Größe variiert zwischen zwei und fünf Kindern oder Jugendlichen. Voraussetzungen für die Arbeit in kleinen Gruppen sind ein solides Fundament körperlicher Fähigkeiten und Fertigkeiten, ein ausreichend hohes Niveau an sozialer Kompetenz, Kenntnisse im Helfen und Sichern (soweit notwendig) und die Fähigkeit zu korrigieren.

   - Große Gruppen
     Große Gruppen setzen die Fähigkeit zum gemeinsamen, selbstständigen und zielgerichteten Handeln in einer kleinen Gruppe voraus. Darüber hinaus ist eine gute Disziplin vonnöten, um ein effektives Lernen zu ermöglichen. Große Gruppen werden meist nur dann gebildet, wenn es um die Durchführung (nicht um das Erlernen) eines Mannschaftsspiels geht oder wenn eine Gruppe eine gemeinsame Vorführung einübt.

3. Die Schüler:innen erhalten bei der Gruppenarbeit ein erhebliches Maß an Mitverantwortung, etwa wenn sie sich gegenseitig Helfen und Sichern. Damit ist gewährleistet, dass sie die Elemente nicht nur aus Sicht einer turnenden Person, sondern auch aus der Außenperspektive kennen und verstehen lernen, denn: Ohne Rückmeldung von außen kann man nicht turnen!

Helfen und Sichern

1. **Helfen** lässt sich zunächst in *Hilfen durch Geräte* und *Hilfen durch einen oder mehrere Partner:innen* unterscheiden. Hilfestellung erleichtert die Ausführung einer Bewegung oder eines Elementes und sollte in Anpassung an den Könnensstand der Übenden reduziert werden.

   Typische *Gerätehilfen* sind Mattenberge, schiefe Ebenen und Absprunghilfen, wie etwa ein Minitrampolin. *Hilfen von Partner:innen* dagegen sind Aktionen, bei denen aktiv in den Bewegungsablauf eingegriffen wird, um diesen zu unterstützen, zu lenken oder zu korrigieren (vgl. Gerling, 1999, S. 37-38). Auch die verbale Hilfe wird häufig verwendet, etwa als Zuruf für den korrekten Zeitpunkt einer Aktion.

2. **Sichern** unterscheidet sich vom Helfen in der Form, als dass die Partner:innen nicht aktiv in das Geschehen eingreifen, sondern nur im Falle des Misslingens ein Abstürzen oder Fallen vermeiden. Sicherheitsstellungen sind daher selbst bei der Notengebung nicht nur zu erlauben, sondern gar einzufordern.

   Die passive Sicherung durch Geräte und Matten ist kein ausreichender Ersatz für eine reaktionsschnelle Hilfe durch Personen, sodass auch für das Erklären und Üben der Hilfestellung genügend Zeit in die Turnstunden einzuplanen ist. Dabei ist es wichtig, durch gezielte Vorübungen eine vertrauensvolle Atmosphäre im Unterricht zu schaffen. Vertrauen bezieht sich hierbei nicht nur auf die Lehrkraft, sondern auch auf die Schüler:innen untereinander, wenn sie, wie in unseren Stundenentwürfen dargestellt, sich gegenseitig helfen und sichern sollen. Diese gegenseitige Schüler:innenhilfe bzw. Sicherung setzt voraus, dass die Schüler:innen gewohnt sind, sich gegenseitig zu vertrauen und auch Berührungen zuzulassen. Deshalb sollte etwa eine neue Klasse mit entsprechenden Spielformen auf diese neue Situation vorbereitet werden. Zahlreiche Beispiele dafür finden sich bei Gerling (1997), werden aber auch in die **Doppelstunde Turnen** integriert.

Hilfestellungen können nur dann effektiv sein, wenn die Helfenden wissen, warum und wann sie die Bewegung unterstützen müssen. **Die Helfer:innengriffe müssen den Schüler:innen daher nicht nur genannt, sondern von der Lehrkraft demonstriert und von den Schüler:innen geübt werden.** Dabei sollte auf eine Begründung der jeweiligen Aktion nicht verzichtet werden („Beim Aufschwung unterstützt die Hand an der Hüfte den Körper auf dem Weg nach oben zur Stange, weil ...“).

Grundregeln für das Helfen sind:

- Die Hilfestellung steht nahe am Turnenden.
- Es wird so rumpfnah wie möglich gegriffen, damit möglichst wenig Gelenke in ihrem Bewegungsspielraum eingeschränkt werden und die Unterstützung in der Nähe des Körperschwerpunkts erfolgt.
- Ellbogengelenk und Handgelenk sind bei Hilfen absolut tabu, auch der vielfach zu findende Griff an Ober- und Unterarm, etwa bei der Hocke am Sprung, birgt erhebliche Verletzungsgefahren.

Da der Bereich **Helfen und Sichern** als ein zentraler Bereich im Turnen betrachtet wird, sind in der beiliegenden CD nicht nur Videoaufnahmen verschiedener Elemente, sondern auch die zentralen Helfer:innengriffe bei den jeweiligen Elementen berücksichtigt. Die entsprechenden Stellen sind mit dem Kamerasymbol gekennzeichnet.

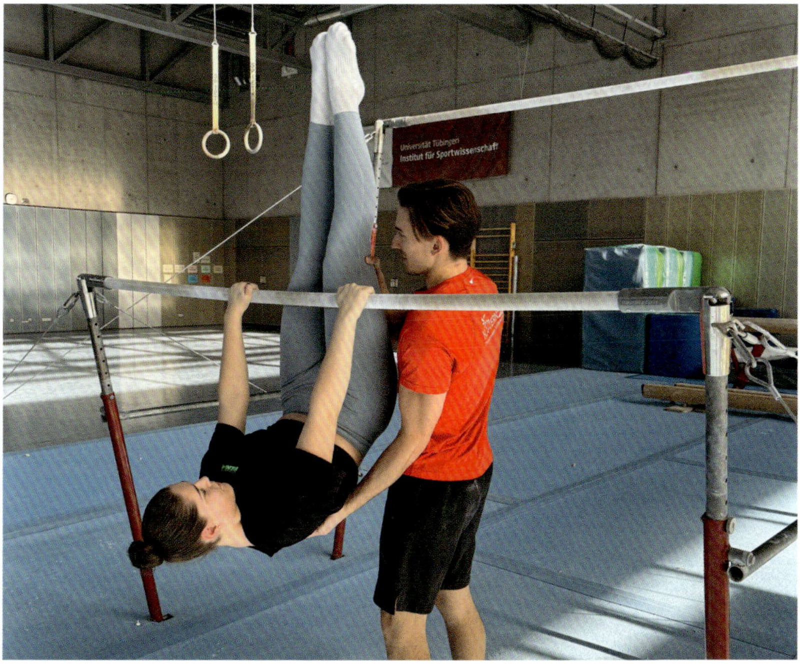

Hallen, Geräte, Medien

Wenige Turnhallen bieten seitens der Geräteausstattung die Bedingungen, die man sich für einen „optimalen“ Turnunterricht wünscht. In den folgenden Stundenentwürfen wurde deshalb von einer Mindestausstattung mit folgenden Geräten ausgegangen (vgl. Tab. 2):

Tab. 2: Mindestausstattung

Großgeräte	**Kleingeräte**
• 2 Reckanlagen • 2 Parallelbarren • 1 Schwebebalken • 3 große Kästen • 1 Pferd • 2 Böcke	• 4 kleine Kästen • 3 Bänke • 3 Sprungbretter • 2 Minitramps
Fest installierte Geräte	**Matten**
• 2 Paar Schaukelringe • 5 schwingende Taue • 1 doppelte Sprossenwand	• 10 dünne Matten • 2 Weichbodenmatten

Ersatzgeräte

Es kommt immer wieder vor, dass Geräte nicht in der gewünschten Anzahl vorhanden sind. Alternativ lassen sich häufig andere Geräte nutzen, um gleiche Inhalte zu vermitteln:

- Was an den Ringen geturnt wird, geht zum Teil auch an den Tauen und umgekehrt.
- Ein Stützreck kann durch einen Parallelbarren ersetzt werden, bei dem ein Holm herausgenommen wird.
- Kasten und Pferd können alternativ als Sprunggerät verwendet werden.
- Eine umgedrehte Bank kann einen Schwebebalken annähernd ersetzen.

Auch beim Aufbau sogenannter Mattenberge existieren viele Varianten. Als Unterbau können folgende Gerätearrangements genutzt werden:

- 3 Kästen
- 1 Pferd und 2 Kästen,
- 1 Kasten, 1 Pferd und 1 Parallelbarren,
- 3 Weichbodenmatten übereinander oder
- 2–3 Bänke, die zwischen Reck und Kasten oder Parallelbarren eingehängt sind.

Phantasie ist also ein nützliches Hilfsmittel, um Turnen auch in weniger gut ausgestatteten Hallen möglich zu machen. In den einzelnen Stundenentwürfen wird daher immer wieder auf Gerätalternativen hingewiesen.

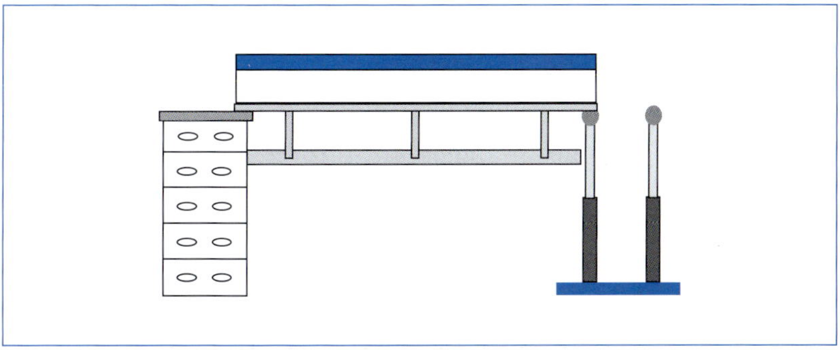

Ersatzgeräte für Mattenberg

Aufbau der Doppelstunden

Den folgenden 20 Doppelstunden liegt eine relativ einheitliche Struktur zugrunde. Sie sind für 75–85 Minuten konzipiert und setzen sich aus den folgenden drei Bausteinen zusammen (vgl. Tab. 3):

Tab. 3: Stundenaufbau der Doppelstunden Turnen in der Schule

Unterrichtsabschnitt	Zeit	Inhalte/Prinzipien
Aufwärmen (warm-up)	10–15 Minuten	a) Physische und psychische Vorbereitung b) Aktivierende Übungen zur Beweglichkeit und Kräftigung
Erkundungsphase/ Lern- und Übungsphase	Ca. 60 Minuten	a) Erkundung von Geräten oder Bewegungsaufgaben b) Einführung und Schulung technischer Inhalte Die Erkundungs-/Übungsphase kann eine weitere Vorbereitungsphase oder eine anschließende Steigerungsphase beinhalten
Stundenausklang	5–10 Minuten	Selbstständiges Üben, Geräteabbau, Reflektieren

Anzumerken ist noch, dass sich die Unterrichtsinhalte hinsichtlich ihres Umfangs an einer fiktiven Durchschnittsklasse der jeweiligen Altersstufe orientieren. **Im Turnen ist es nicht immer möglich, innerhalb von 80 Minuten zur Endform eines Elements zu kommen.** Daher können einzelne Teile in der dritten Sportstunde angeboten werden oder aber aus einer Doppelstunde zwei Doppelstunden gemacht werden; dabei empfiehlt es sich, den Erkundungs- bzw. Übungsphasen mehr Raum zu geben.

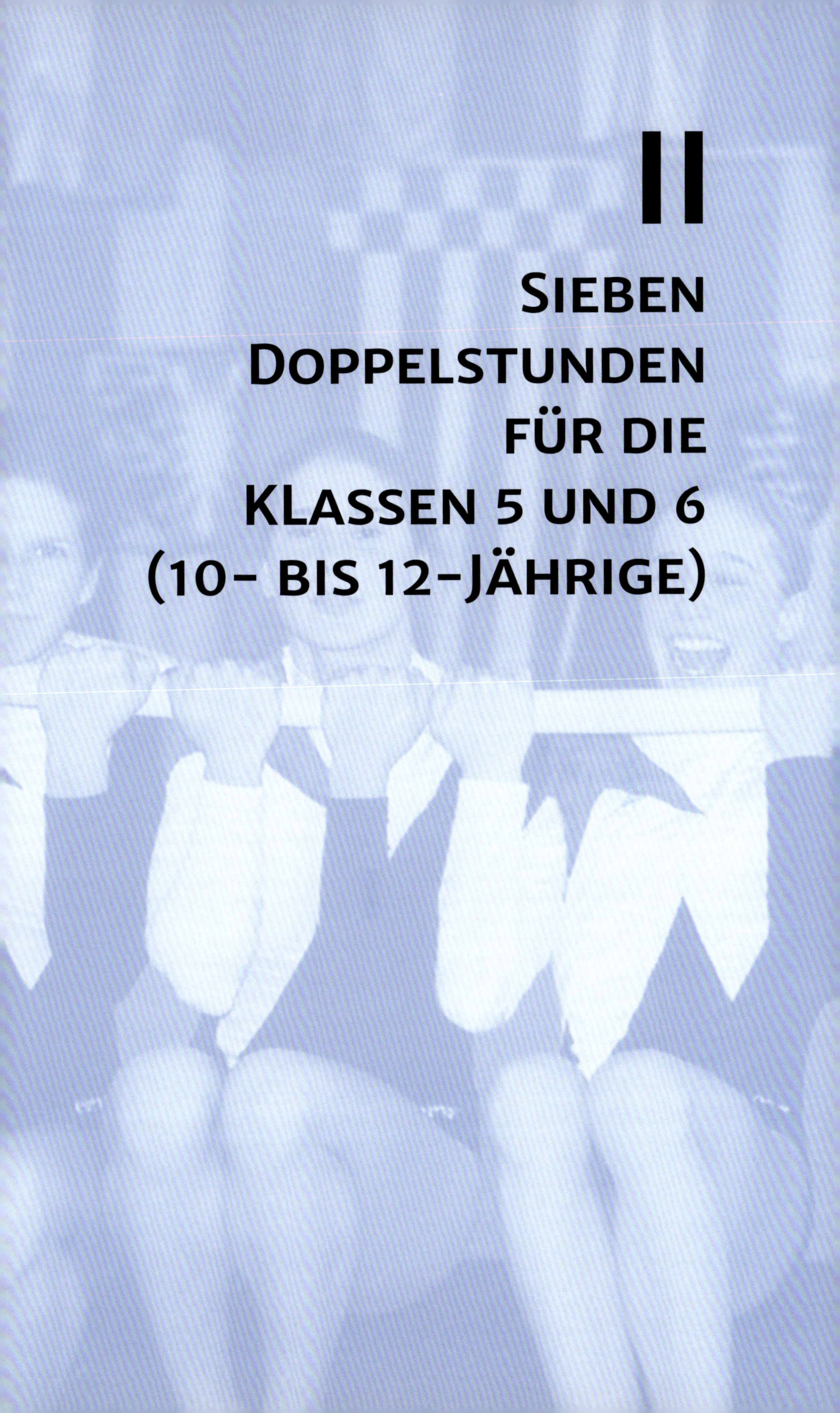

II

Sieben Doppelstunden für die Klassen 5 und 6 (10- bis 12-Jährige)

Turnen in der Unterstufe

Aufbauend auf den freien Konzepten der Unterrichtsgestaltung in der Grundschule, wie sie etwa durch Bewegungslandschaften mit dem Ziel einer vielseitigen, motorischen Grundlagenausbildung, der Schulung spezieller Fertigkeiten oder als integrativer Bestandteil einer fertigkeitsorientierten Turnstunde (vgl. Lutter & Stock, 2005) angestrebt werden, orientieren sich die Doppelstunden für die unteren Klassen in ihrer didaktisch-methodischen Struktur ebenfalls an eher offenen Unterrichtskonzepten wie sie Funke-Wieneke (vgl. 1980, 1989, 1990 und 1992), Kurz (1998b) oder Laging (1990) beschrieben haben. Dabei gilt es, den Kindern, die in diesem Alter einen Übergang vom Nachahmungslernen zum verstehenden, einsichtigen Lernprozess durchmachen (vgl. Kolupa, Lange, Noecker, Ruehl & Selchow, 2002), normfreie Entscheidungsräume zur Verfügung zu stellen, die der Aneignung sportmotorischer Fähigkeiten und Fertigkeiten dienen.

In der **Doppelstunde Turnen** wird davon ausgegangen, dass durch dieses Vorgehen Schüler:innen vielfältige Erfahrungen sammeln können. Auf diese Weise werden automatisch Grundlagen für das erfolgreiche Lernen schwierigerer Elemente gelegt. Werden an der einen oder anderen Stelle spezifische Bewegungselemente eingeführt und dafür besondere koordinative oder konditionelle Voraussetzungen benötigt, so wird den Schüler:innen in dieser offenen Form des Unterrichts trotzdem ermöglicht, darüber hinausgehende Erfahrungen über Bewegungen zu sammeln.

Ein weiterer grundlegender Faktor ist, dass für die Schüler:innen der Unterstufe das Lernen und Beherrschen von „Tricks“ ein großer Motivationsfaktor im Turnen ist und die Herausforderungen von Bewegungslandschaften, wie sie in den folgenden sechs Doppelstunden beschrieben sind, zum „trickreichen“ Bewegen an den Geräten anregen. Schließlich werden Tricks nicht nur in der Turnhalle benötigt; sie finden ebenfalls Eingang in den Schulhof und die Freizeit, wo sie Mitschüler:innen und Freund:innen gezeigt werden können. Eine genauere Erläuterung der Konzeptumsetzung erfolgt in den Einführungstexten zur jeweiligen Doppelstunde.

Neben diesen didaktischen und motivationalen Vorüberlegungen für das Turnen mit 10- bis 12-Jährigen sind noch weitere einleitende Bemerkungen notwendig:

1. In der Doppelstunde **Abenteuerparcours I** sammeln die Schüler:innen erste Erfahrungen mit einer derartigen offenen Unterrichtskonzeption. Unter Umständen sind sie mit einer solchen Vorgehensweise noch nicht vertraut. Daher sollte diese Stunde auch unbedingt vor dem Abenteuerparcours II angeboten werden, damit der kreative Prozess dieser Folgestunde nicht durch eine Überforderung von vornherein gebremst wird.

2. Die Doppelstunde **Körperspannung** greift eine Thematik auf, die in der Fachliteratur nur unzureichend bearbeitet wird, aber für das Gelingen vieler turnerischer Bewegungen eine wichtige Grundlage darstellt.

3. Die Doppelstunde **Schwingen** greift den Erlebnisgedanken wieder auf, wobei das Schwingen an den Schaukelringen im Mittelpunkt steht. Außer an diesem Gerät gibt es für Anfänger:innen im Turnen kaum die Möglichkeit, so hoch hinaus zu schwingen, und alle, die dieses Gerät selbst einmal ausprobiert habeb, werden zustimmen, dass die Schaukelringe einen sehr hohen Motivationsfaktor besitzen.

4. Die Doppelstunde **Rundherum** versucht durch den nicht alltäglichen Geräteaufbau ebenfalls die Motivation zu erhöhen, dabei aber gleichzeitig auch wichtige Grundlagen für das Turnen in den höheren Klassen zu legen.

5. Und schließlich wird in den beiden Doppelstunden **Springen und Landen** ein weiteres zentrales Bewegungsmuster erarbeitet, wobei ausgehend von vielfältigen Formen des Springens und Landens eine erste turnerische Technik eingeführt wird, die Kinder im Alter von 10–12 Jahren in der Regel sehr anspricht.

Doppelstunde 1
Abenteuerparcours I

Mit dem Abenteuerparcours sollen den Schüler:innen Erfahrungen (vgl. Scherler, 1985) mit Turngeräten ermöglicht werden; darüber hinaus sollen sie durch deren hohen Aufforderungscharakter einen Zugang zum Turnen finden. Neben dem erkundenden Charakter dieses Vorgehens stehen im Sinne des mehrperspektivischen Unterrichtens Kreativität, Kooperation, Spaß, Wagnis und Verantwortung im Vordergrund dieser Stunde. Die Turnstunde stellt somit die Aufgabe, nach Lösungen für besonders attraktive Bewegungsprobleme zu suchen, die in solcher Vielfalt bei keinem anderen Thema im Sportunterricht möglich sind. Das Ziel einer solchen Stunde ist demnach nicht das Vermitteln bestimmter Turnelemente, sondern

- das Sammeln von materialen, körperlichen, sozialen und personalen Erfahrungen,
- der Umgang mit den Turngeräten sowie
- der Aufbau eines positiven Grundgefühls dem Turnen gegenüber.

Der Abenteuerparcours versteht sich auch als motivationaler Impuls für das Turnen in der Schule. Indem die Aufgaben beim Errichten dieses Abenteuerparcours in der Gruppe gelöst werden, kann das Thema im Sinne von Laging (1999) auch als produktives Miteinander vertanden werden. Ebenfalls werden durch das integrierte Balancieren, Schwingen, Klettern und Steigen einige der turnerischen Grundbewegungen angesprochen.

Zu beachten ist in diesem Zusammenhang, dass zu offene Aufgabenstellungen sehr leicht zu Überforderungen der Schüler:innen führen können und dadurch kreatives Handeln hemmen. Die Vorschläge für Bewegungslandschaften sollen dem entgegenwirken. Hauptaufgabe der Lehrkraft bei dieser Schüler:innenzentrierten Unterrichtsform ist folglich der kritische Blick auf die Sicherheit der Bewegungsideen und Aufbauten der Schüler:innen. Hierzu gehören neben den üblichen Sicherungen wie Matten v. a. auch die Kontrolle der Belastung für die einzelnen Geräte, die in der einen oder anderen Weise „zweckentfremdet“ werden. Zusammen mit den zu bildenden Teams soll die Lehrkraft diese Gefahrenstellen erkennen und den Schüler:innen beratend zur Seite stehen. Es sollte daher genügend Zeit für den Bau und die Erprobung der Landschaften zur Verfügung stehen, sodass evtl. auftretende Probleme unmittelbar besprochen werden können.

Nach der Stunde sollte eine kurze Reflexion stattfinden, in der die Schüler:innen ihre Erlebnisse und Eindrücke mitteilen können. Vorschläge für weitere Stunden werden notiert und zu gegebener Zeit eingebracht.

Der Abbau erfolgt in derselben Gruppe wie der Aufbau. Somit ist gewährleistet, dass die Geräte wieder an ihren richtigen Platz aufgeräumt werden.

Für die *Vorbereitung* wichtig:

- Bereits in der Woche vorher sollte die Lehrkraft ankündigen, dass geeignete Materialien (Tücher, Fahrradhelme, Seile, Decken, Rucksäcke) von zu Hause mitzubringen sind.
- Begriffskarten sind von der Lehrkraft in entsprechender Anzahl herzustellen (vgl. Stundenverlauf).

Stundenverlauf Doppelstunde 1: Abenteuerparcours I

<table>
<tr><th>Stundenabschnitte und Unterrichtsinhalte</th><th>Organisatorische Hinweise</th></tr>
<tr><td colspan="2">Aufwärmphase</td></tr>
<tr><td>Einstieg in das Thema
• Jede:r Schüler:in zieht eine Karte, auf denen ein Begriff in Form eines Wortes oder Bildes zu finden ist. Diese Begriffe sind von den Schüler:innen ohne Worte nachzuspielen. Schüler:innen, die eine Karte mit denselben Begriffen gezogen haben, sollen sich anhand des Pantomimespiels finden und Gruppen bilden.
• Variante: Die Karten werden in zwei Kartenhaufen gemischt und den Schüler:innen verdeckt angeboten. Die Gruppe wird halbiert, eine Hälfte stellt pantomimisch den Begriff dar, die andere Hälfte versucht sich zuzuordnen.
Selbstverständlich können in einer Stunde auch beide Formen angeboten werden oder es kann eine Form zwei- bis dreimal durchgespielt werden, um die Aufwärmphase insgesamt etwas intensiver zu gestalten.</td><td>Es müssen genauso viele Karten vorhanden sein wie Schüler:innen in der Klasse sind.
Folgende Begriffe müssen in etwa gleicher Anzahl auf den Karten zu finden sein:
• Team Hängebrücke
• Team Abfahrtsläufer:innen (Steilhang)
• Team Gletscherspalte
• Team Yeti-Höhle
Nachdem sich die Gruppen gefunden haben, sollen sie sich für die Expedition ausrüsten. Die Schüler:innen versorgen sich mit den von ihnen mitgebrachten Kopftüchern, Fahrradhelmen, Seilen, Decken, Rucksäcken etc.</td></tr>
<tr><td colspan="2">Erkundungsphase</td></tr>
<tr><td>Aufbauen und experimentieren mit den Landschaften
Die Gruppen, die sich mit Hilfe des Pantomimespiels gefunden haben, erhalten nun die Aufgabe, einen „Landschaftsausschnitt“ zu bauen. Folgende Teams arbeiten zusammen:
• Team Hängebrücke
• Team Abfahrtsläufer:innen
• Team Gletscherspalte
• Team Yeti-Höhle
Nach dem Aufbau sollen die Schüler:innen in ihrem Landschaftsausschnitt mit verschiedenen Bewegungen experimentieren.</td><td>• Den Gruppen ist zum Bau und zum Experimentieren mit der Landschaft genügend Zeit zu geben. Die Gruppen sollen sich mit den Geräten selbst absprechen, ggf. gemeinsam verwenden.
• Die Höhle sollte so groß sein, dass alle Schüler:innen darin Platz finden.
• Das Team Steilhang kann Taue zum Hochklettern verwenden.
• Grundsätzlich hat die Lehrkraft auf die Sicherheit zu achten (Geräteaufbau, Belastung der Geräte, Sicherung mit Matten und Seilen), ggf. Gefahrenstellen rechtzeitig erkennen und die Schüler:innen beraten.</td></tr>
</table>

Stundenabschnitte und Unterrichtsinhalte	Organisatorische Hinweise
Erkunden der anderen Landschaften (Stationsbetrieb)	
Die Gruppen bleiben zusammen und erkunden gemeinsam die weiteren Landschaften. Folgende Aufgaben können gestellt werden: • Welche Bewegungsformen sind an der jeweiligen Station möglich (Bsp.: „Wo kann am Steilhang wie gerollt werden")? • Wie bewegt sich ein Yeti, ein Abfahrtsläufer:innen, ein Expeditionsteilnehmer:innen, ... in dieser Landschaft?	Durch den Wechsel der Stationen sollen die anderen „Bewegungslandschaften" kennen gelernt und Bewegungserfahrungen gesammelt werden. Die Gruppen erhalten für die einzelnen Stationen genügend Zeit, ein Stationswechsel wird von der Lehrkraft organisiert.
Verbinden aller Landschaften	
Die Gruppen sollen nun ihre Stationen mit „Brücken" zu einem Parcours verbinden.	Anhand verschiedener Materialien die Stationen so verbinden, dass der Boden nicht berührt werden muss, um zur nächsten Station zu gelangen.
Stundenausklang	
Such den Yeti	
Die Yetis (Team Yetihöhle) ziehen sich zurück und werden nun von den anderen Teams gesucht. Aufgrund der hohen Strahlung ist die Hälfte der Expeditionsteilnehmenden erblindet (Augen mit einem Tuch verbinden) und werden von den nicht betroffenen Teilnehmer:innen geführt. Aufgabe des Expeditionsteams ist das Auffinden und mitnehmen eines Yetis je Gruppe, der dann in die Höhle gebracht wird.	Auf die Gefahren hinweisen, die v. a. für die Blinden bestehen und keine schnellen Bewegungen zulassen.
Es wird Nacht	
Alle Bergbewohner:innen ziehen sich in die Höhle zurück. Lehrkraft und Schüler:innen ziehen ein abschließendes Fazit und reflektieren die Stunde.	Die Lehrkraft kann eine dem Alter der Schüler:innen angemessene Geschichte erzählen. Sofern die Höhle sehr dunkel ist, kann mit einer Taschenlampe (oder Stirnlampe) etwas erhellt werden. Alles, was für eine gute Atmosphäre in der Höhle zuträglich ist, kann eingebracht werden (Plätzchen in der Weihnachtszeit, Tee, wenn der Hausmeister nichts dagegen hat etc.). Alternativ kann pantomimisch Feuer, Kälte, Einsamkeit etc. dargestellt werden.

Doppelstunde 2
Abenteuerparcours II

Durch den ersten Abenteuerparcours, der unter anderem unter der Zielsetzung Erkunden der Geräte stand, wurden von der Gruppe wichtige Erfahrungen im Umgang mit Turngeräten, der Schüler:innenzentrierten Arbeitsweise der Lehrkraft und dem Verhalten der Mitschüler:innen gemacht. Hierauf aufbauend wird nun mit dem zweiten Parcours der Aspekt „Bauen" im Vordergrund stehen.
Nach Funke-Wieneke (1992) charakterisiert sich dieser Aspekt des *Freien Turnens* dadurch, dass die Schüler:innen für vorgeschlagene Bewegungsaufgaben wie Klettern, Schaukeln, Schwingen sowie Fliegen und Landen, eigene Gerätearrangements finden müssen, mit denen diese Aufgaben gelöst werden können. Die Schüler:innen werden also dazu aufgefordert, zu einem bestimmten Thema aus allen verfügbaren Geräten eine Bewegungsbaustelle zu entwickeln, die der genannten Struktur entspricht. Mit den Strukturvorgaben werden alle drei Bedeutungsgebiete des Turnens berücksichtigt: Das Springen als Sich-Lösen vom Boden, das Schwingen und das Balancieren, wenn man, wie Laging (1990), das Klettern als Sonderform des Balancierens deutet.

Die Stunde selbst wird zunächst lehrkraftzentriert mit einem Sprung- und Landezirkel begonnen.[1] Die Stationen dieses Zirkels, der auf spätere Belastungen beim Fliegen und Landen vorbereiten soll, werden von der Lehrkraft erläutert und demonstriert. Dem schließt sich in einer Erkundungsphase das Experimentieren in einer Bewegungsbaustelle an. Die Hauptaufgabe der Lehrkraft bei dieser schüler:innenzentrierten Unterrichtsform ist zunächst der kritische Blick auf die Sicherheit der Aufbauten: Hierzu gehören neben den üblichen Sicherungen wie Matten v. a. auch die Kontrolle der Belastung für die einzelnen Geräte, die in der einen oder anderen Weise zweckentfremdet werden. Zusammen mit den zuvor gebildeten Teams muss die Lehrkraft diese Gefahrenstellen erkennen und den Schüler:innen beratend zur Seite stehen. Es sollte daher genügend Zeit für den Bau und die Erprobung der Landschaften zur Verfügung stehen.

---

[1] Die Doppelstunde 6 (Springen und Landen) geht detailliert auf die Landetechnik ein (S. 54–55).

Anschließend erfolgt ein Anbau an die bestehenden Stationen: Jedes Team überlegt sich für seine Station, mit welchem Anbau die möglichen Bewegungsformen mit einer Bewegungsform der anderen Thematiken kombiniert werden können. Nach dem Anbau werden die möglichen Bewegungsfolgen erprobt.

Nach der Stunde sollte eine kurze Reflexion stattfinden, in der die Schüler:innen ihre Erlebnisse, Eindrücke und Besonderheiten mitteilen können. Vorschläge für weitere Stunden werden von der Lehrkraft notiert und zu gegebener Zeit eingebracht.

Der Abbau erfolgt in derselben Gruppe wie der Aufbau. Somit ist gewährleistet, dass die Geräte wieder an ihren richtigen Platz aufgeräumt werden.

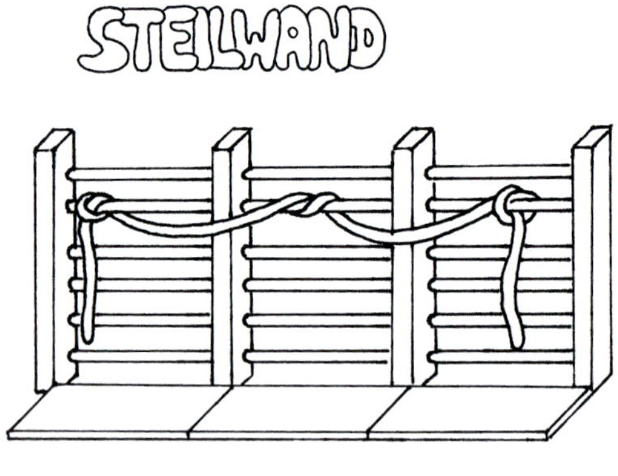

Steilwand

Sprossenwand,
Ziehtau.

Spielmöglichkeit

- „Überwinde die Steilwand, ohne den Boden zu berühren."
- Wie oben, aber per Stoppuhr Zeit nehmen.

Stundenabschnitte und Unterrichtsinhalte	Organisatorische Hinweise
Aufwärmphase	
Aktivieren Ein:e Partner:in nimmt eine stabile (hüftbreite) Ausgangsstellung ein, bei der die angewinkelten Arme in Hochhalte sind, der:die andere Partner:in gibt an verschiedenen Körperregionen (Schulter, Arme, Hüfte) leichten Druck aus verschiedenen Richtungen (vorne, hinten, seitlich). Druck langsam aufbauen und langsam wieder lösen.	Gruppe frei im Raum verteilen. Ausgangsstellung demonstrieren. Körperspannung aufbauen durch Gegendruck des:der Partner:in. Steigerung: Druck langsam aufbauen und ruckartig lösen. Lehrkräfte, die es vorziehen, das Herz-Kreislauf-System zu aktivieren, können eine Laufform vorschalten.
Sprung- und Landezirkel (vgl. Abb. 1 bis 4)	Die Klasse wird in 4 Gruppen eingeteilt. Jede Gruppe erhält eine vorbereitete Stationskarte, die den Aufbau einer Station erklärt. Die Gruppe baut selbstständig auf.
Station 1: Kleine Kästen Beidbeinig auf oder über die kleinen Kästchen springen, je nach Leistungsstand der Schüler:innen.	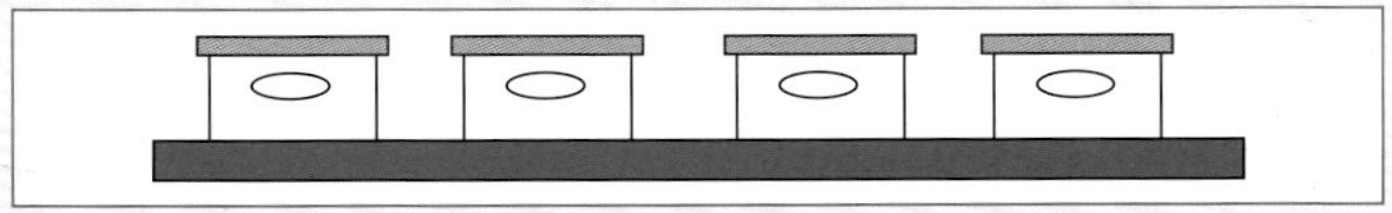 Abb. 1: Kleine Kästen (auf ausreichenden Abstand zwischen den Kästchen ist zu achten!)
Station 2: Sprungbrett 2 Schritte Anlauf, einbeiniger Absprung in das Brett, beidbeiniger Absprung aus dem Brett und Landung auf der Turnmatte (leicht in die Knie gehen).	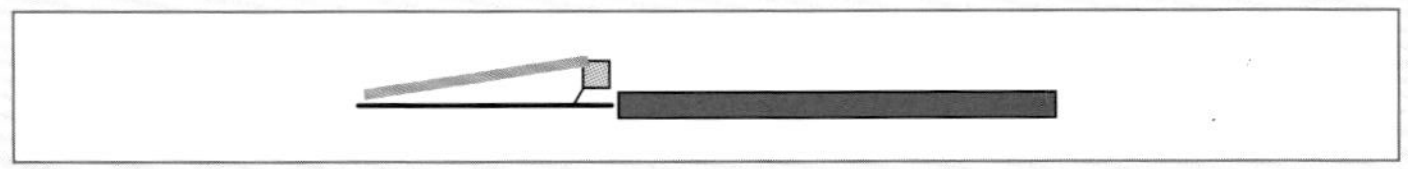 Abb. 2: Sprungbrett
Station 3: Dreiteiliger Kasten Nach Aufhocken erfolgt beidbeiniger Absprung vom Kasten mit beidbeiniger Landung auf Turnmatten.	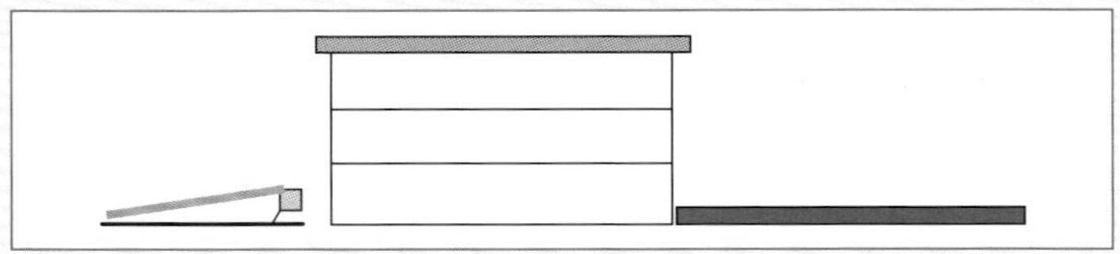 Abb. 3: Dreiteiliger Kasten

Stundenabschnitte und Unterrichtsinhalte	Organisatorische Hinweise
Station 4: Minitrampolin Angehen auf dem 3-teiligen Kasten, Einsprung in das Minitrampolin und Landung auf der Weichbodenmatte. Eine Sicherheitsstellung steht mit einem Fuß auf dem Minitramp und mit dem anderen auf der Weichbodenmatte und verhindert, dass die turnende Person auf den Metallrahmen des Minitramps zurückfällt.	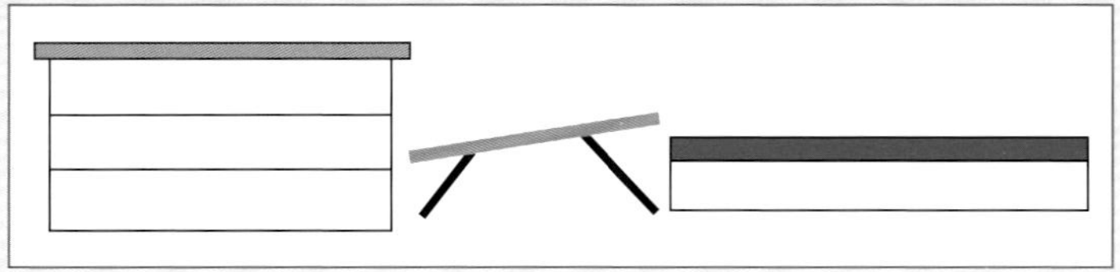 **Abb. 4: Minitrampolin**
Nach dem Aufbau erfolgt eine Begehung des Zirkels mit der Klasse; die Lehrkraft erklärt und demonstriert ggf. die einzelnen Aufgaben.	Wechsel auf Kommando der Lehrkraft.
Anschließend wird an den Stationen jeweils 2 bis 3 Minuten geübt.	
Erkundungsphase	
Bauen von Bewegungslandschaften Die Klasse wird jetzt in 3 Gruppen eingeteilt, die die folgenden Bewegungslandschaften aufbauen sollen: • Gruppe 1: Klettern • Gruppe 2: Schaukeln und Schwingen • Gruppe 3: Fliegen und Landen Für diese Aufgabe ist den Gruppen genügend Zeit zum Bau und zum Experimentieren mit der Landschaft zu geben.	Impuls: „Sucht Euch beliebige Geräte aus, mit denen Ihr eine Station passend zu eurem Thema baut“ (freie Gerätewahl). Die Lehrkraft hat die Aufgabe, auf die Sicherheit zu achten (Geräteaufbau, Belastung der Geräte, Sicherung mit Matten und Seilen), Gefahrenstellen rechtzeitig zu erkennen und die Schüler:innen zu beraten. Die Gruppen sollen sich selbstständig über die Belegung der Geräte einigen und diese ggf. auch gemeinsam verwenden.
Probieren Die Gruppen wechseln von Station zu Station.	Bewegungserfahrungen an anderen Stationen ermöglichen.

Stundenabschnitte und Unterrichtsinhalte	Organisatorische Hinweise
Anbauen Die Gruppen sollen nun mit den noch verfügbaren Geräten an die jeweiligen Stationen einen Anbau konstruieren, der thematisch zu einer der anderen Stationen passt. Impuls: „Versucht nun, an der Station, an der Ihr Euch gerade befindet, einen Anbau anzufertigen, der zu einer der anderen Stationen passt. Beispielsweise überlegt sich die Gruppe, die gerade beim Klettern ist, einen Anbau zum Schaukeln und Schwingen. Der Anbau sollte so konstruiert sein, dass die Bewegung nicht unterbrochen werden muss.“ Anschließend erhalten die Schüler:innen noch einmal Zeit, die abgeänderten Stationen auszuprobieren.	*Anmerkung:* Der Anbau kann aufgrund der weniger gewordenen Geräte nur kleiner als der ursprüngliche Bau ausfallen.
Stundenausklang	
Abbau-Wettbewerb Welche Gruppe schafft es, Ihre Geräte am schnellsten wieder an den richtigen Ort im Geräteraum aufzuräumen?	Lehrkraft kontrolliert. „Belohnung“, z. B. Wunsch eines Aufwärm- oder Schlussspiels in der laufenden oder nächsten Stunde für das schnellste Team.

Doppelstunde 3
Körperspannung

Schenkt man den Aussagen von Schüler:innen, Lehrkräften und Studierenden Glauben, dann scheint das Gerätturnen immer unbeliebter zu werden (vgl. auch Kapitel I). Als Gründe hierfür werden sehr häufig „mangelnde Erfolgserlebnisse" und „schmerzhafte Erfahrungen" angegeben. Oft ist jedoch nicht die generelle körperliche Leistungsfähigkeit der Schüler:innen Grund für mangelnde Erfolgserlebnisse, sondern die für das Gerätturnen notwendigen spezifischen Voraussetzungen. Schüler:innen, die eine Kippbewegung erlernen sollen, ohne die schnellkräftige Hüftbeugung erlernt zu haben, oder Schüler:innen, die im Handstand stehen sollen, ohne jemals ihre Körperspannung in verschiedenen Körperpositionen erarbeitet zu haben, werden bei der Ausführung dieser Turnelemente selten Erfolgserlebnisse haben. Dies sind nur zwei der zahlreichen Beispiele, die zeigen, wie wichtig das Vorhandensein von turnspezifischen Leistungsvoraus setzungen für das Gelingen eines turnerischen Elements ist.

In der Fachliteratur für das Turnen gibt es für die notwendigen Leistungsvoraussetzungen wie Körperspannung im Gegensatz zum Erlernen von standardisierten Bewegungen nur einige wenige Hinweise. Ziel dieser Doppelstunde ist daher, verschiedene Übungen vorzustellen, die zur Verbesserung der Leistungsvoraussetzung „Körperspannung" beitragen.

Zur Zielsetzung „Verbesserung der Körperspannung" ist noch Folgendes anzumerken:

1. In der Regel wird eine Zielsetzung wie das Verbessern der Körperspannung nicht in separaten Unterrichtseinheiten erfolgen, sondern es werden verschiedene Übungen in das Aufwärmen, vor allem in das spezielle Aufwärmen, integriert werden und auf diese Weise in jede Gerätturnstunde Eingang finden. Eine regelmäßige Durchführung von einigen dieser spezifischen Übungen kann in kurzer Zeit relativ gute Leistungsvoraussetzungen schaffen. Auf diese Weise trägt der Unterricht auch dazu bei, den Schüler:innen das Gerätturnen näher zu bringen und ihnen dabei Erfolgserlebnisse zu ermöglichen.

2. Trotzdem wird in der **Doppelstunde Turnen** der Standpunkt vertreten, dass eine einzelne Einführungsstunde in diese Thematik im Unterricht der 10- bis 12-Jährigen durchaus Sinn macht. Begründet wird dies ausschließlich damit, dass eine solche Einführungsstunde die Grundprinzipien und die möglichen Varianten solcher Übungen vermittelt und die Schüler:innen zusätzlich an solche Übungen heranführt.
3. Die Erarbeitung der Körperspannung darf aber nicht als Krafttraining vor dem eigentlichen Unterrichtsstoff verstanden werden, vielmehr sollte die Erarbeitung dieser Voraussetzung als Aktivierung für die nachfolgenden Übungen betrachtet werden.
4. Die folgenden Übungen sind unterteilt in Grundübungen und Übungen für Fortgeschrittene. Die Übungen für die Fortgeschrittenen stellen das eigentliche Voraussetzungstraining für turnerische Techniken dar. Während die Grundübungen von allen Schüler:innen bereits nach kurzem Üben beherrscht werden können, erfordern die Übungen für Fortgeschrittene erheblich mehr Übungszeit.

Zum besseren Verständnis des Ansatzes soll ein knapper theoretischer Umriss helfen:
Modernes Gerätturnen unterscheidet, unabhängig von Leistungsstufe, Gerät oder Element, zwei zentrale Positionen. Die C-Plus- und die C-Minus-Position, teilweise als Schiffchenpositionen bezeichnet (vgl. Bild 1a und 1b). Dabei handelt es sich um Positionen, die in allen Körperstellungen des Turnens vorkommen (senkrechte Körperposition: Kopf oben/unten, waagrechte Körperposition: bei Drehungen/Schrauben).

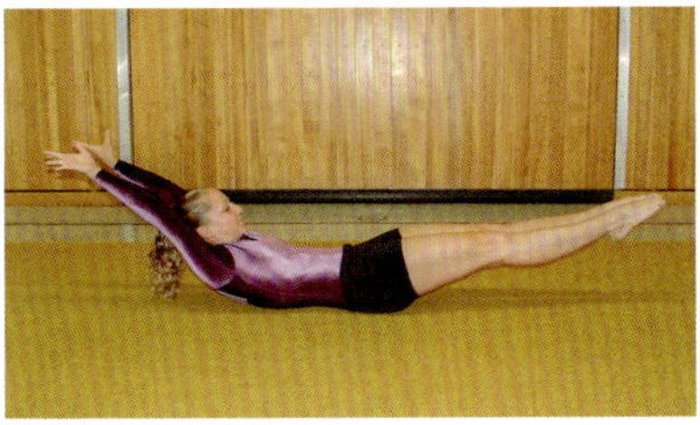

Bild 1 a: C-Plus-Position

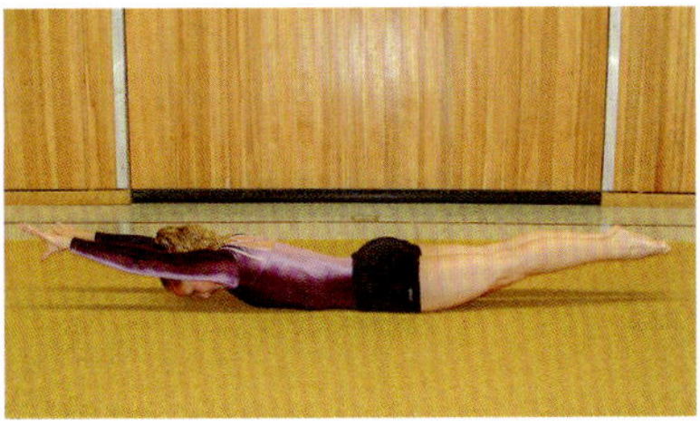

Bild 1 b: C-Minus-Position

An den Beispielen Grundschwung am Barren und Absprung vom Reutherbrett sei dies verdeutlicht. Beim Grundschwung am Barren findet sich die turnende Person in der vorderen Position in einer leicht gekrümmten Position, der Hüftwinkel ist nicht ganz geöffnet. Schwingt die turnende Person nun rückwärts, passiert ihre Hüfte die

Stützstelle im überstreckten Zustand, der während des Rückschwungs beibehalten wird, sodass zwischen den beiden Positionen ein Wechsel zwischen C-Plus- und C-Minus-Position stattgefunden haben muss. Dieser (schnelle) Wechsel stellt die energetische Voraussetzung für das Schwingen dar. Schüler:innen, deren Körper durchgehend gestreckt bleibt, sind daher kaum in der Lage, ihren Rückschwung auch nur annähernd bis in die Waagrechte zu turnen, geschweige denn später einmal in einen Handstand.

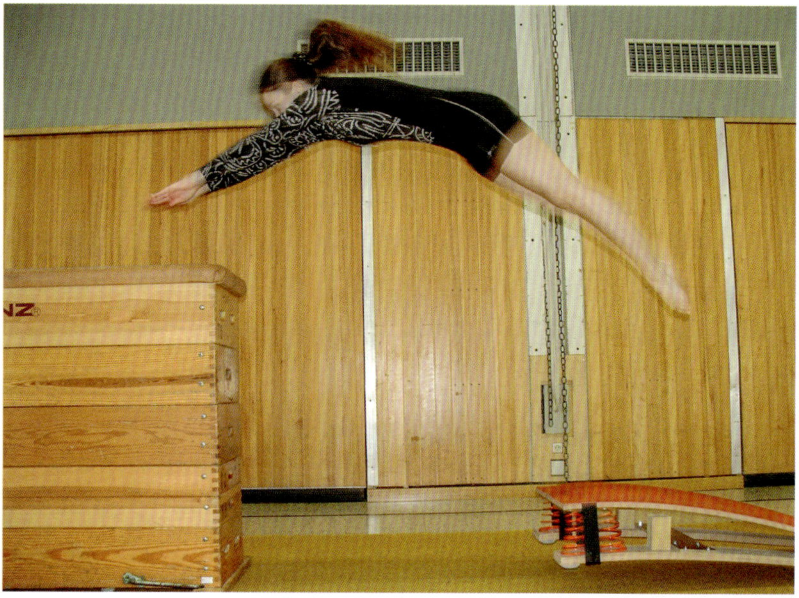

Bild 2: Absprung vom Sprungbrett

Ähnlich sieht es beim Absprung vom Sprungbrett etwa zur Sprunghocke (vgl. Bild 2) aus, die bekanntermaßen in eine (Über)streckung vor der Rotationsumkehr führen soll. Im Absprung ist der Körper der Schüler:innen leicht vorwärts geneigt (geschlossenes Schiffchen), um dann schnellkräftig die Fersen nach hinten oben in die aktive Streckung zu führen. Gerade dieses schnelle Einnehmen der aktiven Streckung stellt ein nicht zu vernachlässigendes Problem des Turnens an Geräten dar, da hier bei ungenügendem Voraussetzungstraining zurecht bemängelt werden kann, dass Turnen gesundheitsgefährdend sei. Werden die Positionen jedoch rechtzeitig und ausreichend vorbereitet, sind die Schüler:innen in der Lage, ihre Bewegung bewusst zu steuern und durch den Aufbau einer soliden Körperspannung gesundheitsgefährdende Hohlkreuzpositionen zu vermeiden.

Stundenabschnitte und Unterrichtsinhalte	Organisatorische Hinweise
Aufwärmphase	
Einfache Übungen zur Erarbeitung der Körperspannung • Die Schüler:innen liegen auf dem Bauch oder auf dem Rücken und versuchen, über Anspannung der Bauch-Gesäß-Muskulatur (untere Rückenmuskulatur, untere Bauchmuskulatur) die natür liche Krümmung der Lendenwirbelsäule (LWS) auszugleichen und ihren Körper gerade wie ein Brett zu machen (vgl. Bild 3).	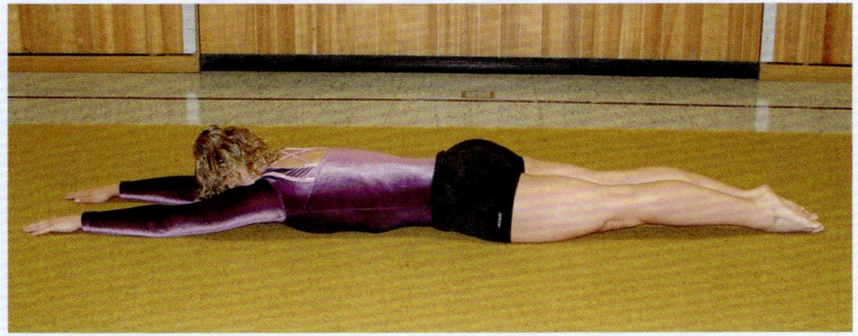 **Bild 3: Bauchlage**
• Zur Verstärkung können in Rückenlage die Arme zurückgeführt werden (vgl. Bild 4), wobei nun die mangelnde Öffnung des Arm-Rumpf-Winkels (ARW) aufgrund einer zu geringen Dehnfähigkeit zur Hohlkreuzbildung führen kann. In diesem Fall ist eine gezielte Dehnung der Brustmuskulatur und des Schultergürtels notwendig, um die optimale Position einnehmen zu können.	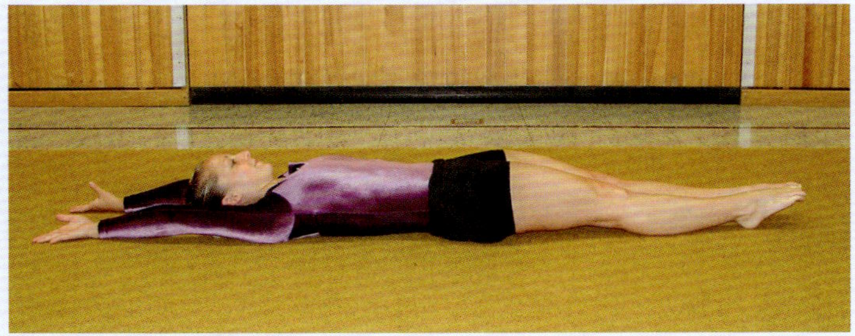 **Bild 4: Rückenlage** Die Schüler:innen dürfen bei der Übung nicht ins Hohlkreuz fallen, selbst wenn die Arme rückgeführt sind. Kontrolle durch den:die Partner:in bzw. Lehrkraft. In Rückenlage kann dies anhand eines Papiers, das unter die LWS gelegt wird geprüft werden. Kann es nicht herausgezogen werden, ist die Position korrekt.

Stundenabschnitte und Unterrichtsinhalte	Organisatorische Hinweise

- Dieselben Übungen werden jetzt gegen die Wand (Kopf oben, Kopf unten) geturnt, zunächst schräg, später senkrecht (vgl. Bild 5 bis 8). Auf einen möglichst geöffneten Arm-Rumpf-Winkel achten, wobei dieser bei den Schüler:innen wahrscheinlich selten soweit geöffnet sein wird wie bei Bild 6.

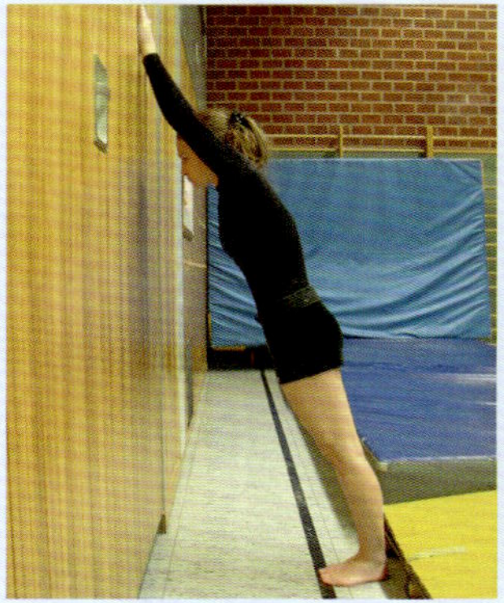
Bild 5: Schrägstand an der Wand

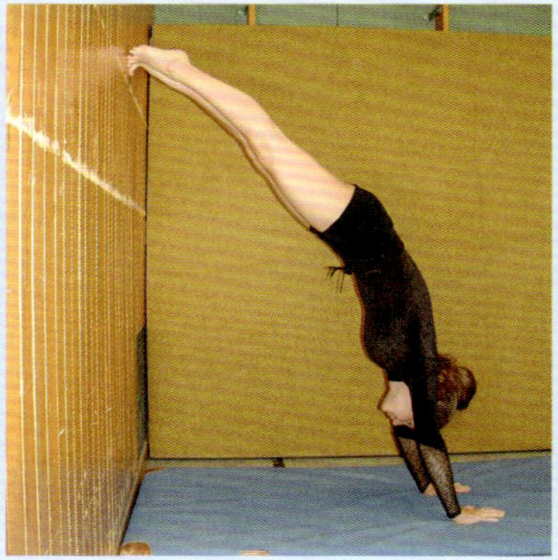
Bild 6: Schräg*hand*stand an der Wand

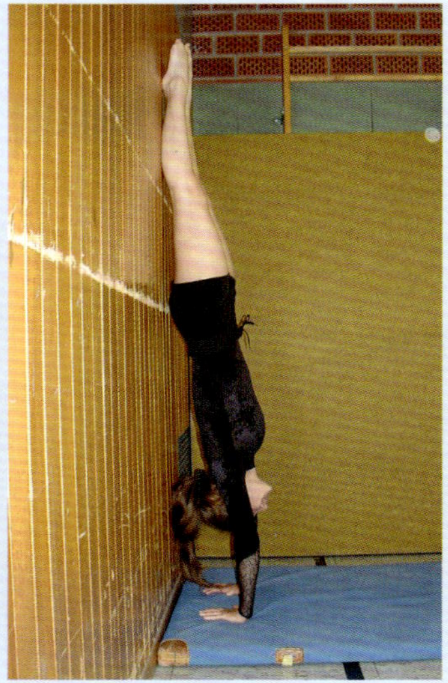
Bild 7: Handstand

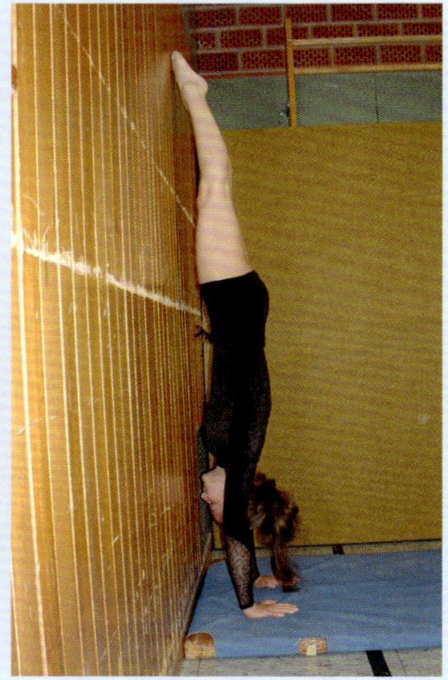
Bild 8: Wand-Handstand

- Werden diese Übungen von den Schüler:innen beherrscht, kann in einem weiteren Schritt versucht werden, mit der aufgebauten Körperspannung die Beine (in Rücken- und Bauchlage, vgl. Bild 9) vom Boden zu heben.

  Alternative Ausführung: Sollte eine Hohlkreuzposition eintreten, können zur Vereinfachung in Rückenlage die Beine angewinkelt werden (Hebelverkürzung).

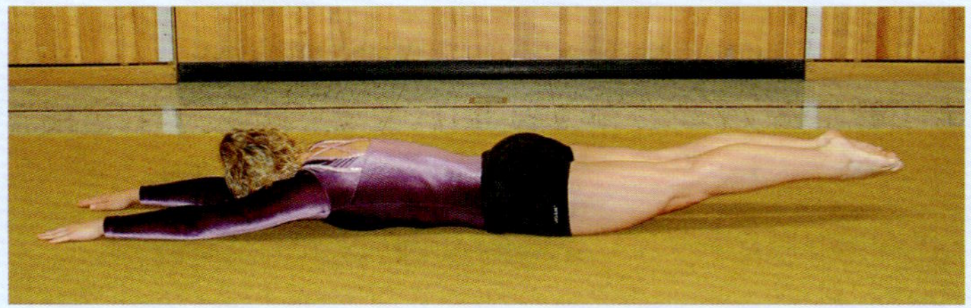
Bild 9: Anheben der Beine in Bauchlage

In Bauchlage (vgl. Bild 9) ist unbedingt die Ausprägung der LWS-Krümmung zu kontrollieren (keine Hohlkreuzposition zulassen).

Übungsphase

Übungen zur Erarbeitung der Körperspannung

Übung 1: Die Schüler:innen gehen paarweise zusammen, damit ein:e Partner:in jeweils die Position kontrollieren und korrigieren kann. Die Aufgabe lautet, Arme und Beine sowohl in Rückenlage als auch in Bauchlage gleichzeitig vom Boden abzuheben (vgl. Bild 10 und 11). Jede:r Schüler:in sollte die Übung in beiden Positionen mit je 4 Wiederholungen à 10 Sekunden ausführen.

Alternative Ausführung: Sollte eine Hohlkreuzposition eintreten, können zur Vereinfachung in Rückenlage die Beine angewinkelt werden (Hebelverkürzung).

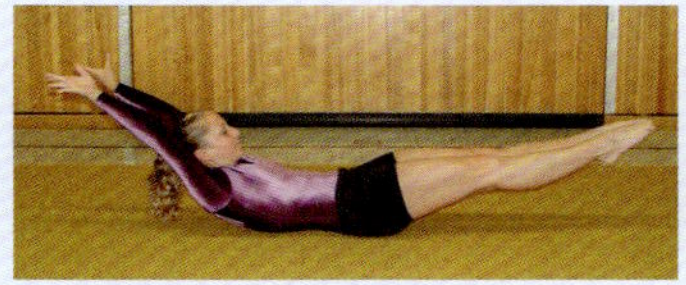

Bild 10: C-Plus-Position (Geschlossenes Schiffchen)

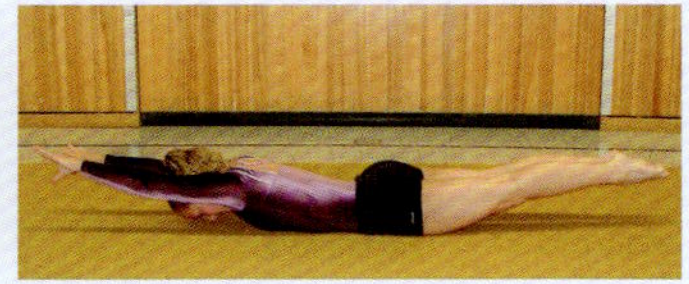

Bild 11: C-Minus-Position (Offenes Schiffchen)

Die Schüler:innen sollen dabei nicht ins Hohlkreuz fallen, selbst wenn die Arme rückgeführt sind. Kontrolle durch den:die Partner:in. In Rückenlage kann dies anhand eines Papiers, das unter die LWS gelegt wird geprüft werden. Kann es nicht herausgezogen werden, ist die Position korrekt. Zu beachten: Armposition sollte neben den Ohren oder dahinter sein (Arm-Rumpf-Winkel sollte geöffnet sein).

Übung 2: Die Schüler:innen führen die seitliche C-Position aus (vgl. Bild 12), die ebenfalls statisch gehalten werden kann.

Belastung: 4 Wiederholungen à 5–7 Sekunden.

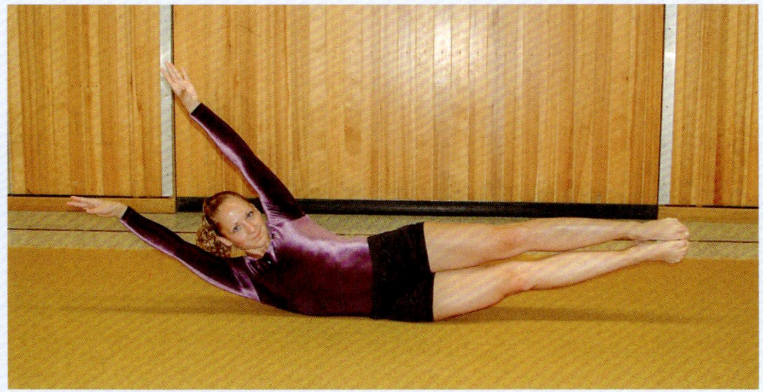

Bild 12: Seitliche C-Position

Übung 3: Die Schüler:innen liegen nebeneinander auf einer Bodenmatte (Köpfe alle auf derselben Seite) in Rückenlage. Sie nehmen als Ausgangsposition die C-Position ein. Nun rollen alle gleichzeitig in eine Richtung (zunächst ½-Drehung), ohne dass die Arme und Beine den Boden berühren und auch keine Hohlkreuzposition eingenommen wird.

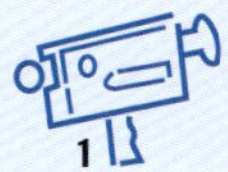

Variante: In einem weiteren Schritt sollen die Schüler:innen aus der Bauchlage in gleicher Weise in die Rückenlage drehen. Diese Übung kann in der Dynamik variiert werden. Je besser die Schüler:innen die Spannung halten können, desto langsamer sollen sie die Drehung durchführen – Ziel ist eine ganze Drehung in Zeitlupe in die eine und andere Richtung.

Stundenabschnitte und Unterrichtsinhalte	Organisatorische Hinweise
Übung 4 – „*Baumstamm rollen*" Zur Abwechslung können spezielle Reize gesetzt werden, indem man beispielsweise eine:n Schüler:in quer über die anderen liegen lässt, der:die durch die Drehung im Liegen transportiert wird. **Übung 5 – „*Baumstamm schleudern*"** Möchte man viele Schüler:innen gleichzeitig beschäftigen, lässt man 2-mal 5 Schüler:innen eine Gasse mit Blick nach innen bilden. Diese Schüler:innen halten sich im Stehen an den Unterarmen, ein:e Schüler:in legt sich auf die Arme. Auf Kommando der Lehrkraft (zu Beginn empfohlen) oder eigenes Kommando versuchen die 10 Schüler:innen den:die in der Mitte liegende:n Schüler:in hoch zu werfen und wieder aufzufangen. **Übung 6 – „*Glockenschlegel*"** 14–18 Schüler:innen bilden eine Gasse mit Blick nach innen und halten sich gegenseitig an den Unterarmen. Ein:e Schüler:in legt sich in die erste Hälfte der Gasse (auf die Unterarme), fasst die Arme des mittleren Paars, baut Körperspannung auf und wird nun durch mehrmaliges Hochschleudern über den Handstand aus der Bauch- in die Rückenlage und umgekehrt geschleudert. ***Alternative:*** Die Übung kann so erweitert werden, dass der:die Turnende nicht mehr über den Handstand sondern durch eine halbe Drehung um die Körperlängsachse (Schraube) hin- und hergeschleudert wird. **Übung 7 – *Scherhandstand*** Im Stand die Arme heben und einen Fuß nach vorn setzen. Vorderes Bein beugen, die Hände weit vor dem vorderen Fuß auf den Boden setzen und das hintere Bein gestreckt nach oben schwingen. Dabei mit dem vorderen Bein abdrücken, so dass der Körper für einen Moment nur auf den Händen getragen wird. Die Beine werden in der Luft nicht geschlossen sondern tauschen lediglich ihre Position. Das Bein, das als erstes den Boden verlassen hat, wird auch als erstes wieder nach unten geführt.	

Übung 8 – *Aufschwingen in den Handstand mit Hilfestellung*

Der:die Schüler:in schwingt wie zum Scherhandstand auf. Die Lehrkraft und ein:e Schüler:in stehen jeweils seitlich neben der turnende Person und greifen frühzeitig im Klammergriff an den Oberschenkel und führen die Beine in die Senkrechte. Die Helfer:innen begleiten die turnende Person wieder zurück in den sicheren Stand.

Anmerkung: die Hilfestellung durch die Lehrkraft wurde an dieser Stelle absichtlich gewählt, um die ersten Bewegungsausführungen des Handstands sicher und in guter Qualität zu gewährleisten. Gleichzeitig kann der:die helfende Schüler:in die Hilfestellung üben und direkt von der Lehrkraft korrigiert werden. Nach ausreichend vielen Wiederholungen können auch zwei Schüler:innen die Hilfestellung übernehmen.

Übung 9 – *„Körperspannung im Handstand“*

Eine Reck- oder Stufenbarrenstange liegt mit den Gabeln auf den Griffen der Reckanlage. Eine (Weichboden-)Matte wird zur Sicherung unter die Reckstange gelegt.

Ein:e Schüler:in soll eine „Kopf-unten-Position“ mit Griff an der Reckstange einnehmen und wird nun von 2 (4) Helfer:innen vorwärts und rückwärts ausgelenkt, ohne dass er dabei die Spannung verliert (vgl. Bild 13 und 14). Beim letzten vorwärts- oder rückwärts Führen kann der:die Schüler:in in Absprache auf die Weichbodenmatte fallen gelassen werden, mit dem Ziel, die Körperspannung niemals aufzugeben (weiche Matten verwenden). Die Landung erfolgt dabei abwechselnd in Bauch- und Rückenlage.

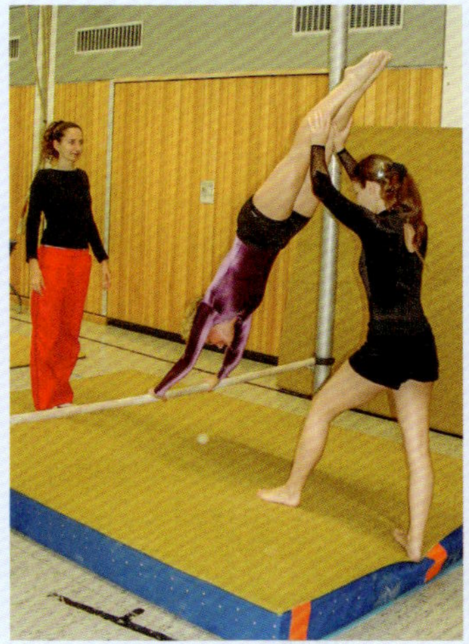

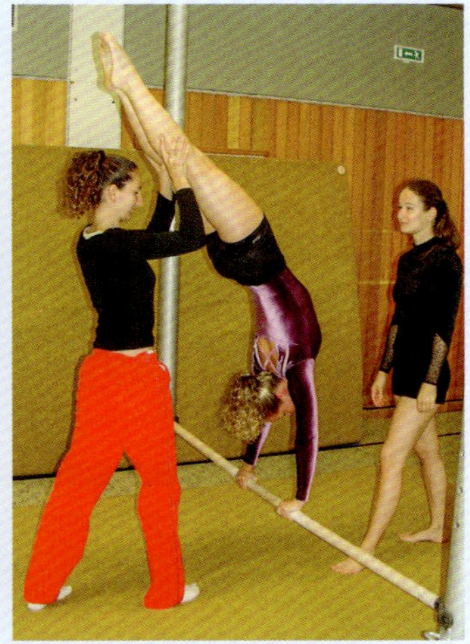

Bild 13 und 14: Körperspannung im ausgelenkten Handstand

Je weiter der Handstand ausgelenkt wird, desto höher ist die Spannung.

Achtung: Die Lehrkraft muss darauf achten, dass nicht zu weit ausgelenkt wird, da das Auflösen der Spannung meist einen Sturz zur Folge hat. Von Vorteil sind 2 Helfer:innen, die abweichend von der Skizze am Oberschenkel greifen (Klammergriff).

Stundenabschnitte und Unterrichtsinhalte	Organisatorische Hinweise
Stundenausklang	
Übung 1 – *„Mutprobe“:* 2 Schüler:innen greifen sich im Stehen an den Unterarmen, und versuchen mit gestreckten Armen eine ausgelenkte Position im Gleichgewicht einzunehmen. Auf eigenes Kommando lassen sie sich los und fallen gestreckt in Rückenlage auf die Matten (vgl. DTJ, o. J. und DTJ, 1999). *Variation 1:* Ein:e Schüler:in stellt sich auf ein kleines Kästchen hinter dem eine Weichbodenmatte liegt. Wie oben gestreckt fallen lassen (vgl. Abb. 6). *Variation 2:* Mit Hilfestellung in den Handstand schwingen, Körper anspannen und in Bauch- oder Rückenlage gestreckt umfallen.	*Aufbau:* Eine Turnbank, an den Querseiten je eine Weichbodenmatte in Längsrichtung (vgl. Abb. 5). 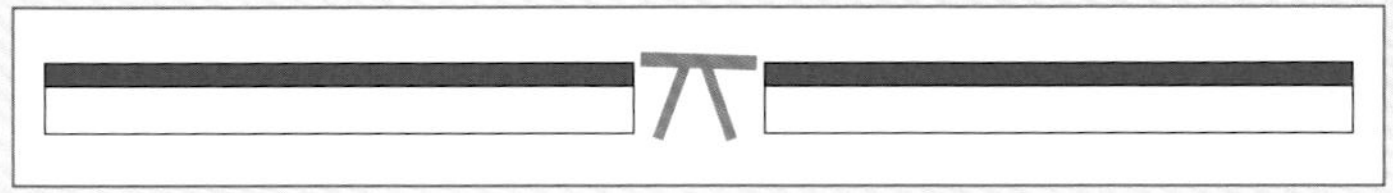 **Abb. 5: Aufbau „Mutprobe“** 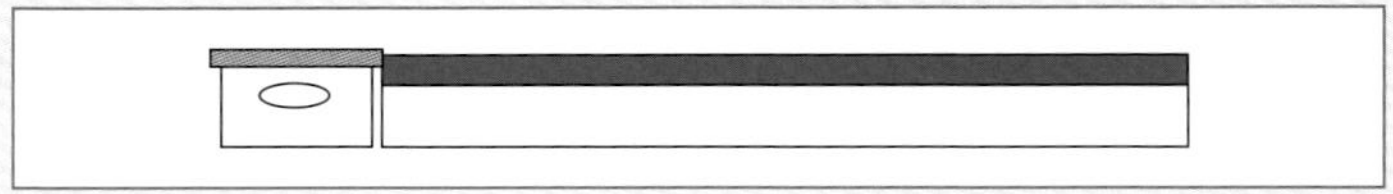 **Abb. 6: Aufbau „Mutprobe“, Variation 1**
Übung 2 – *„Golden Gate Bridge“:* Ein:e Schüler:in legt sich über je zwei Kästchen so hin, dass er mit den Fersen und den Schulterblättern aufliegt; durch Anspannen des Gesäßmuskels, der rückseitigen Oberschenkelmuskulatur und der unteren Rückenmuskulatur liegt er waagrecht. Die restlichen Schüler:innen der Klasse kriechen unter den Brücken hindurch und lösen dann die Brückenbauer ab (vgl. DTJ, o. J.). *Variation:* Die Übung wird in Zweiergruppen als Wettbewerb durchgeführt mit dem Ziel, wer seine:n Partner:in öfter unten durchkriechen lassen kann.	*Aufbau:* mehrere kleine Kästchen nacheinander, Abstand entsprechend der Größe der Schüler:innen (vgl. Abb. 7). 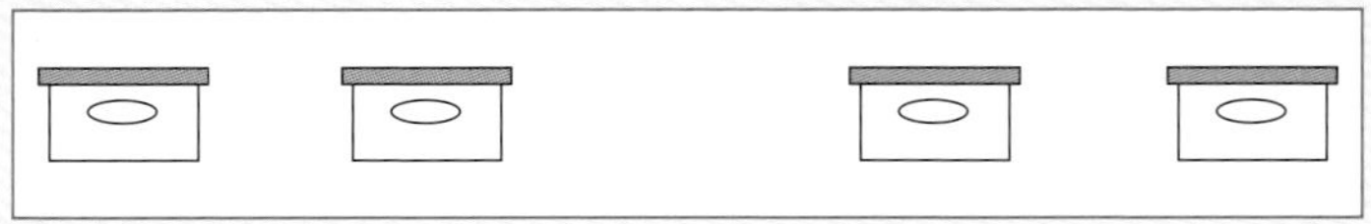 **Abb. 7: Aufbau „Golden Gate Bridge“**
Übung 3 – *„Bankliegen rücklings“:* Die Schüler:innen liegen in Rückenlage quer auf einer Turnbank in waagrechter Position, schauen die Füße an und pfeifen ein Lied.	
Übung 4 – *„Bankliegen vorlings“:* Die Schüler:innen liegen in Bauchlage quer auf einer Turnbank in waagrechter Position, die Fingerspitzen liegen am Hinterkopf, die Ellbogen zeigen zur Seite. Die Schüler:innen liegen mit geschlossenen Beinen und schauen nach unten.	

Doppelstunde 4
Schwingen

Die Erfahrung des Schwingens ist für das Turnen elementar. So kann sowohl an den Schaukelringen und am Barren geschwungen werden, aber auch (Hoch-)Reck, Taue und Stufenbarren sind für das Schwingen typische Geräte. Das Schwingen ist dadurch gekennzeichnet, dass beim Vorschwung aus einer mehr oder weniger starken aktiven Streckung die Beine vor-hoch geschwungen werden (vgl. Bild 15). Beim Rückschwung dagegen führt die turnende Person nach Passieren der Senkrechten mit Beschleunigung die Beine rück-hoch in eine aktive Streckung (vgl. Bild 16) (vgl. Knirsch, 1996).

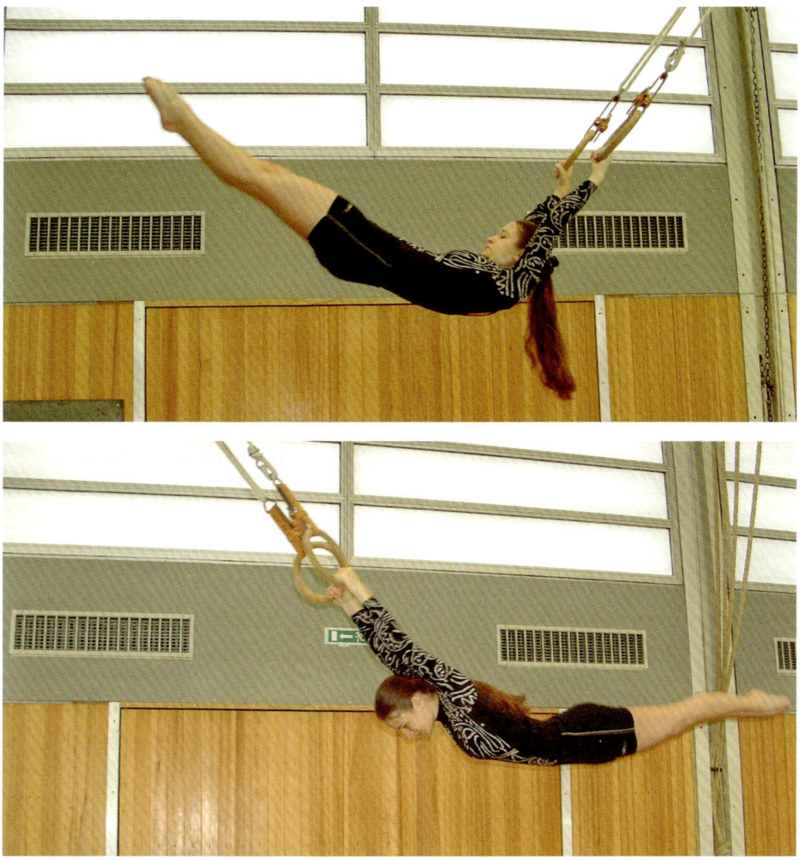

Bild 15 und 16: Vor- und Rückschwung an Schaukelringen

An welchen Geräten dabei die Grundlagen des Schwingens gelegt werden, spielt im Schulsport letztendlich keine große Rolle. Aufgrund ihres höheren Aufforderungscharakters bieten aber die Schaukelringe sowie das Schwingen an den Tauen einige Vorteile. Überdies wird sich für diejenigen das Erlernen des Grundschwungs an allen Geräten vereinfachen, die an diesen beiden Geräten bereits Vorerfahrungen gesammelt haben. Um der einseitigen Belastung des Schwingens (nach mehreren Versuchen werden wie beim Reckturnen die Hände schmerzen) einen Gegenreiz zu setzen, wurde der Barren als „primäres Stützgerät" mit in diese Doppelstunde hineingenommen.

Bei der Durchführung der Bewegungsaufgaben kommt der Lehrkraft die Rolle des:der Aufgabensteller:in zu; er:sie gibt seine:ihre Ideen an die Schüler:innen weiter, die wiederum versuchen, die Aufgaben bestmöglichst zu lösen. Dabei sollten die Lehrenden neben der Aufgabe auch Tipps zur Lösung bereit haben, damit die Schüler:innen die Aufgabe erfolgreich lösen können. So ist etwa auf die aktive Streckung mit anschließendem Beugen im Hüftgelenk (Vorschwung) oder auf das aktive Rückführen der Beine beim Rückschwung hinzuweisen, wenn ein stetiger Höhengewinn beim Schaukeln an den Ringen erzielt werden soll.

Die Aufgabenstellungen sollten zunächst relativ einfach, später dann auch mit der Sinnrichtung „Risiko/Wagnis" versehen sein, um Spannung am jeweiligen Gerät zu erzeugen. Da Schüler:innen häufig noch andere Ideen entwickeln, sollte ein Teil der Stunde diesen eigenen Kreationen gewidmet werden. Hierbei bietet es sich an, alle Schüler:innen diese Vorschläge ausprobieren zu lassen.

Nach der Stunde sollte eine kurze Reflexion stattfinden, in der die Schüler:innen ihre Erlebnisse, Eindrücke und Besonderheiten mitteilen können. Vorschläge für weitere Stunden werden von der Lehrkraft notiert und zu gegebener Zeit eingebracht.

Der Abbau erfolgt wie bereits in den vorherigen Stunden von denselben Gruppen, die die Stationen aufgebaut haben, da diese wissen (sollten), wie und wohin die Geräte gestellt werden müssen.

Stundenabschnitte und Unterrichtsinhalte	Organisatorische Hinweise
Aufwärmphase	
Aufbau Zu Beginn findet ein gemeinsamer Aufbau statt, kein:e Schüler:in turnt dabei an den Geräten. Kleine und große Kästen im Raum verteilen. Die Lehrkraft bringt eine Markierung direkt unter den Ringen an (zur Orientierung). **Station 1: Schaukelringe** 4–5 (blaue) Turnmatten direkt unter der Stützstelle der Beine, je eine Weichbodenmatte davor und dahinter, falls vorhanden, einen Bodenläufer über alle Matten legen (zur sicheren Landung) (vgl. Abb. 8). **Station 2: Schwungstation Taue** 3-teiliger Kasten ca. 1–2 m vor/hinter den Tauen; mit 3–4 Turnbänken und einer (blauen) Turnmatte eine Ebene bauen, mit (Weichboden)matte eine Landefläche gestalten (vgl. Abb. 9). Gegebenfalls kann bei wenig Aufbauzeit die Ebene ohne Bänke aufgebaut werden. **Station 3: Doppelbarren** Zwei Barren parallel nebeneinander aufstellen (Abstand eine blaue Turnmatte), Holme je einer hoch und einer niedrig, hohe Holme zueinander. In die niedrigen Holme Bänke einhängen. Die Barren mit Matten absichern und ggf. die Bänke mit Matten abdecken (vgl. Abb. 10).	*Gerätebedarf:* blaue Turnmatten, Weichbodenmatten, Bodenläufer, Turnbänke, mehrere große und kleine Kästchen, Taue, Schaukelringe. 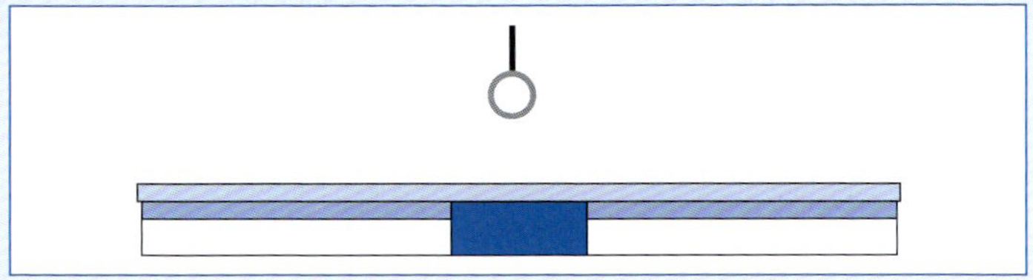 **Abb. 8: Schaukelringe (Weichbodenmatte, fünf blaue Turnmatten, Weichbodenmatte. Darüber ein Bodenläufer)** 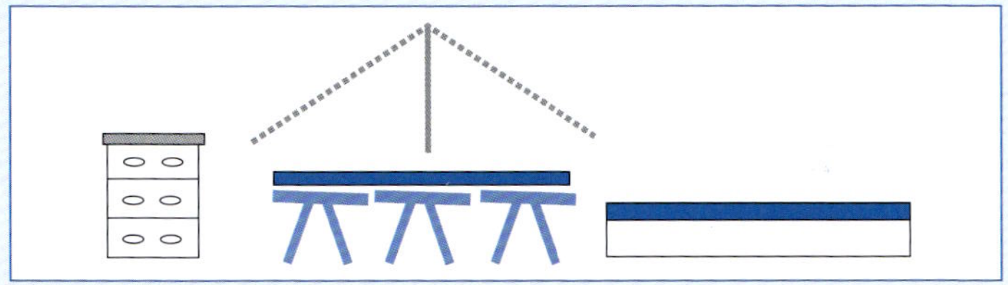 **Abb. 9: Schwungstation Taue** 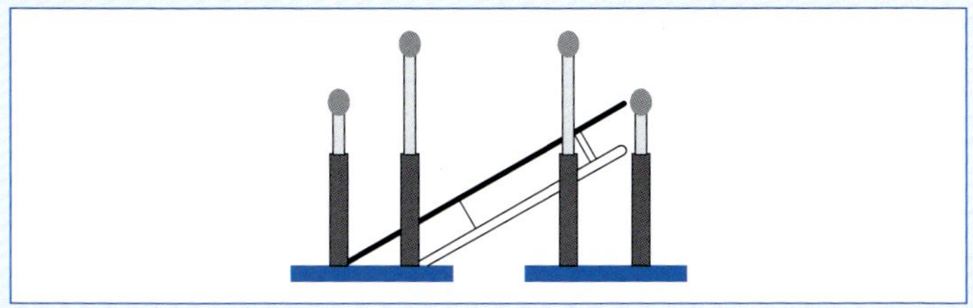 **Abb. 10: Doppelbarren**

Stundenabschnitte und Unterrichtsinhalte	Organisatorische Hinweise
Aufwärmen	
Zum Rhythmus der Musik um die Geräte laufen, bei Musikstopp die Geräte überqueren, dabei bei jedem Gerät eine neue Bewegungsform (laufen, hüpfen, Einbeinhüpfen, Hampelmann, etc.) ausführen. *Aufgabe:* „Findet möglichst viele Lösungen, um von einem Gerät zum anderen zu kommen (Umwege, direkter Weg, ...).“	Die Schüler:innen erhalten die Möglichkeit, ihre Wunschmusik mitzubringen. Gegebenfalls kann dies als Hausaufgabe gestellt oder als Belohnung (vgl. Doppelstunde 2) eingesetzt werden.
Anschließend wird die Klasse in drei Gruppen aufgeteilt.	Die Gruppeneinteilung erfolgt durch verschiedenfarbige Wäscheklammern, Legosteine oder Glasmurmeln.
Übungsphase	
Bewegungsvorschläge der Lehrkraft umsetzen	
Die Gruppen verteilen sich auf die drei Stationen und es wird an allen gleichzeitig geturnt. Die Gruppen wechseln auf Ansage der Lehrkraft von Gerät zu Gerät und probieren die auf dem Aufgabenblatt vorgeschlagenen Bewegungsformen aus.	Auf einer Wandzeitung stehen verschiedene Bewegungsvorschläge, die die Schüler:innen umsetzen sollen. Bei schwierigeren Kunststücken erfolgt die Hilfestellung durch die Lehrkraft, bei einfacheren Kunststücken helfen sich die Schüler:innen gegenseitig.
Gruppe 1: Schaukelringe	
• Versucht, beim Vor- und Rücklaufen möglichst viel Schwung zu erreichen. Ihr solltet nach jedem Fußkontakt mehr Schwung bekommen. • Versucht zu zweit, jeder mit einem Ring, parallel zu schaukeln. • Helft einem:einer Mitschüler:in, mit den Füßen in die Ringe zu steigen. Hilf deiner/:deinem Mitschüler:in, durch Anschieben zum Schwingen zu kommen. • Wer schafft es, beim Vorschwingen eine ½-, 1/1- oder ⅔-Drehung zu turnen und beim Zurückschwingen ebenfalls? 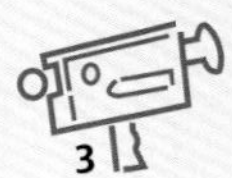 3	Die Station Schaukelringe wird von der Lehrkraft betreut, bei schwierigeren Kunststücken an den anderen Geräten hilft er dort aus. Die Lehrkraft erklärt die richtige Höheneinstellung der Ringe (Knie sollten leicht gebeugt werden können), evtl. ausprobieren lassen. Hinweis auf schwungverstärkende Aktivüberstreckung mit anschließendem Hüftbeugen bzw. aktives Rückhochschwingen der Beine einfließen lassen. Die Hilfestellung wird von der Lehrkraft vorab erklärt, er entscheidet auch, wann an welcher Station Hilfe-/Sicherheitsstellung zu geben ist. An den Ringen ist darauf hinzuweisen, dass vorne nicht losgelassen werden darf.

Stundenabschnitte und Unterrichtsinhalte	Organisatorische Hinweise
Gruppe 2: Schwungstation Taue • Versucht, vom Kasten abzuschwingen und bis zur Landematte zu schwingen. • Wer schafft es, vor- und wieder auf den Kasten zurückzuschwingen? • Versucht wie eben abzuschwingen und nehmt zusätzlichen Schwung auf dem Plateau. • Wer schafft das mit 2 Tauen gleichzeitig? • Wer kann mit 2 Tauen am längsten vor- und rückschwingen, ohne dazwischen die Beine aufzusetzen? • Wer kann mit dem Tau schwingen und dabei die Füße über den Kopf bringen? (Beim Schwingen mit dem Kopf nach unten ggf. auf dem Plateau beginnen.) **Gruppe 3: Doppel-Barren** • Geht über die Bank zu den Holmen und versucht, den Barren zu überqueren. • Findet verschiedene Möglichkeiten, Euch um die Barrenstangen zu drehen. • Überlegt Euch, was Ihr alles mit dem Kopf nach unten machen könnt. • Versucht, an den verschiedenen Holmen zu schwingen.	
Stundenausklang	
Kunststücke vorführen Impulsfrage: „Welche Bewegungsmöglichkeiten habt ihr an den einzelnen Stationen ausprobiert?“ Wer möchte, darf zum Abschluss seine Kunststücke vorführen.	Jede:r Schüler:in geht an ein Gerät seiner Wahl. Die Lehrkraft entscheidet, wobei Hilfe-/Sicherheitsstellung zu geben ist. An den Ringen darauf hinweisen, dass nicht vorne losgelassen werden darf.

Doppelstunde 5
Rundherum I
Rollen am Boden und Aufschwung am Reck

In dieser Stunde geht es um Bewegungserfahrungen zum Drehen um die Längs-, die Breiten- und die Tiefenachse. Über ein spezielles Gerätearrangement sollen die Schüler:innen Bewegungslösungen zum Auf- und Abrollen sowie zum Hoch- und Herunterdrehen an unterschiedlichen Geräten suchen und finden. Diese möglichen Bewegungslösungen müssen dabei nicht (dürfen aber) den fundamentalen Turnbewegungen entsprechen, es geht vielmehr um das Schaffen von Gelegenheiten zum Erkunden, Erfassen, Üben und Gestalten. Daher werden von der Lehrkraft lediglich die Gerätearrangements und Bewegungsaufgaben vorgegeben, die Lösung der Bewegungsaufgaben erfolgt, sofern die Schüler:innen Ideen haben, ausschließlich durch diese selbst. Sollte eine Gruppe keine Ideen zur Lösung der Aufgabe haben, sollte die Lehrkraft beratend einwirken, ansonsten ist Zurückhaltung geboten, auch wenn die Lehrkraft eigene Ideen hat. Es sind die Turngeräte zu verwenden, die die Schüler:innen auffordern und ansprechen und dadurch die Möglichkeit zu eigenen, kreativen und vielfältigen Bewegungshandlungen geben.

Seitens der Lehrkraft ist es wichtig, einen eindeutigen Aufbauplan vorzubereiten, diesen ausführlich zu erläutern, Hilfs- und Sicherheitshinweise zu geben und deren Einhaltung zu überprüfen. Ansonsten hält sich die Lehrkraft auch in dieser Stunde im Hintergrund. Lediglich beim Aufwärmen steht er:sie im Mittelpunkt der Stunde. Bei der sich dem Hauptteil anschließenden Demonstration wirkt er:sie als Moderator:in, um so den Gruppen einen entsprechenden Rahmen zu deren Präsentation zu geben. Als Vorbereitung muss sich die Lehrkraft mögliche Anregungen zur Lösung der Bewegungsaufgabe überlegen, die bei mangelndem Ideenreichtum der Schüler:innen weiterhelfen können.

Beispiele:

1. An der schiefen Ebene hilft der Hinweis, welche Bewegungsrichtungen möglich sind.

2. Am Boden ist auf die Möglichkeiten einzugehen, wie man etwa als Gruppe agieren kann.
3. Am Barren kann auf die verschiedenen Ausgangs positionen hingewiesen werden.

Das Aufwärmen, das von der Lehrkraft gestaltet wird, dient der Aktivierung des Herz-Kreislauf-Systems und der Einstimmung auf die Drehbewegung. Es sollte Musik verwendet werden, die zum rhythmischen Laufen animiert. Die Dehn- und Aktivierungsübungen beschränken sich auf die im Hauptteil am stärksten beanspruchten Muskelgruppen. Die C-Plus- und C-Minus-Position (vgl. Doppelstunde 3: Körperspannung) dienen zur Aktivierung der vorderen und hinteren Muskelschlingen. Hierbei wird die Aktivierung des Hüftbeugers nicht nur in Kauf genommen, sondern ist gewollt, da er bei den meisten Elementen im Turnen ein leistungslimitierender Faktor ist.

Nachdem die Schüler:innen aufgebaut haben, holen sie sich das OK der Lehrkraft, der die jeweilige Station auf korrekten Aufbau und Sicherheit überprüft hat. Dabei geht die Lehrkraft auf Sicherheitsaspekte und mögliche Hilfestellungen ein. Anschließend kann die Gruppe mit der Lösung der Aufgaben beginnen. Für den ersten Durchgang sollte daher etwas mehr Zeit als für die weiteren Durchgänge eingeplant werden, zumal die Gruppen unterschiedlich lange zum Aufbau benötigen.

Durch das gemeinsame Aufbauen, Üben und Präsentieren sollen die Schüler:innen von ihrem sonstigen Nebeneinander zu einem Miteinander bewegt werden. Durch die Zurückhaltung der Lehrkraft wird versucht, das Nachgestalten zu reduzieren und das eigene, produktive Gestalten zu forcieren. Nach der Stunde sollte deshalb auch eine kurze Reflexion stattfinden, in der die Schüler:innen ihre Erlebnisse, Eindrücke und Besonderheiten mitteilen können. Vorschläge für weitere Stunden werden von der Lehrkraft notiert und zu gegebener Zeit eingebracht. Der Abbau erfolgt in derselben Gruppe, die die Stationen aufgebaut haben, so müssten sie wissen, wie und wohin die Geräte gestellt werden müssen.

Stundenverlauf Doppelstunde 5: Rundherum I

Stundenabschnitte und Unterrichtsinhalte	Organisatorische Hinweise
Aufwärmphase	
Herz-Kreislauf-Aktivierung Jede:r Schüler:in erhält einen farbigen Ball. Auf Musik läuft die Gruppe durcheinander, dabei soll der Ball von allen gleichzeitig gerollt, geprellt, gepasst oder geworfen und mit anderen Schüler:innen ausgetauscht werden. Auf ein Kommando (Musikstopp) bleiben alle stehen, halten den Ball fest und erfüllen je nach Ballfarbe eine Aufgabe: • rot = $^1/_1$-Drehung im Stand. • blau = $^1/_1$-Drehung im Liegen (ggf. auf Bodenmatte). • grün und gelb zusammen eine gemeinsame $^1/_1$-Drehung (die Schüler:innen sollen eigene Lösungen für diese Aufgabe finden).	• Bodenmatte ausrollen oder entsprechend (blaue) Turnmatten auslegen. • Je Schüler:in einen Ball bereitstellen. • Verschiedene Laufarten wählen (vorwärts, rückwärts, seitwärts, einbeinig, eine Hand/ein Bein etc.). • Aufgaben vor Beginn erläutern und nach kurzer Zeit variieren oder zwischen den Gruppen wechseln.
Dehnen und Aktivieren *Nackenmuskulatur* Im Stand Hände an den Hinterkopf führen, Ellbogen vorne schließen und vorsichtig den Kopf nach vorne ziehen. *Wadenmuskulatur* (vgl. Bild 17 und 18) Zwillingswadenmuskel: In Schrittstellung mit gestreckten Beinen an der Wand stehen, beide Fußspitzen zeigen gerade nach vorne, Oberkörper nach vorne schieben. *Schollenmuskel* In Schrittstellung mit gebeugten Beinen an der Wand stehen, beide Fußspitzen zeigen gerade nach vorne, Hüfte nach vorne unten schieben. *Handgelenke* Im Vierfüßlerstand die Handgelenke in allen erdenklichen Positionen aufsetzen. Wenn die Finger zu den Knien zeigen, Oberkörper vorsichtig zurückschieben.	Gruppe im Halbkreis, Bälle werden in die Mitte gelegt. Demonstration und Ansage durch die Lehrkraft 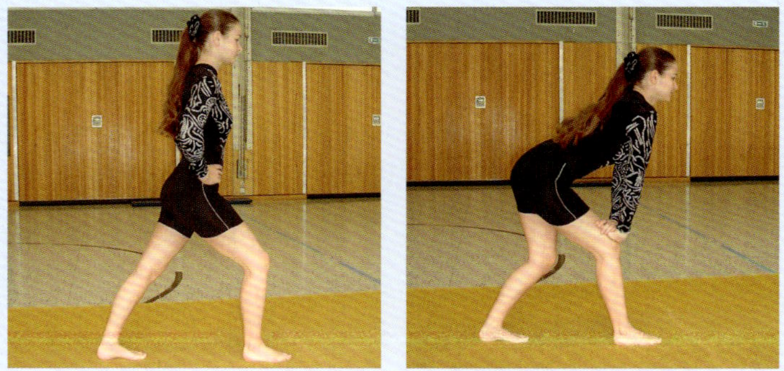 **Bild 17 und 18: Dehnen des Zwillingswadenmuskels und des Schollenmuskels**

Stundenabschnitte und Unterrichtsinhalte	Organisatorische Hinweise
Oberschenkel Vorderseite: In Bauchlage Sprunggelenk fassen und Ferse zum Gesäß ziehen, dabei nicht seitlich ausweichen. Rückseite: In Rückenlage ein Bein gestreckt am Boden liegen lassen, anderes Bein gebeugt zur Brust führen, Griff an der Oberschenkelrückseite. Bein langsam zur Decke strecken.	
Zur Aktivierung Schiffchenpositionen	
C-Plus-Position: Halbrunde Position in Rückenlage, Arme, Schulterblätter, Kopf und Beine sind vom Boden angehoben. *C-Minus-Position:* Dito in Bauchlage; ungesicherte Hohlkreuzposition vermeiden (Vorübungen: nur Beine, nur Arme lösen).	Zur Schiffchenposition (vgl. Doppelstunde 3: Körperspannung) nimmt jede:r Schüler:in wieder seinen Ball und hält diesen nach vorne (hinten) über den Boden (Der Hüftbeuger ist bei der offenen Schiffchenposition bewusst nicht ausgeschaltet, da er bei den meisten Elementen im Turnen benötigt wird).
Gruppeneinteilung	
Jede:r nimmt wieder einen Ball – die Gruppen werden anhand der Ballfarben eingeteilt, anschließend Stationskarten austeilen.	Jede:r räumt nach der Gruppeneinteilung seinen Ball auf.
Übungsphase	
Aufbau der Stationen	
Erklären des Aufbauplans, Austeilen von Stationskarten mit Skizzen. Nach dem Aufbau holen sich die Schüler:innen das OK ihrer Lehrkraft ein und beginnen mit der Lösung der Bewegungsaufgaben. Hierbei ist es eine Überforderung der Schüler:innen, ihnen einfach zu sagen „Nun probiert mal schön". Daher ist es nötig, differenziertere Aufgaben zu stellen.	Stationskarten mit Bildern oder Beschreibungen der Stationen 1 bis 5 vorbereiten, wobei Gruppe 4 (Bodenmatte) zur Mithilfe auf die anderen Gruppen verteilt wird. Auf Sicherung mit Matten hinweisen und kontrollieren. Vor dem Start mit den Bewegungsaufgaben auf Helfen und Sichern hinweisen. Der Stationswechsel erfolgt nach 10 Minuten auf ein Zeichen der Lehrkraft. Die Gruppen müssen vor dem Wechseln noch die ihrer Meinung nach beste Lösung auswählen, um sie später präsentieren zu können.

Stundenabschnitte und Unterrichtsinhalte	Organisatorische Hinweise

Üben im Stationsbetrieb

Station 1: Schiefe Ebene (vgl. Abb. 11)

- Barren oder Sprossenwand, 3 Turnbänke, 2 Weichbodenmatten, (blaue) Turnmatten an der Seite und Seile zum Festknoten der Matte an den Barrenholmen. Auf seitliche Absicherung durch Matten achten; Sicherheitshinweise bei diagonalem Rollen geben.
- Bewegungsaufgabe: Versucht, möglichst viele Möglichkeiten zu finden, wie Ihr rollen könnt. Ihr dürft rauf und runter sowie diagonal rollen, achtet jedoch darauf, dass niemand seitlich herunterfällt.
- Mögliche Bewegungslösungen: Rollen vorwärts, seitwärts, rückwärts mit gehockten, gestreckten und gegrätschten Beinen; Rollen hoch, seitlich und runter, Rolle über die Schulter, ¾-Salto.

Station 2: Reck (vgl. Abb. 12)

- Reck, 3-teiliger Kasten, kleiner Kasten, Reck etwa stirnhoch. Weitere Geräte als Hilfsmittel bereitstellen.
- Überlegt Euch mindestens vier verschiedene Möglichkeiten, wie Ihr mit Hilfe der Geräte oder Eurer Mitschüler:innen die Stange einmal umrunden und dann im Stütz oder Sitz auf der Stange ankommen könnt.
- Mögliche Bewegungslösungen: Sprünge in den Stütz, Hüftaufschwung mit und ohne Gerätehilfe, Kniekippaufschwung, Absprung, Abschwung (drehen).

Station 3: Dreierreck (vgl. Abb. 13)

- Drei Reckstangen in unterschiedlichen Höhen an einem Reck anbringen (wird von Gruppe selbst ausprobiert und ggf. verändert),(blaue) Turnmatten, zwei 5-teilige Turnkästen. Auf Sicherung mit Turnmatten achten und mögliche Hilfestellung erläutern; zur vereinfachten Hilfestellung sollen die Turnkästen verwendet werden (nicht abgebildet!).
- Versucht auf verschiedene Arten die oberste Reckstange zu erreichen.
- Mögliche Bewegungslösungen: Aufschwung, an Stange hochklettern und Abschwung.

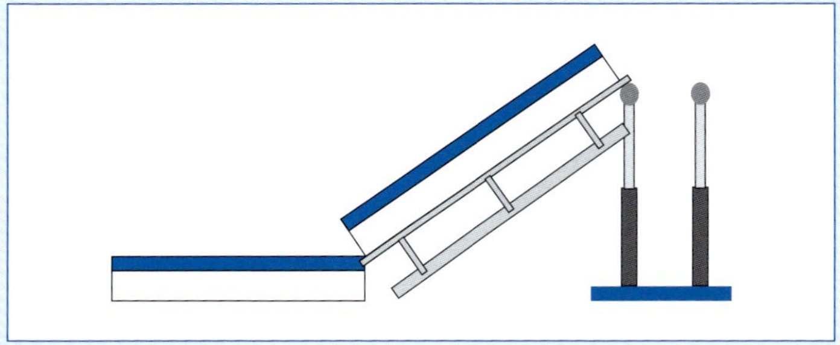

Abb. 11: Schiefe Ebene

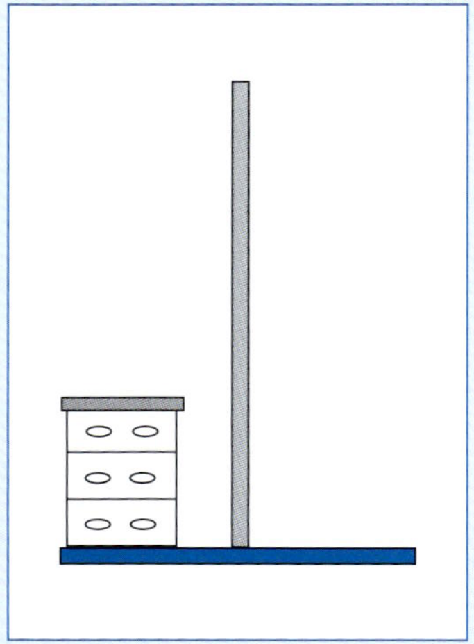

Abb. 12: Reck

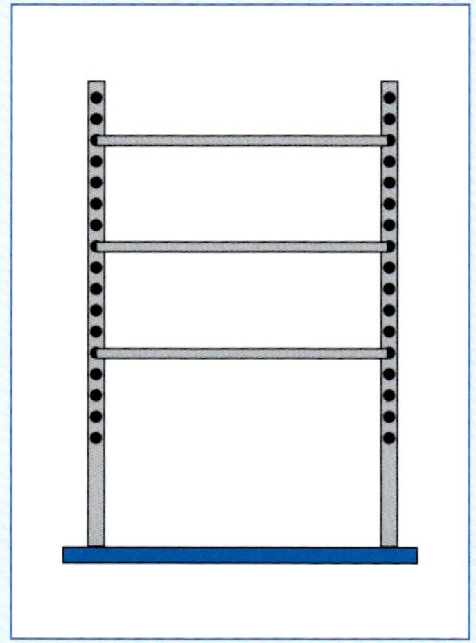

Abb. 13: Dreierreck

Stundenabschnitte und Unterrichtsinhalte	Organisatorische Hinweise
Station 4: Bodenmatte • Überlegt Euch verschiedene Rollformen alleine, zu zweit und als Gruppe. • Mögliche Bewegungslösungen: 1. Allein: Rolle vorwärts, seitwärts und rückwärts; paarweise: *Doppelrolle*, 2. In der Gruppe: gleichzeitiges Rollen, nacheinander Rollen (vorwärts, rückwärts, seitwärts), Baumstammrollen, Menschenjonglage: K1 rollt seitwärts, K2 springt oben drüber und rollt in Bewegungsrichtung weiter, K3 springt über rollendes K2 etc. 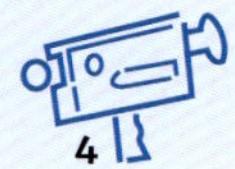 	
Station 5: Barren • Barren mit unterschiedlich hohen Holmen, Turnmatten zur Sicherung. • Denkt Euch möglichst fünf verschiedene Lösungen aus, wie Ihr aus dem Stand in den Stütz kommt. Ihr dürft dabei die Holmhöhe verändern. • Mögliche Bewegungslösungen: aus dem Innenquerstand, Innenseitstand, Außenseitstand, mit und ohne Drehungen um KLA.	Hinweis geben, dass darauf geachtet werden muss, dass die Barrenholme fest sind und auf die Gefahr des Kopfanschlagens hinweisen. Barren wird ringsum mit Matten abgesichert.
Stundenausklang	
Demonstration Jede Gruppe soll an einer von ihr selbst ausgewählten Station ihren tollsten Einfall zeigen.	Restliche Gruppe nahe der jeweiligen Station. Lehrkraft lobt die Schüler:innen und animiert die anderen zu Lob und Beifall.

Doppelstunde 6
Springen und Landen I
Sprung- und Landezirkel

Wer hoch hinaus springt, kommt irgendwann auch wieder auf den Boden zurück. Daher ist bei Sprungbewegungen im Turnen ein besonderes Augenmerk sowohl auf die Absprünge vom Sprungbrett als auch auf die Landebewegungen zu legen. Maßgeblich für den Erfolg der Landungen sind bei allen Sprüngen die Landevorbereitungen. Deshalb werden in der **Doppelstunde Springen und Landen I** Landevorbereitungen bereits in das Aufwärmen integriert, aber natürlich auch im Hauptteil der Stunde wieder aufgegriffen, um relativ zügig einen hohen Automatisierungsgrad hinsichtlich dieser wichtigen Grundlagen zu erreichen. Dies ist insofern eine wichtige Zielsetzung, da unfunktionelle Landungen grundsätzlich zu einer enorm hohen Belastung für den gesamten Bewegungsapparat führen, andererseits aber auch Ursache für Verletzungen vor allem im Bereich der Sprunggelenke sein können.

Hinweise zur Landetechnik

Die optimale Körperposition bei Bewegungen ergibt sich aus dem Ziel, das mit der Bewegungsaktion verfolgt wird. Turnerische Bewegungen beruhen auf zwei Grundsätzen:

- Kraftübertragung: Die Bodenreaktionskraft läuft axial durch die Körpersegmente. Der Körper muss in eine gestreckte Position gebracht werden.
- Kraftabsorption: Die Bodenreaktionskraft wirkt an den Gelenken vorbei. Durch die Gelenkbeugung wirken die Muskeln der Beugung entgegen und absorbieren die Kraft. Der Körper wirkt wie ein Stoßdämpfer.

Vor allem bei Landungen ist der Körper hohen Belastungen ausgesetzt. Durch ein gezieltes Training lassen sich jedoch Verletzungen vermeiden. Der Bewegungsablauf einer guten Landung ist durch folgende Merkmale gekennzeichnet:

- Füße parallel, etwa hüftbreit geöffnet, Knie in direkter Linie über den Füßen (eine Achse, Knie-Fuß-Einstellung),
- Knie maximal 90° gebeugt,
- Rücken gerade, Becken aufgerichtet, Oberkörper leicht vorgeneigt,
- Arme in Schräg-Vor-Tiefhalte, Arme leicht diagonal geöffnet,
- Beim Landen erst den Fußballen, dann die Ferse auf den Boden setzen (Hinweise: „Zehenspitzen landen zuerst!“, „Leise landen!“). 5

Diese Landeposition ist die schonendste Möglichkeit, die große Belastung, die durch eine Landung auf den Körper einwirkt, abzufangen, da alle Körperteile funktionell eingesetzt werden. Auf diese Weise kann der Körper den Schwung abfedern und die Belastung von Knie und Rücken bleibt gering. Vor allem durch Bewusstmachen der Fußarbeit wird die Gefahr des Umknickens verringert.

Im Verlauf der Stunde wird das Abspringen mit dem Sprungbrett und mit dem Minitrampolin erarbeitet. In Doppelstunde 7 finden sich Aufgaben zum Üben der Landetechnik. Die unterschiedlichen Absprungeigenschaften (langer Tuchkontakt beim Minitrampolin, kurzer, prellender Kontakt beim Sprungbrett) sollten normalerweise nicht in ein und derselben Stunde Eingang finden. Im Sinne von Kontrastaufgaben wird dies in der **Doppelstunde Turnen** aber bewusst in Kauf genommen, wobei folgende methodische Strategie einzuhalten ist: Zunächst wird mit dem Sprungbrett gearbeitet, anschließend wird am Minitrampolin gesprungen.

Auch beim Springen und Landen gilt, dass die Lehrkraft nicht überall gleichzeitig stehen kann. Daher ist es wichtig, den Schüler:innen die Sicherheits- und Hilfestellung frühzeitig und ausführlich zu erklären.

Stundenverlauf Doppelstunde 6: Springen und Landen I

Stundenabschnitte und Unterrichtsinhalte	Organisatorische Hinweise
Aufwärmphase	
Aufbau der Stationen	Zu Beginn gemeinsamer Aufbau der sechs Stationen. Stationskärtchen mit Skizzen und Bewegungsaufgaben vorbereiten.
Aufwärmen • Zwischen den Geräten laufen und jedes Gerät mit kurzen Strecksprüngen umrunden. • Stationstraining: Freies Bewegen an den einzelnen Stationen.	Pro Station sollte ein Zeitraum von etwa 1 Minute eingeplant werden. Der Wechsel erfolgt auf ein akustisches Zeichen und ohne Pause.
Begehung der Stationen Die Lehrkraft erklärt die Stationen und demonstriert die Aufgaben.	An Station 3 geht die Lehrkraft auf die Details beim Absprung mit dem Sprungbrett ein (Kontaktzeit, Absprungwinkel).
Übungsphase: Stationsbetrieb	
Station 1: Durchschlag (vgl. Abb. 14) Sprungbrett vor Sprossenwand (oder 3- bis 4-teiligem Kasten), Gymnastik seil festgebunden (2-mal aufbauen). Ein:e Schüler:in spring federnd auf dem Sprungbrett während ein:e andere:r Schüler:in ein an der Sprossenwand befestigtes Gymnastikseil unter den Füßen des:der Springenden hin und her schwingt.	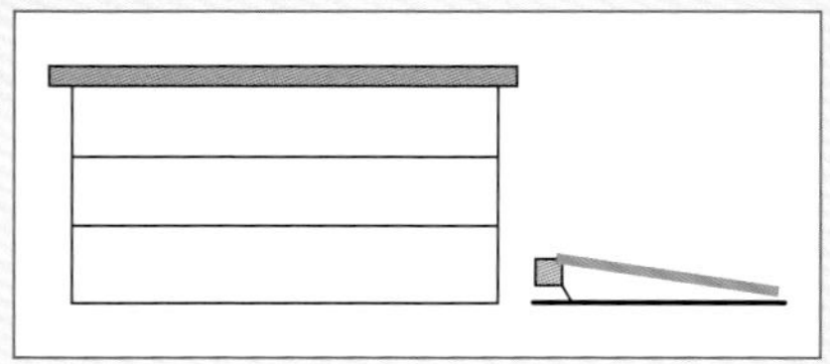 **Abb. 14: Durchschlag** Sprossenwand oder Kasten verwendbar. **Auf prellende Sprünge und kurze Kontaktzeiten auf dem Brett achten**
Station 2: Horizontalsprünge (vgl. Abb. 15) Vier kleine Kästchen im Abstand von 1 m. Beidbeinig auf die kleinen Kästchen springen, ohne Zwischenhüpfer auf den nächsten Kasten überspringen.	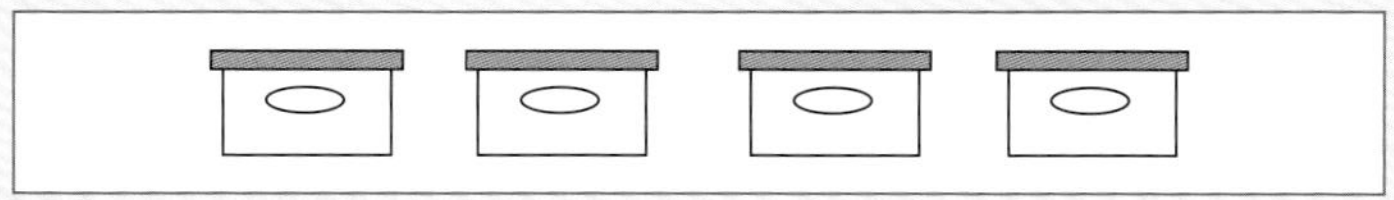 **Abb. 15: Horizontalsprünge** Auf prellende Sprünge und kurze Bodenkontaktzeiten achten. Alternativ sind Gymnastikreifen anstelle der Kästchen verwendbar.

Station 3: niedrige Landung (vgl. Abb. 16)

Sprungbrett vor Turn- oder Niedersprungmatte, Markierung auf Turnmatte nach etwa 1 m. Einige Schritte anlaufen, abspringen und sichere Landung auf der Markierung.

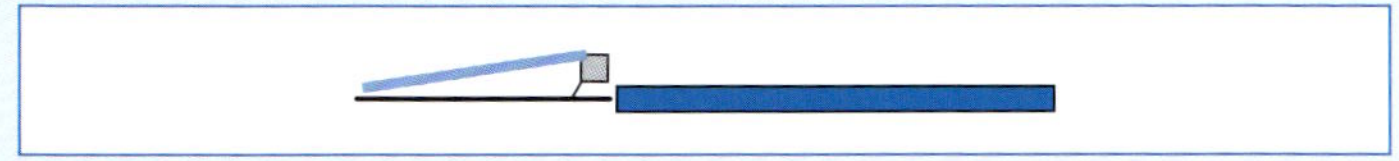

Abb. 16: Niedrige Landung

Einbeiniger Absprung ins Sprungbrett, dann beidbeiniger Absprung vom Sprungbrett. Landung wie vorne beschrieben.

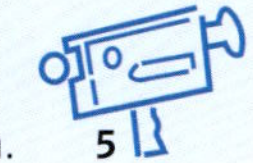

Station 4: Aufsprung und Landung (vgl. Abb. 17)

Sprungbrett vor 3-tlg. Kasten vor Turnmatte.

Einige Schritte angehen (anlaufen), Absprung vom Sprungbrett und Landung auf dem Kasten. Vom Kasten Landung auf der Matte.

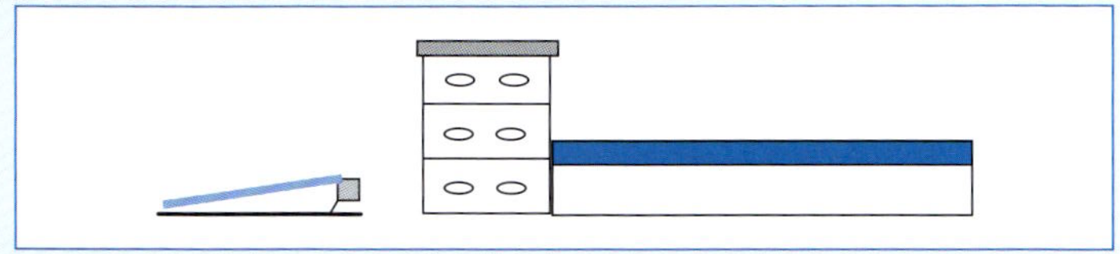

Abb. 17: Aufsprung und Landung

Einbeiniger Absprung ins Sprungbrett, dann beidbeiniger Absprung vom Sprungbrett. Die Landung auf der Matte erfolgt mit geöffneten und (max. 90°) gebeugten Beinen, mit leicht nach vorne geneigtem Oberkörper, wobei der Rücken gerade gehalten wird. Die Arme sind dabei in einer schrägtiefen Vorhalte etwa schulterbreit geöffnet.

Station 5: Bockspringen (vgl. Bild 19)

Eine halbe Hallenlänge mit dem:der Partner:in Bock springen.

Station 6: Sprossenwand (vgl. Abb. 18)

Vor die Sprossenwand ein Sprungbrett stellen.

Schüler:innen springen, mit Griff an der Sprossenwand, prellend auf dem Sprungbrett.

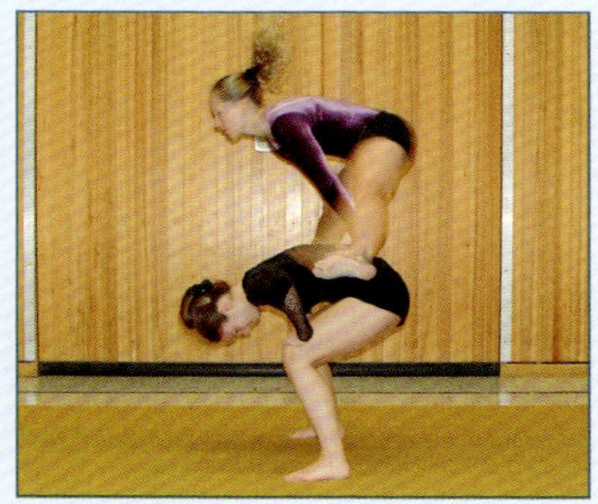

Bild 19: Bockspringen (Station 5)

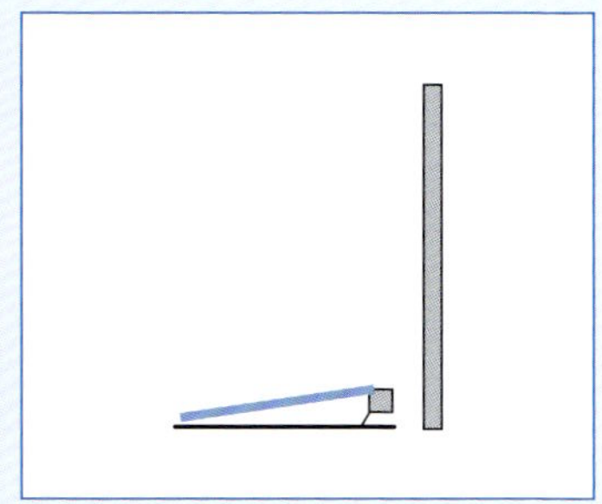

Abb. 18: Sprossenwand

Übungsphase: Riegenbetrieb

Umbau der Stationen

Die bestehenden sechs Stationen werden zu zwei Sprungstationen umgebaut, übrige Geräte werden sofort aufgeräumt.

Nach dem Umbau wird die Klasse in zwei große Riegen eingeteilt.

Station 1: Minitrampolin vor 4- bis 5-teiligem Kasten mit Mattenberg (vgl. Abb. 19)

a) Schüler:innen greifen mit den Händen auf den Kasten und federn im Minitrampolin.

b) Beim zweiten Durchgang wird das Federn durch Springen ersetzt.

c) Im dritten Durchgang sollen die Schüler:innen nach 3-maligem Springen auf der Matte eine Rolle turnen.

Sicherheitsstellung steht zwischen Kasten und Minitramp (auf einer Erhöhung).

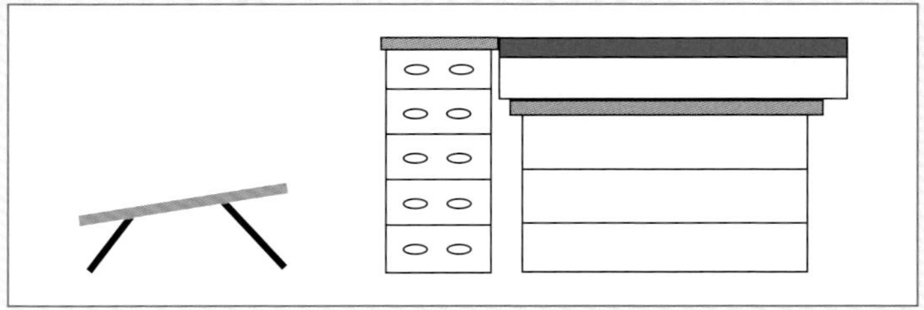

Abb. 19: Kasten mit Mattenberg

Jede:r Schüler:in soll a) bis c) mehrmals durchführen.

Station 2: Zwei 3-teilige Kasten vor Minitrampolin und Weichbodenmatte (vgl. Abb. 20)

a) Schüler:innen stehen am Kastenende direkt vor dem Trampolin. Ohne Anlaufen in das Trampolin einspringen und auf dem Mattenberg landen.

b) Beim zweiten Durchgang führen die Schüler:innen einen Strecksprung mit Armeinsatz durch.

c) Im dritten Durchgang nehmen die Schüler:innen 3–4 Schritte Anlauf und springen in das Trampolin ein, um mit einem Strecksprung (anschließend Hocksprung) auf der Matte zu landen.

Sicherheitsstellung steht mit einem Fuß auf dem Minitramp, mit dem anderen Fuß auf der Weichbodenmatte (Landesicherung).

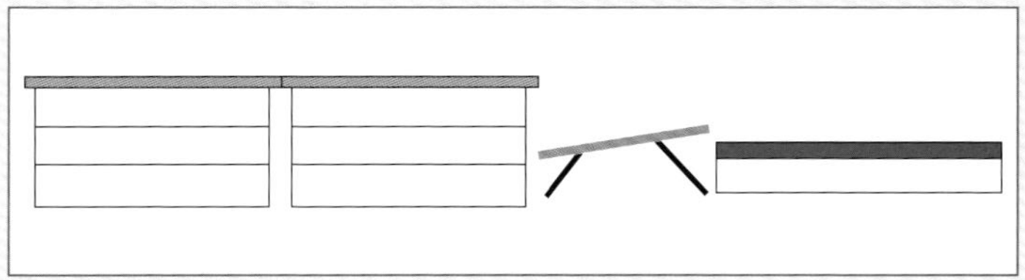

Abb. 20: Kasten vor Minitrampolin

Jede:r Schüler:in soll a) bis c) mehrmals durchführen. Die Lehrkraft, der an Station 2 sichert, achtet auf eine korrekte Landung.

Stundenabschnitte und Unterrichtsinhalte	Organisatorische Hinweise
Umbau der Stationen	Die Gruppen aus der ersten Übungsphase können belassen werden.
Station 1: Minitrampolin vor 4- bis 5-teiligem Kasten mit Mattenberg und Ansprungkasten (vgl. Abb. 21) Schüler:innen stehen auf dem Ansprungkasten, springen in das Trampolin und turnen eine Rolle auf den Mattenberg. Nach und nach Sprunghöhe steigern, ggf. 1 oder 2 Anlaufschritte hinzunehmen.	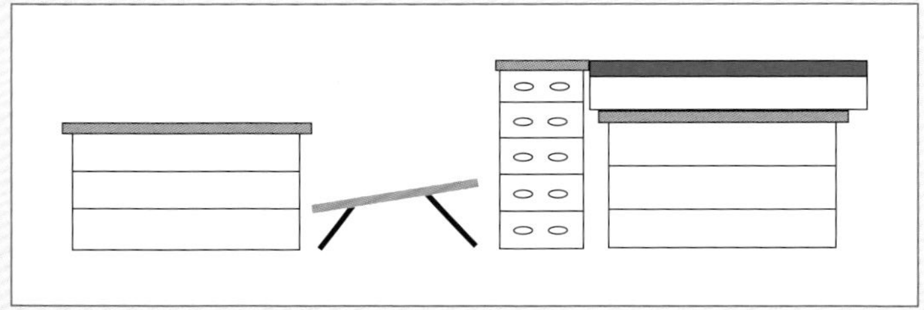 **Abb. 21: Kasten mit Mattenberg**
Station 2: Minitrampolin und Weichbodenmatte (vgl. Abb. 22) Nach Anlauf führen die Schüler:innen verschiedene Sprünge durch: • Strecksprung • Hocksprung • Strecksprung mit halber/ganzer Drehung • Grätschwinkelsprung	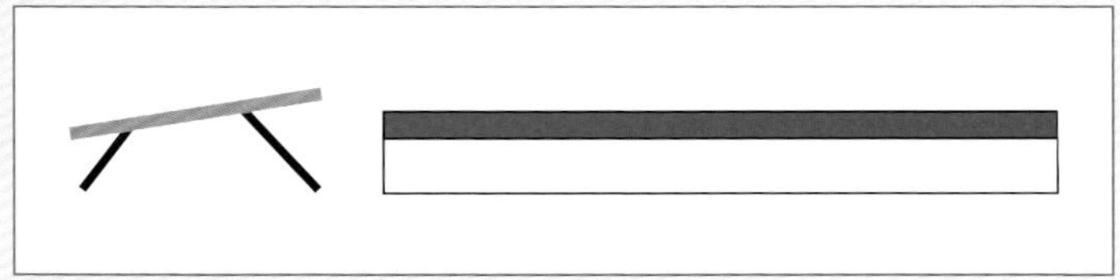 **Abb. 22: Minitrampolin mit Weichbodenmatte** Die Lehrkraft sichert an Station 2 und achtet auf eine korrekte Landung.
Stundenausklang	
Sprungdemonstration Jede:r Schüler:in darf einen Fantasiesprung auswählen, Saltobewegungen sind nicht gestattet.	Ansage des Sprungs, damit die Lehrkraft die richtige Hilfestellung geben kann. Erfahrungen der beiden Absprunggeräte austauschen.
Reflexion und Nachbesprechung, Herausarbeiten der wichtigsten Bewegungsmerkmale von Sprung- und Landebewegungen.	

Doppelstunde 7
Springen und Landen II
Sprunggrätsche

„Bockspringen“ – das ist der gebräuchliche Begriff für die Grätsche über den Bock. Eine Basisform der Stützsprünge, die auch ohne jedes Sportgerät ausgeführt werden kann, ist das Bockspringen über eine:n Partner:in. Doch auch in der Turnhalle macht diese unkomplizierte Form des Springens viel Spaß. Die Sprunggrätsche ist als Einstieg geeignet und vermittelt ein erstes Flugerlebnis im Turnen. Grundsätzlich gilt: Die Kopplung von Anlauf und beidbeinigem Absprung, Stützkraft und das sichere Landen sind die wichtigsten Voraussetzungen für diese einfachste Form turnerischer Sprungbewegungen.

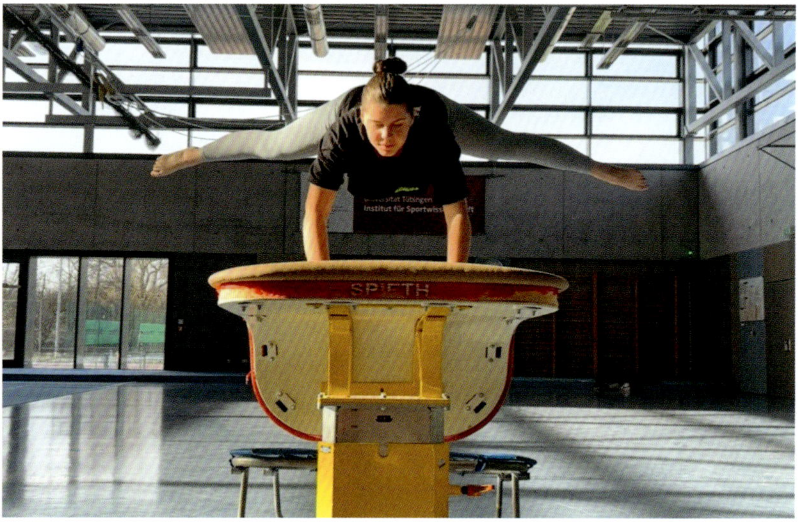

Die größte Hürde stellt für die meisten Schüler:innen der Respekt vor dem Bock dar. Viele berichten von Angst vor dem Laufen gegen das Gerät oder vor dem Absturz von oben herunter. Durch gezielte Lernschritte lässt sich dem entgegenwirken. Zu beachten ist dabei, dass viele Fehler während des Übens aus Respekt der Springenden vor dem Turnbock resultieren. Die Schüler:innen sehen ihn häufig nur als Hindernis, das es zu überwinden gilt. Dafür setzen sie durchaus mutig ihnen vertraute Strategien ein, die jedoch nicht zur Sprunggrätsche führen. Dagegen helfen nur eine konsequente Schulung der Lernvoraussetzungen und geduldiges Wiederholen der Korrekturhinweise. Die korrekte Bewegungsausführung muss immer wieder eingefordert werden, wenn die Schüler:innen selbstständig und gefahrlos springen lernen sollen. Zwischendurch kann das kurze Wiederholen eines vorgeschalteten Lernschritts helfen, ein Bewegungsmerkmal zu verbessern.

Die häufigsten Fehler bei der Sprunggrätsche sind der Tabelle 4 zu entnehmen.

Tab. 4: Häufigste Fehler bei der Sprunggrätsche

Fehler	Folge	Gegenmaßnahme
Absprung mit einem Bein	Unkontrollierter Flug über den Bock, der Körper verdreht während des Sprungs	Kurzer Anlauf, beidbeiniger Absprung zum Stütz auf dem Bock mit gegrätschten Beinen ohne Sprung über das Gerät, mit anschließender Landung auf dem Sprungbrett.
Sprung mit dem Bauch auf den Bock statt Stütz auf den Händen	Schüler:in kommt nur bis auf den Bock	Bewegungsvorstellung verändern, Stützphase bewusst machen: aus dem Stand vor dem Bock, Hände auf den Bock legen, beidbeiniger Absprung mit Grätschen der Beine und Stütz auf dem Bock zur Landung auf dem Sprungbrett. Mehrfach wiederholen.
Zu geringe Grätschbewegung der Beine	Schüler:in bleibt mit den Beinen am Bock hängen	Bewusstmachung der Beinstreckung. Übung wie oben wiederholen. Schüler:innen an das Strecken der Fußspitzen erinnern, da dies nur selten ohne gleichzeitiges Strecken der Knie ausgeführt werden kann.

Eine weitere Schwierigkeit ergibt sich aus den oft nicht ausreichend höhenverstellbaren Böcken. Gerade für kleine Schüler:innen wird das Bockspringen fast unmöglich, wenn kein Gerät niedriger als 1,10 m eingestellt werden kann. Es können jedoch durch Gerätehilfen Höhenunterschiede ausgeglichen werden; Beispiele dafür finden sich im Stundenverlauf.

Bewegungsbeschreibung

Für das Bewegungsverständnis ist eine differenzierte Bewegungsbeschreibung vonnöten. Die Sprunggrätsche setzt sich aus folgenden Abschnitten zusammen:

7

- Aus dem Anlauf einbeiniger Absprung in das Brett und beidbeiniger Absprung vom Sprungbrett.
- Schneller Griff zum Bock mit gleichzeitigem rück-hoch Schwingen der Füße – im Idealfall wird eine waagerechte Körperposition in dieser ersten Flugphase erreicht.
- Kurzer Stütz auf dem Bock mit Grätschen der Beine.
- Weiterflug mit Schließen der Beine zur beidbeinigen Landung.

Während der Stützphase sollten die Hände mittig auf dem Bock liegen. Wird der Griff am Rand des Geräts ausgeführt, erhöht sich die Gefahr des Abrutschens. Werden die Hände zu weit nach außen gesetzt, wird es für weniger bewegliche Schüler:innen schwierig die Beine weit genug zu grätschen.

Die Qualität der Landung ist entscheidend für die Minimierung von Verletzungen. Eine optimale Landung zeigt die folgenden Merkmale (vgl. hierzu auch **Doppelstunde 6 Springen und Landen I sowie Doppelstunde 11 Springen und Landen III**):

- Füße parallel, etwa hüftbreit geöffnet, Knie in direkter Linie über den Füßen (achsengerechte Knie-Fuß-Einstellung).

5

- Knie maximal 90° gebeugt.
- Rücken gerade, Becken aufgerichtet, Oberkörper leicht vorgeneigt.
- Arme in Schräg-Vor-Tiefhalte, Arme leicht diagonal geöffnet.
- Beim Landen erst den Fußballen, dann die Ferse auf den Boden setzen, also den Fuß abrollen (Hinweise: „Zehenspitzen landen zuerst!“, „Leise landen!“).

Diese Landeposition ist die schonendste Möglichkeit, die große Belastung, die der Körper durch eine Landung erfährt, abzufangen, da alle Körperteile funktionell eingesetzt werden. Auf diese Weise kann der Körper den Schwung abfedern, und die Belastung von Knie und Rücken bleibt gering. Durch Bewusstmachung der Fußarbeit wird die Gefahr des Umknickens verringert.

Stundenabschnitte und Unterrichtsinhalte	Organisatorische Hinweise
Aufwärmphase	
Einlaufen Die Schüler:innen laufen kreuz und quer durch die Halle. *Mögliche Varianten* • vorwärts, rückwärts, seitwärts und im Hopserlauf • ohne auf die Linien am Boden zu treten • nur auf den Linien	Wichtig: Gleichmäßig im Raum verteilen.
Mattenstaffel Jeweils 5 Schüler:innen bilden eine Mannschaft und holen sich eine dünne Matte, mit der sie sich an einer der Stirnseiten der Halle aufstellen (vgl. Abb. 23). Es gilt nun, die Matte auf verschiedene Weise auf die andere Hallenseite zu transportieren: • die Matte über dem Kopf tragen • die Matte auf dem Rücken tragen • rückwärts gehen/laufen • die Matte senkrecht halten • jede:r Schüler:in muss einmal unter der Matte hindurch • die Matte auf dem Bauch transportieren • auf Händen und Füßen gehen und dabei die Matte transportieren • usw.	Lehrkraft nennt die jeweilige Aufgabe und leitet die Staffel als Schiedsrichter:in. 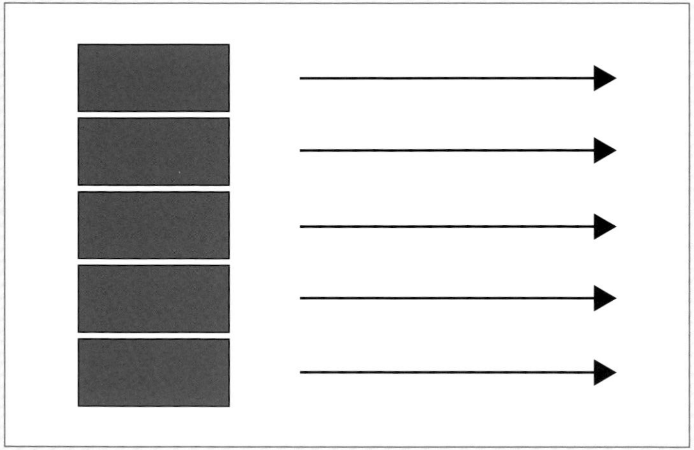 Abb. 23: Mattenstaffel

Stundenabschnitte und Unterrichtsinhalte	Organisatorische Hinweise

Vorbereitung der Handgelenke

- Vorbereitung des Stützens: Aus dem Stand vor einer Linie (Spielfeldmarkierung auf dem Hallenboden) Hände aufsetzen und die Hände über die Linie und wieder zurücksetzen, ca. 10 Wiederholungen.
- Kräftigung/Aktivierung der Handgelenke: Im Stand Arme waagerecht nach vorn ausstrecken und die Hände nach oben und unten klappen. Handfläche zeigt dabei zum Boden, Finger sind gestreckt. 20–30 Wiederholungen.
- Dehnung: 1 Arm gewinkelt vor den Körper halten, Ellenbogen zeigt nach unten, Handfläche zeigt nach oben, als ob ein Teller auf der Hand balanciert würde. Die andere Hand greift nun auf die ausgestreckten Finger und führt den Arm nach vorn-unten.

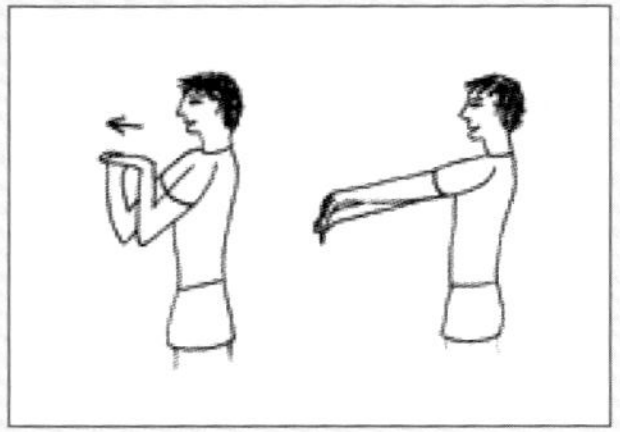

Abb. 24: Dehnung Unterarm

Übungsphase 1

Aufbau der ersten Gerätstationen

Station 1 (vgl. Abb. 25)

Sprungbrett, kleiner Kasten, dünne Matte (3 x aufbauen).

Station 2 (vgl. Abb. 26)

großer Kasten (3–4 Teile), dünne Matte (2 x aufbauen).

Station 3 (vgl. Abb. 27)

Eine Langbank mit mehreren Landemarkierungen (jeweils 2 Teppichfliesen mit rutschfester Unterseite oder aus Kreppband geklebte Quadrate, ca. 40 x 40 cm, o. Ä.).

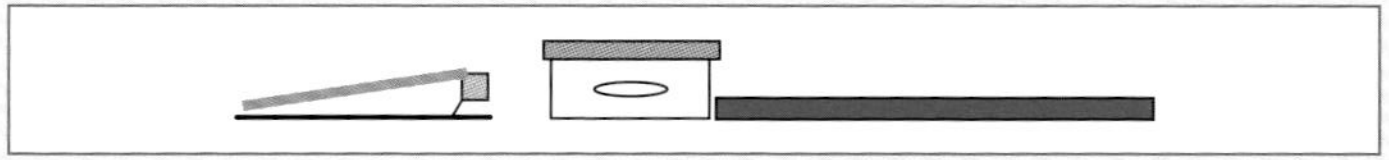

Abb. 25: Station 1

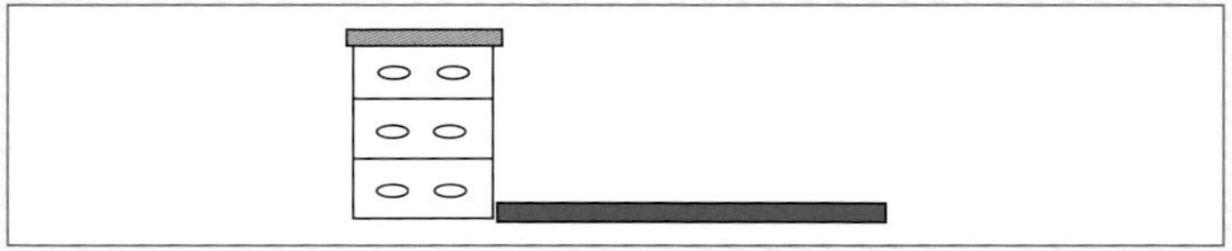

Abb. 26: Station 2

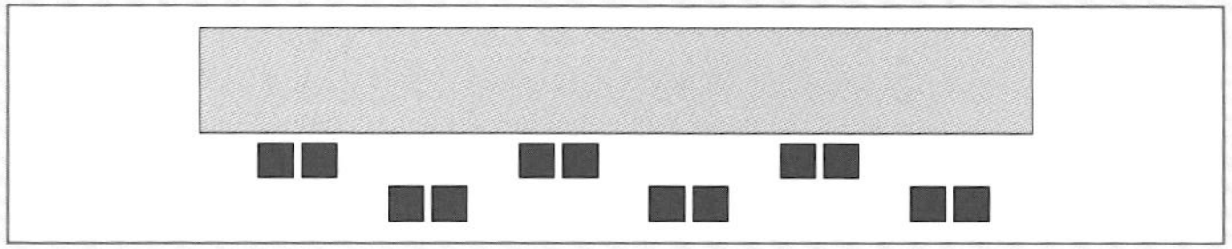

Abb. 27: Station 3 (Ansicht von oben)

Stundenabschnitte und Unterrichtsinhalte	Organisatorische Hinweise
Wiederholung Absprung und Landung (gerätspezifische Erwärmung) Die Schüler:innen turnen an den vorbereiteten Stationen jeweils 4 gelungene Wiederholungen (z. B. an der Bank 4 Landungen pro Landemarkierung). • **Station 1:** Aus dem Anlauf beidbeiniger Absprung, Sprung auf oder über den Kasten mit sicherer Landung. • **Station 2:** Absprung vom Kasten zur sicheren Landung auf der Matte. • **Station 3:** Absprung von der Bank zur Landung auf der Markierung.	Es werden drei etwa gleich große Gruppen gebildet, die nach 3–4 Minuten die Station auf Zeichen der Lehrkraft wechseln. Die Lehrkraft korrigiert die Bewegungsausführung und entscheidet, ob weiteres Üben der Lernvoraussetzungen erforderlich ist.

Übungsphase 2

Geräteumbau

Station 1: Bock (vgl. Abb. 28)

Bock mit 1 (blauen) Turnmatte dahinter

Station 2: Schrägbank (vgl. Abb. 29)

Großer Kasten (3–4 Teile) mit 2 Bänken, die schräg darauf gelegt sind. Der Abstand der Bänke beträgt ca. 40–50 cm.

Station 3: Turnbank (vgl. Abb. 30)

Eine Bank mit 2 (blauen) Turnmatten (seitlich auf eine Seite).

Station 4: Kasten (vgl. Abb. 31)

Großer Kasten (3 Teile) mit 1 (blauen) Turnmatte dahinter.

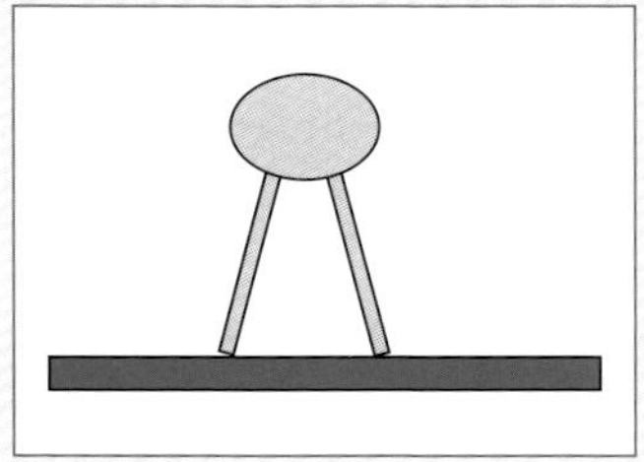

Abb. 28: Station 1 – Bock

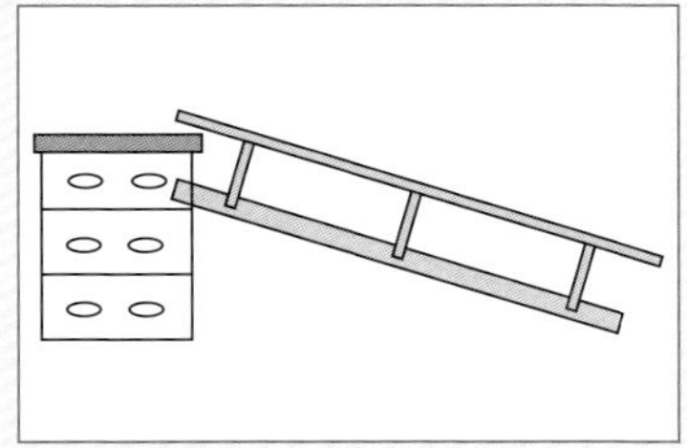

Abb. 29: Station 2 – Schrägbank

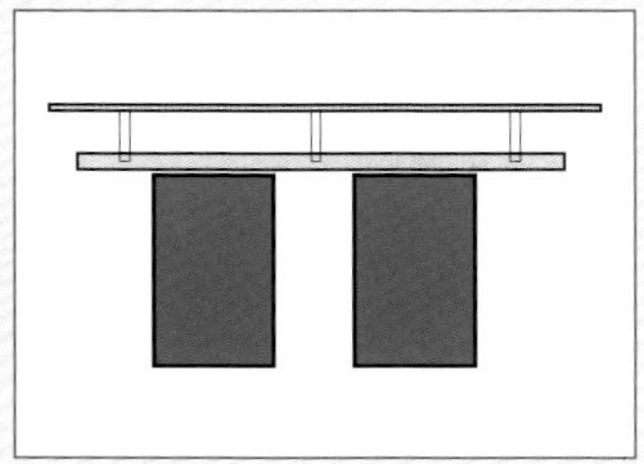

Abb. 30: Station 3 – Turnbank

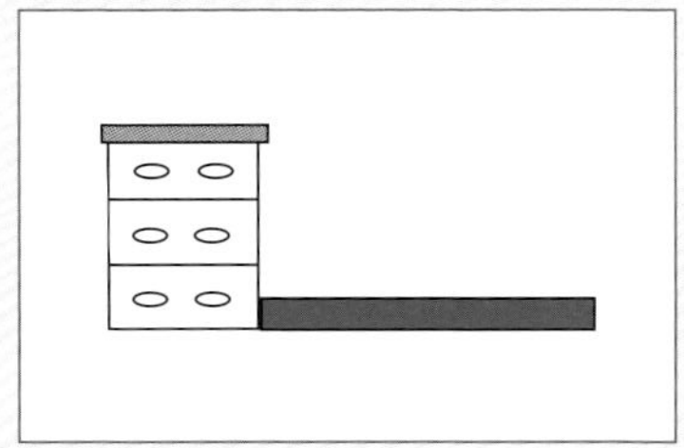

Abb. 31: Station 4 – Kasten

Stundenabschnitte und Unterrichtsinhalte	Organisatorische Hinweise

Vorbereitung der gestützten Grätschposition

Die Schüler:innen turnen an den vorbereiteten Stationen jeweils 4 bis 6 gelungene Wiederholungen.

Station 1: Aus dem Stand auf der Matte vor dem Bock, Hände auf den Bock legen und Sprung in den Stütz mit gegrätschten Beinen. Hüfte und Bauch berühren dabei nicht das Gerät. 3x hintereinander Springen.

Station 2: Aus dem Stand zwischen den Bänken, Hände rechts und links auf die Bank legen, aufstützen und die Füße auf die Bank heben. Abspringen, nach vorn greifen und wiederholen. 3–4 Sprünge die Schräge hinauf.

Station 3: Aus dem Stand vor der Bank mit Blick zur Matte die Hände auf die Bank legen und aufgrätschen auf die Bank. Aufrichten und nach vorn abspringen zur sicheren Landung.

Station 4: Wie bei Station 3, aber auf den großen Kasten (ggf. die Geräthöhe durch zusätzliche Mattenlage an die Größe der Schüler:innen anpassen).

Erlernen der Hilfestellung

10

Zwei Helfer:innen stehen hinter dem Bock mit Blick zum:zur anlaufenden Schüler:in. Bauch der Helfer:innen zeigt zum Bock.

Wenn die turnende Person stützt, greifen die Helfer:innen sofort mit beiden Händen jeder an einen Oberarm (Stützgriff). Anschließend begleiten sie rückwärts gehend die turnende Person in den Stand. Aufgabe der Helfer:innen ist es den Stütz und die Vorwärtsbewegung zu erleichtern.

Nach der Demonstration durch die Lehrkraft üben die Schüler:innen in Dreiergruppen den Helfer:innengriff.

Demonstration der Hilfestellung durch die Lehrkraft mit 1 Schüler:in als 2. Hilfestellung und einer turnenden Person. Zeigen des Griffs erst ohne zusätzliche Bewegung, dann schwingt die turnende Person die Arme aus dem Stand nach vorn zum Griff auf dem Bock und die Helfer:innen greifen schnell an den Oberarm.

Anschließend üben die Schüler:innen in Dreiergruppen den Helfer:innengriff ebenfalls zunächst ohne Bewegung und dann im Stand aus dem Vorschwingen der Arme.

Umbau der Stationen

Station 1 (vgl. Abb. 32)

Der Aufbau aus Abb. 27 wird dahingehend verändert, dass 2 kleine Kästen davor gestellt werden (längs, eng aneinander). Sind viele große Schüler:innen in der Klasse kann statt 2 kleiner Kästen auch ein Kastendeckel verwendet werden. Sind die Böcke sehr niedrig, kann auf die Kästen ggf. auch verzichtet werden. Optimale Geräthöhe für diese Lernstufe ist ein etwa hüfthoher Bock. Bei Bedarf zweimal aufbauen.

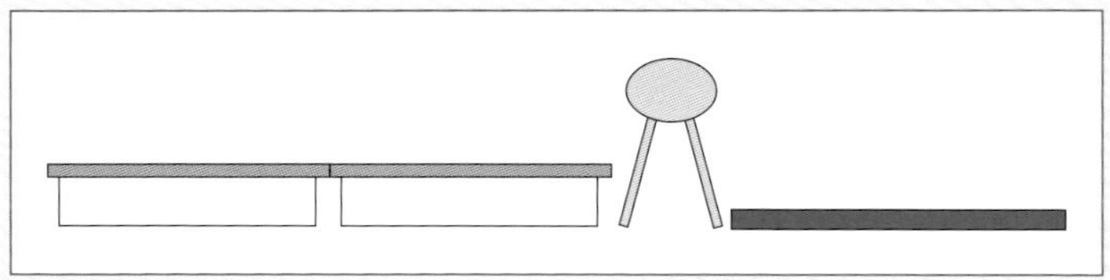

Abb. 32: Aufbau Station 1

Station 2 (vgl. Abb. 33)

Der Aufbau aus Abb. 31 wird dahingehend verändert, dass ein Sprungbrett vor den Kasten gestellt wird. Bei Bedarf zweimal aufbauen.

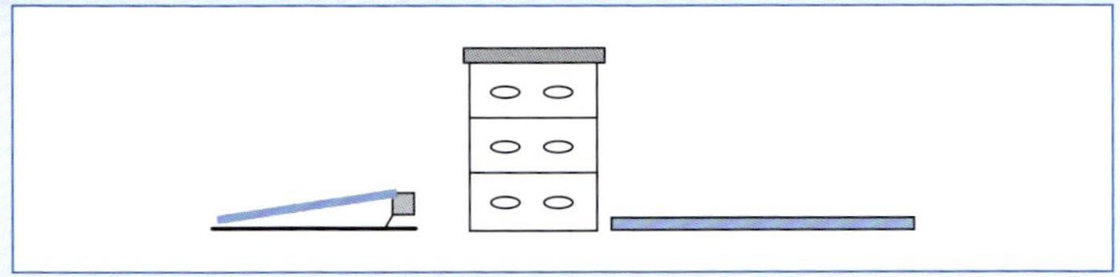

Abb. 33: Aufbau Station 2

Sprunggrätsche mit Gerätehilfe

Um die Bewegungsausführung zu erleichtern und eventuell zu hohe Geräte auszugleichen werden für die ersten Sprungversuche Gerätehilfen eingesetzt. Gleichzeitig werden an den großen Kästen das gestützte Grätschen und die Hilfestellung geschult.

Die Schüler:innen verteilen sich auf die Stationen. Jeweils 2 Schüler:innen pro Station beginnen als Helfer:innen. Wer geturnt hat, löst eine:n der Helfer:in ab. Der:die Helfer:in wechselt zur nächsten Station.

Station 1

Aus dem Stand auf den Kasten, Hände auf den Bock legen und Grätsche über den Bock mit Hilfestellung.

Variation: Aus dem Angehen, beidbeiniger Absprung mit anschließender Grätsche.

Station 2

Aus dem Angehen, beidbeiniger Absprung vom Sprungbrett, Stütz auf dem Kasten und Hochschwingen des Körpers mit gegrätschten Beinen. Landung auf dem Sprungbrett. Die Helfer:innen stehen hinter dem Kasten und greifen wie gelernt am Oberarm, wenn der Stütz erfolgt.

Die Schüler:innen turnen an den verschiedenen Stationen, die ihrem Leistungsstand entsprechen. Die gegenseitige Hilfestellung bleibt. Da es keinen Unterschied zwischen den Helfer:innengriffen gibt, können Schüler:innen auch dort helfen, wo sie selbst nicht turnen.

Stundenabschnitte und Unterrichtsinhalte	Organisatorische Hinweise
Turnen an unterschiedlichen Geräthöhen (Differenzierung)	
Wird die Sprunggrätsche mit Gerätehilfe von der Mehrzahl der Schüler:innen beherrscht, kann eine der Stationen umgebaut werden, um eine Differenzierung zu ermöglichen. Die kleinen Kästen werden weggeräumt und stattdessen ein Sprungbrett hingelegt. Die Grätsche wird nun aus dem Anlauf geturnt. Für die anderen Schüler:innen kann weiterhin eine Station mit Gerätehilfe angeboten werden. Die nächste Steigerung ist das Turnen mit Landungssicherung. Hierfür steht ein:e Helfer:in neben dem Gerät. Achtung: Die Position muss so gewählt werden, dass den gegrätschten Beinen ausgewichen werden kann. Wenn die turnende Person sich nach dem Stütz in der 2. Flugphase befindet, geht er von schräg hinten (hinter den gegrätschten Beinen) an die turnende Person heran und sichert die Landung durch Griff an Bauch und Rücken. Der Stand schräg hinter der turnenden Person hat dabei den Vorteil, dass beim Zurückkippen der turnenden Person ein Sturz gegen das Gerät verhindert oder gebremst werden kann.	Weitere Differenzierung ist möglich über den Abbau der Hilfestellung. Wenn nur ein:e Helfer:in eingesetzt wird, steht er:sie hinter dem Bock mit Blick zum Turner. Der Bauch des:der Helfer:in zeigt zum Bock. Wenn die turnende Person stützt greift der:die Helfer:in mit jeder Hand an einen Oberarm und begleitet rückwärts gehend die übende Person in den Stand. Der Abbau der Hilfestellung ist auch bei der Sprunggrätsche mit Gerätehilfe möglich. Manche Schüler:innen erreichen mehr Selbstvertrauen und Spaß an der Bewegung, wenn sie an der vertrauten Station eine Leistungssteigerung erleben. Für besonders leistungsstarke Schüler:innen kann zusätzlich der Abstand des Sprungbretts zum Bock vergrößert werden. Auch durch das Höherstellen des Bocks kann man eine weitere Steigerung erreichen.
Stundenausklang	
Demonstration Die Schüler:innen, die dies wollen, zeigen zum Abschluss einen besonders konzentrierten Versuch der Sprunggrätsche. **Abbauen der Geräte**	

III

Sieben Doppelstunden für die Klassen 7 bis 9 (13- bis 15-Jährige)

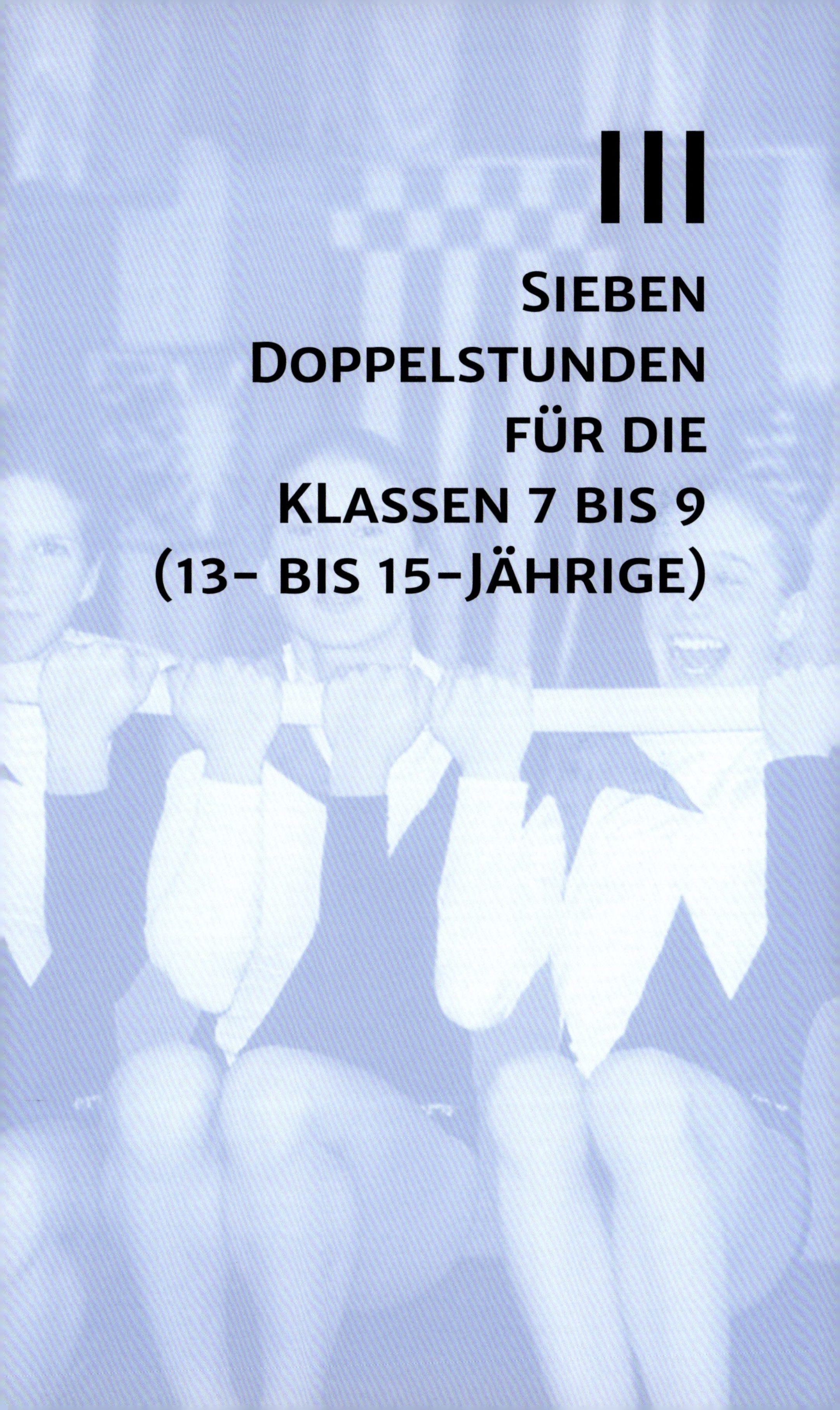

Turnen in der Mittelstufe

Der Lernerfolg im Turnen ist unter anderem durch die Faktoren Koordination und Kraft bestimmt. Während die Kraftvoraussetzungen aufgrund der hormonellen Umstellung während der Pubertät besser werden, verschlechtert sich die Koordination durch das starke Längenwachstum während der ersten puberalen Phase (vgl. Frey & Hildenbrandt, 1994). Auch bereits beherrschte Elemente können nach einer längeren Turnpause, weil beispielsweise im Sommerhalbjahr andere Sportarten wie Leichtathletik oder Fußball im Vordergrund stehen, schlechter ausgeführt werden. Gelernte Bewegungsmuster passen einfach nicht mehr zu den neuen Körperverhältnissen. Der Unterricht in der Mittelstufe sollte daher immer mit dem Wiederholen bekannter Elemente beginnen, um die Koordinationsmuster neu zu entwickeln bzw. sie zu vertiefen. Ebenfalls sollten die angebotenen Übungsstationen auch die Ausführung der jeweiligen Bewegungen in verschiedenen Schwierigkeitsstufen erlauben (z. B. Rad über die Matte, Rad auf der Linie, Rad auf der Bank mit Weichbodenmatten daneben), um auch den Schüler:innen interessante Aufgaben zu bieten, die die Grundform bereits beherrschen.

Insofern ist die Anwendung bereits beherrschter Elemente in selbst gestalteten Gruppenübungen ein zentrales Unterrichtsprinzip der **Doppelstunde Turnen**. Gruppenübungen selbst zu gestalten ist aber nicht nur ein Weg, beherrschte Elemente in differenzierter Form in den Unterricht zu integrieren, sondern die Schüler:innen erhalten mit dieser Aufgabenstellung zusätzlich einen größeren Anteil an Mitbestimmung. Konkret formuliert: Die Wahl des Geräts, die Musikauswahl oder die Ausgestaltung der Bewegungsfolge können den Schüler:innen überlassen werden. Dabei ist es Aufgabe der Lehrkraft, aufgrund der Vorerfahrungen seiner Klasse oder aufgrund der zur Verfügung stehenden Zeit einen oder mehrere der genannten Punkte zur Wahl zu stellen. Bei entsprechender Sachkompetenz im Umgang mit den Turngeräten ist es sogar möglich, die Konstruktion eigener Übungsstationen als eine Aufgabenstellung für diese Altersgruppe auszuwählen.

Vor diesem Hintergrund der spezifischen konditionellen, koordinativen und motivationalen Situation von Schüler:innen der Mittelstufe empfiehlt die **Doppelstunde Turnen** folgende Themen für den Turnunterricht:

- Mit der Doppelstunde Gleichgewichtsschulung wird eine kontrollierte Bewegungsausführung geschult. Daraus ergeben sich Effekte, die weit über das Turnen hinausreichen, denn auch bei Trendsportarten wie Skate- oder Snowboardfahren oder Inlineskaten ist eine gutes Gleichgewicht vonnöten.

- Die Doppelstunde Rundherum II erweitert die in der Unterstufe gemachten Erfahrungen des Rollens, die nun mit attraktiven Aufbauten vertieft werden. Neben der Orientierungsfähigkeit spricht diese Doppelstunde mehrfach die Differenzierungsfähigkeit an. Durch das Üben von kurzen Kombinationen, bei der sich die Schüler:innen vorgegebene Abläufe merken müssen, wird zusätzlich die kognitive Komponente aufgegriffen.

- Die Doppelstunde Rad und Radwende greift die einfachste Form des Überschlagens – das Rad – auf, das nicht nur in der Turnhalle, sondern auch überall im Freien geturnt werden kann. Zur weiteren Differenzierung wird in der Stunde auch die Radwende (Rondat) angeboten. Bei dieser komplexen Bewegungsform sind die Schüler:innen gefordert, einen Überschlag über alle drei Körperachsen zu turnen.

- Auf das Springen und Landen aufbauend geht es in der Doppelstunde Springen und Landen III um die Sprunghocke. Prellende Absprünge erfordern ein hohes Maß an Differenzierungsfähigkeit; die vielen Stationen, an denen gleichzeitig gesprungen wird, ermöglichen in dieser Stunde ins besondere eine Schulung der Sprungkraft.

- Mit den beiden Doppelstunden Felgen und Kippen werden zwei wesentliche Grundelemente des Turnens thematisiert, die sich in vielen Aspekten ähneln. Es erfordert insbesondere kinästhetische Wahrnehmung bei den Schüler:innen, um festzustellen, wann der richtige Zeitpunkt für die einzelnen Aktionen der Bewegungen gekommen ist, etwa für das Umgreifen während des Kippaufschwungs.

- Mit der Doppelstunde Gerätturnabzeichen wird ein motivierender Abschluss des Themenblocks Turnen vorgeschlagen, der gleichzeitig Anreiz und Belohnung für die Schüler:innen bietet.

Betrachtet man die einzelnen Stunden im Gesamtkontext und bezieht diesen auf die Schwerpunkte der Doppelstunden für die Unterstufe, dann wird das durchgehende didaktische Prinzip der **Doppelstunde Turnen** auch an dieser Stelle deutlich:

In Anlehnung an die Doppelstunden der Unterstufe sind zahlreiche Experimentierphasen vorgesehen, die den Schüler:innen kreatives und selbstständiges Handeln ermöglichen. Über alle Doppelstunden hinweg intensivieren wir jedoch die Phasen, in denen im Sinne von Söll (2000) gezielt die konditionellen und motorischen Voraussetzungen für einen Sport außerhalb der Schule vorbereitet werden. Besondere Motivation soll durch ungewöhnliche Geräteaufbauten und Übungskombinationen hervorgerufen und dadurch ein hohes Maß an Bewegung ermöglicht werden.

Doppelstunde 8
Gleichgewichtsschulung

Die Gleichgewichtsfähigkeit ist ein fester Teilbereich der koordinativen Fähigkeiten und wird auch in neuesten trainingswissenschaftlichen Ansätzen wie dem Koordinations-Anforderungs-Regler (vgl. Neumaier, 2006) explizit diskutiert. Aufgrund der Tatsache, dass nach wie vor viele sportartspezifischen Ansätze den fähigkeitszentrierten Ansatz im Bereich der Koordinationsschulung bevorzugen (vgl. u. a. Gerling, 1997, S., 25; Knirsch, 1996, S. 46; Landessportbund Nordrhein-Westfalen, 1999, S. 42; Lange, 2001), wird auch in der Doppelstunde Turnen dieser zur Grundlage der weiteren Überlegungen gemacht.

Koordinative Fähigkeiten sind für die Qualität der Bewegungsausführung, die Bewegungskontrolle und das Bewegungslernen von grundlegender Bedeutung. Eine Verbesserung der Gleichgewichtsfähigkeit bedeutet somit immer eine kontrolliertere Bewegungsausführung und damit mehr Bewegungssicherheit im Alltag sowie schnelleres Lernen neuer Bewegungsformen. Schon im Stand auf beiden Beinen befindet sich der menschliche Körper im so genannten labilen Gleichgewicht. Über der relativ kleinen Unterstützungsfläche der Füße muss der gesamte Körper ausbalanciert werden. Wird die Unterstützungsfläche nun noch mehr verkleinert (beispielsweise im Ballenstand, im Stand auf einem Bein oder beim Balancieren auf schmalen Unterstützungsflächen), erhöhen sich gleichzeitig die Anforderungen an das Zusammenspiel der Muskulatur. Funktioniert dies nicht ausreichend, ist ein Sturz oder Wackeln die Folge.

Gerade dieses Risiko des Scheiterns macht das „Spiel mit dem Gleichgewicht" für Jugendliche interessant. Sie wollen ihre Grenzen austesten, und in Balancesituationen erfahren sie diese direkt: Entweder es klappt oder man liegt „flach". Nicht umsonst sind gleichgewichtsintensive Sportarten, wie beispielsweise Skate- bzw. Snowboard fahren, Surfen oder Inlineskaten, die Sportarten der Jugendlichen. Spannend ist, was sich nicht klar vorhersagen lässt, entsprechend dem Motto „Klappt es oder klappt es nicht?" Vieles sieht oft einfach und mühelos aus, bis man es selbst versucht und umkippt. Allerdings kann man auch in einer durchschnittlich ausgestatteten Turnhalle Bewegungsaufgaben stellen, die das

Gleichgewicht herausfordern. Hierbei spielt vor allem die Höhe von Geräten eine Rolle, denn eine Bewegung, die vielleicht auf der Bank problemlos klappt, wird bei der Ausführung auf dem Schwebebalken deutlich schwieriger.

Schließlich ist für die Durchführung der Doppelstunde Gleichgewicht noch ein Punkt wichtig: Die Füße haben als Basis des Körpers eine buchstäblich tragende Rolle bei allen Übungen im Stand. Um alle Funktionen des Fußes bei der Stabilisierung des Körpers nutzen zu können, ist es empfehlenswert, mit so wenig Schuh wie möglich zu arbeiten. So sinnvoll feste Sportschuhe beim Joggen oder bei Sportspielen sind, so hinderlich sind sie, wenn es darum geht, das Zusammenspiel der Fußmuskulatur zu trainieren. Nur barfuß können die Zehen beim Stand auf einem schmalen Untergrund, wie einer um gedrehten Bank, um den Rand der Bank herumgreifen oder die Fußsohlen Informationen über den Untergrund melden, z. B. das Bankende oder eine Unebenheit. Taktile Rückmeldungen können genutzt werden, um die Balance zu verbessern (vgl. Bischoff, 2003).

Stundenverlauf Doppelstunde 8: Gleichgewichtsschulung

<table>
<tr><th>Stundenabschnitte und Unterrichtsinhalte</th><th>Organisatorische Hinweise</th></tr>
<tr><td colspan="2">Aufwärmphase</td></tr>
<tr><td>Gleichgewichtsaufgaben
Laufen im Tempo der Musik, bei Musikstopp anhalten und in einer Gleichgewichtsposition ausbalancieren. Mögliche Aufgaben:
• Stand auf einem Bein
• Stand auf einer Bank
• Stand auf 2 Füßen und 1 Hand (vorlings)
• Stand auf 2 Füßen und 1 Hand (rücklings)
• 1 Hand und 1 Fuß am Boden, freie Hand greift an den freien Fuß
• Kopf, 1 Knie und 1 Hand am Boden
• 1 Fußspitze und 2 Finger am Boden
• Nur das Gesäß am Boden
• Zu zweit mit Kontakt zum:zur Partner:in, 2 Füße am Boden
• Zu dritt, 2 Füße am Boden
• Zu zweit, 2 Hände und 2 Füße am Boden</td><td>Die Schüler:innen laufen kreuz und quer durch die Halle und passen dabei ihr Lauftempo der Musik an.
Die Lehrkraft stoppt die Musik und sagt die jeweilige Gleichgewichtsaufgabe an.</td></tr>
<tr><td>Klebende Hände
Zwei Schüler:innen stehen sich im Abstand von etwa eine Armlänge gegenüber, die Füße sind hüftbreit geöffnet und auf einer Linie genau nebeneinander. Die Handflächen werden gegen die des anderen gelegt. Durch Ausüben von Druck und das Wegziehen der eigenen Hände wird versucht den:die Partner:in aus dem Gleichgewicht zu bringen.</td><td>Paarweise im Raum verteilt. Nach einer gewissen Zeit werden auf Zeichen der Lehrkraft neue Partner:innen gesucht. Empfehlenswert sind 3–4 Durchgänge.</td></tr>
</table>

Stundenabschnitte und Unterrichtsinhalte	Organisatorische Hinweise
Übungsphase	
Aufbau der Balancierstationen	Drei Bänke in die Hallenmitte holen und umdrehen, so viele Schwebebalken wie möglich aufbauen und durch entsprechende Mattenlage absichern.

Gleichgewichtsaufgaben in der Gruppe
 	
Den Schüler:innen werden unterschiedliche Aufgaben gestellt.
Es ist dabei möglich, die Aufgaben als Wettbewerb zwischen den Mannschaften zu formulieren (alle Übungen können statt auf dem Balken auch auf der umgedrehten Bank ausgeführt werden):
• Wer steht als erstes auf dem Balken?
• Wer kann sich aus dem Stand auf dem Balken hinsetzen, ohne herunterzufallen oder sich auf der Matte abzustützen?
• Wer kann aus dem Sitz aufstehen? Wer schafft dies am schnellsten?
  – Die Übung „Klebende Hände“ aus der Erwärmung auf dem Gerät.
  – Kissenschlacht auf dem Balken.
	Die Schüler:innen werden in mindestens 4 Gruppen aufgeteilt.
	Eine Gruppe darf sich den Balken als Gerät wählen. Sind mehrere Gruppen leistungsstark genug, um am Balken zu üben, wird nach jeder 2. Übung das Gerät gewechselt, sodass jeder am Balken war.

Schießbude Mannschaft A (bis zu 6 Personen) steht auf dem Balken bzw. der Bank, Mannschaft B steht im Abstand von ca. 3 m davor. Gleichgewichtsaufgaben: • Mannschaft B wirft A Bälle zu, die gefangen und zurück geworfen werden. Wie viele Personen von A stehen nach 30 sek noch auf dem Balken? • Wie 1, aber wie viele Abstürze gab es in den 30 sek? • Die Mannschaft auf dem Balken bekommt Bälle zugeworfen, die sie zurück köpfen, pritschen oder baggern soll. • Mannschaft B versucht, A mit Softbällen abzuwerfen und aus dem Gleichgewicht zu bringen.	Bei dieser Übung sollten ausschließlich Softbälle verwendet werden.

Platzwechsel

Bis zu 8 Schüler:innen stehen nebeneinander auf dem Balken. Sie versuchen nun den, Platz zu wechseln, ohne dabei den Balken zu verlassen.

Mögliche Zusatzaufgaben
- Die beiden äußeren Jugendlichen tauschen die Plätze.
- Über den:die Partner:in steigen oder springen.
- Die Kinder sortieren sich nach Geburtsdatum, Anfangsbuchstaben des Vornamens oder Größe.

„Von hier nach da"

Auf Bank oder Balken balancieren mit Variationen:
- auf Händen und Füßen über den Balken
- etwas einfacher: auf Händen und Knien
- hinsetzen und aufstehen
- hochspringen
- einmal um sich selbst drehen
- Hindernisse übersteigen oder überspringen
- etwas auf der Handfläche des ausgestreckten Arms transportieren (z. B. einen Ball)
- etwas auf dem Kopf transportieren (z. B. einen Tennisring oder eine Frisbee-Scheibe)

Mögliche Hindernisse sind:
Medizinbälle, Gymnastikkeulen, Plastikflaschen (0,75 l), Markierungskegel, Wasserbälle oder Mitschüler:innen.

Umbau der Geräte

Station 1: 1–2 Bänke bleiben als weitere Station stehen (o. Abb.).

Station 2: Ein Sprungbrett vor die Stirnseite des Schwebebalkens legen. Je eine dünne Matte liegt am Anfang des Geräts, zusätzlich zur normalen Mattenlage rechts und links neben dem Balken (vgl. Abb. 34).

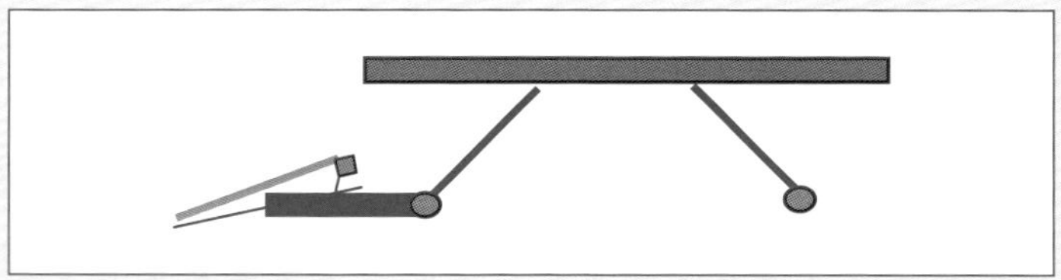

Abb. 34: Station 2

Station 3: Ein großer Kasten mit Sprungbrett davor und dünner Matte dahinter, sowie je 1 dünne Matte rechts und links *neben* dem Kasten (vgl. Abb. 35).

Station 4: Bankwippe aus zweiteiligem großen Kasten und Bank, Mattenlage unter den Bankenden (vgl. Abb. 36).

Station 5: Vier Pezzibälle (wenn vorhanden).

Station 6: Therapiekreisel, Balance-Pads, Aerosteps, Ballkissen oder andere wackelige Unterstützungsflächen (wenn vorhanden).

Station 7: Die Enden einer Reckstange werden auf 2 kleine Kästen gelegt, sodass die Stange eine etwa 40 cm hohe, schmale Balancierfläche bildet.

Turnen an den neuen Stationen **11–16**

Station 1: Sprünge auf einer umgedrehten Bank oder dem Balken.

Mögliche Variationen:
- Strecksprung.
- Hocksprung.
- Beidbeiniger Absprung, Spreizen des einen Beins nach vorn und des anderen nach hinten während der Flugphase, beidbeinige Landung (Quergrätschsprung).
- Beidbeiniger Absprung, Spreizen der Beine nach vorn und hinten, Landung auf dem vorderen Bein (Spreizsprung).
- Einbeiniger Absprung zur Landung auf dem anderen Bein (Schrittsprung).
- Einbeiniger Absprung mit weitem Spreizen der Beine während der Flugphase zur Landung auf dem vorderen Bein (Spagatsprung).
- Einbeiniger Absprung mit Hochziehen eines Knies, Beinwechsel während der Flugphase, einbeinige Landung (Pferdchensprung).

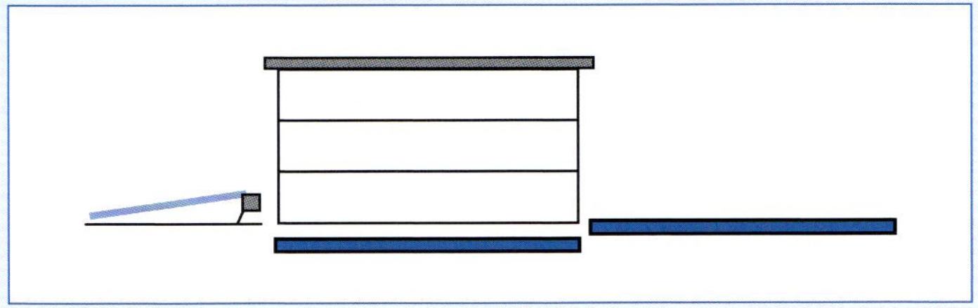

Abb. 35: Station 3

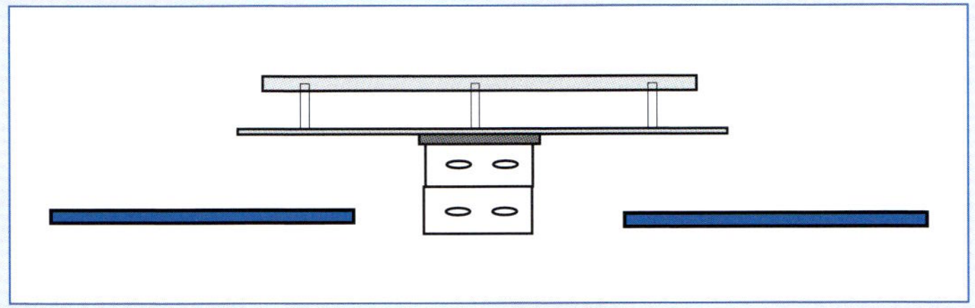

Abb. 36: Station 4 – Bankwippe

Die Schüler:innen wählen frei, an welchen Stationen sie üben möchten. Bei großem Andrang an einer Station kann die Bedingung gestellt werden, nach dem Turnen an der Station zwei oder drei andere Stationen zu nutzen, bevor an die beliebte Station zurückgekehrt werden darf.

Die Beschreibung der Sprungvariationen kann auf Aufgabenkarten oder Postern vorbereitet und ausgelegt bzw. aufgehängt werden.

Die Schüler:innen entscheiden selbst, mit wie vielen Helfer:innen sie das Aufspringen üben und ob sie am Balken oder am Kasten beginnen wollen.

Stundenabschnitte und Unterrichtsinhalte	Organisatorische Hinweise
Station 2: Auf den Balken heraufspringen. ***Hilfestellung beim Aufspringen:*** 1 oder 2 Helfer:innen stehen neben der turnenden Person, reichen ihr eine Hand und greifen mit der anderen von unten an den Oberarm. Sie laufen mit ihr an, unterstützen den Sprung und sichern die Landung auf dem Gerät. **17**	
Station 3: Sprung auf den Kasten. Hilfestellung wie oben.	
Station 4: Über die Bankwippe gehen. *Variation:* Zu zweit auf der Bankwippe bewegen, versuchen den Platz zu verändern oder dem:der Partner:in einen Medizinball zuzuwerfen.	***Station 4:*** Wartende Schüler:innen müssen ausreichenden Abstand zur Bankwippe halten, damit ihnen das umklappende Bankende nicht gegen die Schienbeine schlägt. Balancehilfe durch eine:n Helfer:in sollte angeboten werden. Bei 2 Schüler:innen auf der Bank darf nur nach Absprache das Gerät verlassen werden. 2 weitere Schüler:innen sichern die Bank am Auflagepunkt auf dem Kastendeckel gegen plötzliches Verdrehen.
Station 5: Kniestand auf einem Pezziball (mit Partner:innenhilfe oder Griff an einer Sprossenwand). ***Flieger:*** In Bauchlage auf den Pezziball liegen und Hände und Füße vom Boden anheben. ***Vierfüßlerstand auf 2 Pezzibällen:*** Hände sind auf dem vorderen, Knie stützen auf dem hinteren Ball.	***Station 5:*** Beim Vierfüßlerstand auf 2 Bällen, sollten 1–2 Helfer:innen die ersten Versuche absichern und die Bälle oder die turnende Person fixieren.
Station 6: Einbeiniges Stehen auf einem Ballkissen, Aerostep o. Ä. *Variation 1:* dabei einen Ball prellen oder fangen. *Variation 2:* den Ball mit dem Spielbein um das Ballkissen/Aerostep herum rollen. *Variation 3:* mit geschlossenen Augen stehen.	
Station 7: Balancieren über die Reckstange. ***Auch mit Variationen:*** vorwärts, rückwärts, mit 1/1-Drehung, ausbalancieren im Stand auf einem Bein.	
Stundenausklang	
Abbau der genutzten Geräte	

Doppelstunde 9
Rundherum II
Flugrolle

Das Rollen lernen Kinder bereits im Vorschulalter, doch nach einer kurzen Flugphase richtig abzurollen, stellt schon eine Schwierigkeit dar, mit der nicht alle Schüler:innen auf Anhieb zurechtkommen. Daher ist eine systematische Hinführung wichtig und sinnvoll. Nachdem die Schüler:innen in der Doppelstunde 5 Rundherum I (vgl. S. 48–53) bereits erste Rollerfahrungen gemacht und verschiedene Rollformen ausprobiert haben, wird jetzt versucht, das Rollen nach dem Abspringen zu erarbeiten. Hierbei kommen drei methodische Prinzipien zum Einsatz: 18

1. Da generell Bergabrollen einfacher ist als Rollen auf der Ebene, hilft die schiefe Ebene weiter.
2. Das Minitrampolin wie auch das Sprungbrett ermöglichen den Schüler:innen eine kurze Flugphase, die ohne diese Hilfsmittel so nicht möglich ist. Dennoch ist zu beachten, dass es genau nach einer solchen Flugphase umso wichtiger ist, den Kopf auf die Brust zu nehmen und die Hände zum Abstützen vorne zu haben. Daher stellen diese beiden Aktionen auch den wichtigsten Teil der Bewegung dar, auf den die Lehrkraft immer wieder eingehen muss.
3. Rollen in Wettbewerbsform, sei es in die Weite oder in die Höhe, sind zu vermeiden. Allzu schnell schleichen sich Fehler ein, die Verletzungen nach sich ziehen können, etwa wenn der Kopf nicht rechtzeitig eingerollt und folglich die Halswirbelsäule gestaucht wird.

Darüber hinaus ist zu beachten, dass beim Rollen weiche Untergründe notwendig sind. In der Regel reichen die sonst üblichen Matten bei großen Klassen kaum aus, weswegen die Vorbereitung der Stunde eine rechtzeitige Absprache mit den Kollegen erfordert, um ggf. aus anderen Hallenteilen Matten verwenden zu können.

Die Bewegungsaufgaben beim Rollen sind so zu gestalten, dass sich die Schüler:innen gegenseitig helfen und sichern können. Die Lehrkraft muss jedoch ihren Schüler:innen die notwendigen

Griffe zeigen. Im Verlauf der Stunde ist ihre AKtivitäs deshalb so zu verstehen, dass an den drei vorgeschlagenen Stationen immer neue Aufgaben gestellt werden, die die Schüler:innen lösen müssen. Sie soll dann bei den individuellen Ausführungen beratend und nur bedingt belehrend beiseite stehen.

Die zum Üben zur Verfügung stehende Zeit beträgt an der jeweiligen Station rund 15 Minuten, kann jedoch bei Bedarf verlängert werden, sodass der Parcours am Ende der Stunde ggf. kürzer ausfällt. Dieser Parcours soll die Schüler:innen zu eigenen Übungsverbindungen (Stichwort: Kürübung) auffordern, die je nach Motivation unterschiedlich kreativ ausfallen werden; jedoch wird durch die Möglichkeit, sich bei seinen Mitschüler:innen Anregungen zu holen, kein:e Schüler:in bloßgestellt.

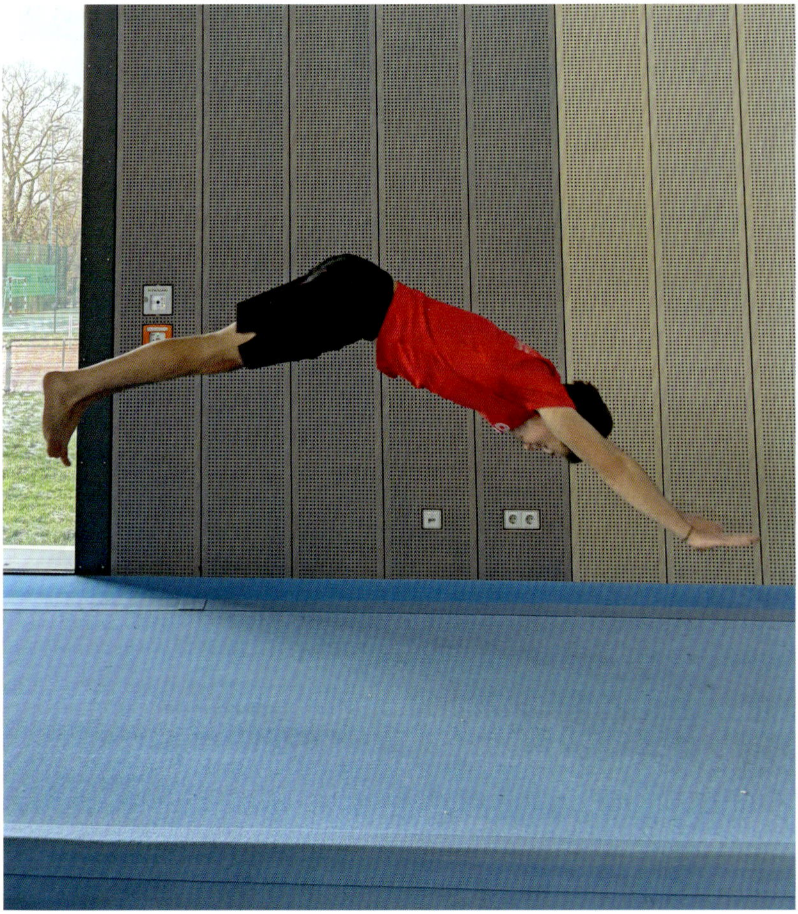

Stundenabschnitte und Unterrichtsinhalte	Organisatorische Hinweise
Aufwärmphase	

Aufbau der Stationen

Zu Beginn der Stunde erfolgt ein gemeinsamer Aufbau, wobei die Schüler:innen unter Anleitung der Lehrkraft die abgebildeten Stationen aufbauen.

Skizzen der Stationen vorbereiten.

Station 1: Schiefe Ebene (vgl. Abb. 37)

An einem Barren werden an beiden Holmen je 2 Turnbänke eingehängt. Auf die Turnbänke werden Weichbodenmatten gelegt (alternativ: (blaue) Turnmatten, Bodenläufer darüber legen). Am Ende der Bank sichern mehrere (blaue) Turnmatten, sodass kein:e Schüler:in auf den Boden fällt und dass die Weichbodenmatten nicht wegrutschen können. Die Weichbodenmatten werden zusätzlich an den Barrenholmen festgeknotet.

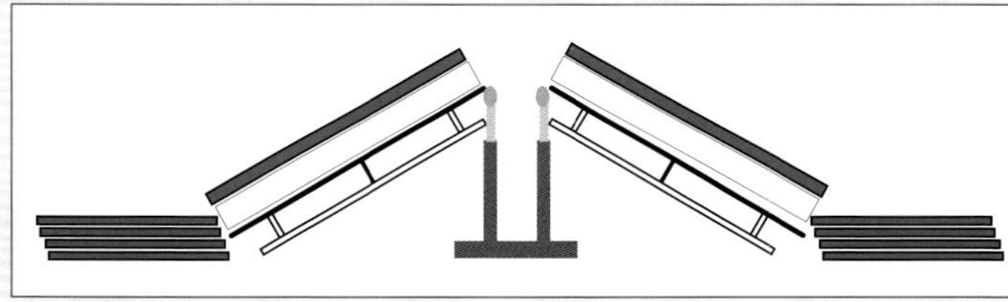

Abb. 37: Schiefe Ebene

Die Lehrkraft muss darauf achten, dass die Turnbänke eingehängt sind.

Station 2: Mattenberg (vgl. Abb. 38)

Drei 3-teilige Kästen werden parallel gestellt und eine Weichbodenmatte darüber gelegt. Vor dem Aufbau steht ein Minitrampolin, davor ein 2-teiliger Kasten.

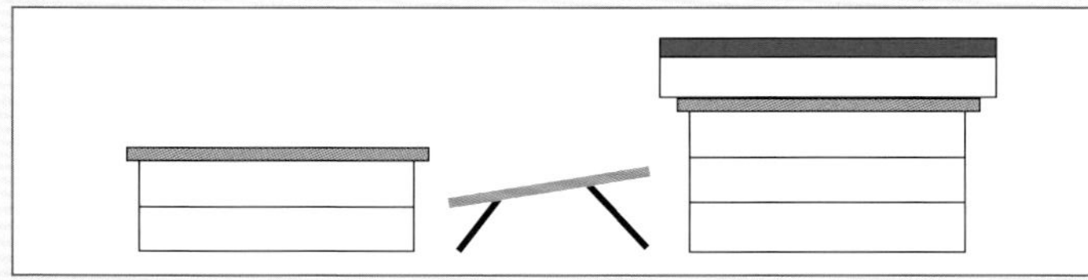

Abb. 38: Mattenberg

Das Minitrampolin zunächst mit der Oberseite nach unten legen, um unerwünschte Sprünge zu vermeiden.

Station 3: Boden (vgl. Abb. 39)

Alle verfügbaren Turnmatten (oder Bodenläufer) werden zu einer Bodenbahn ausgelegt. Eine Weichbodenmatte mit Sprungbrett wird am Ende angebaut.

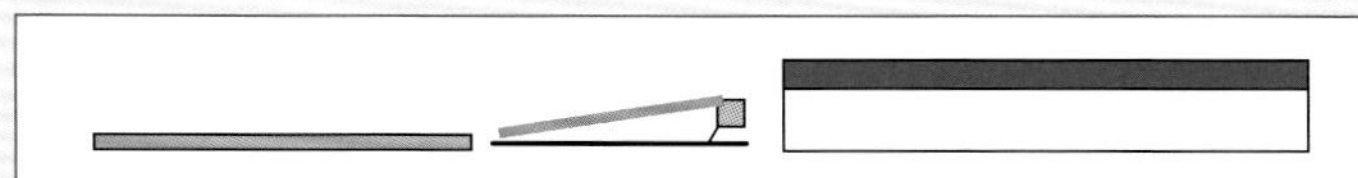

Abb. 39: Bodenbahn

Stundenabschnitte und Unterrichtsinhalte	Organisatorische Hinweise
Aufwärmen Die Schüler:innen gehen in 4er-Gruppen zusammen. Ein:e Schüler:in läuft voraus, die anderen folgen und ahmen alle Bewegungen nach. Jeweils nach 60 sek erfolgt ein Zeichen der Lehrkraft, worauf ein:e andere:r Schüler:in die Führung der Gruppe übernimmt. Die Geräte werden dabei umlaufen. Im zweiten Durchgang ist die Aufgabe, als Gruppe so viele Rollen als möglich auf den ausliegenden Matten durchzuführen. Jede Gruppe zählt selbstständig, aber laut, ihre gültigen Versuche.	***Aufbau für das Aufwärmen:*** Mit möglichst vielen Matten eine große Fläche oder eine Bodenbahn legen, alternativ können auch Judomatten verwendet werden.
Übungsphase	
Üben an den Stationen	Die Lehrkraft erklärt den Schüler:innen, wie sie sich gegenseitig helfen und sichern können. Nach 15 Minuten die Stationen wechseln. Aus Sicherheitsgründen sind Wettbewerbsformen wie in die Weite oder Höhe springen zu vermeiden.
Station 1: Schiefe Ebene • Von oben nach unten rollen (vorwärts, rückwärts, seitwärts). • Seitwärts mit einer helfenden Person an der Schulter von unten nach oben und wieder runter rollen. 19 • Wettbewerb – wer kommt seitwärts am weitesten hoch (alleine). • Über den „Graben“ (Barrenholmgasse) springen und abrollen. • Wie oben, jedoch mit Anlauf.	Bei den Rollen an Station 1, v. a. bei der Flugrolle, ist entscheidend, dass die Schüler:innen ihre Arme/Hände vornehmen → Zuruf: Hände vor!
Station 2: Mattenberg Auf dem Trampolin federn und nach dem 3. Tuchkontakt Beine hoch-schwingen, Arme beugen und abrollen. • Einen Schritt angehen, in das Trampolin einspringen und abrollen. • Wie oben, jedoch mehrere Schritte angehen. • Wie oben, jedoch durch einen Gymnastikreifen springen.	Die Hilfestellung bei Station 2 steht seitlich und unterstützt den Beinschwung (Griff an Oberschenkel, nahe Knie). Beim Abrollen den Kopf auf die Brust nehmen.

Stundenabschnitte und Unterrichtsinhalte	Organisatorische Hinweise
Station 3: Boden	
Auf der Turnmatte (nicht auf der Weichbodenmatte) • Vorwärts rollen mit vorherigem leichtem Absprung. • Vorwärts rollen mit vorherigem stärkerem Absprung. • Wie oben, jedoch vorher und nachher einen Strecksprung mit ½-Drehung.	
Auf der Weichbodenmatte • Ohne Anlauf vom Sprungbrett abspringen zur Flugrolle auf die Weichbodenmatte. • Mit Anlauf vom Sprungbrett abspringen zur Flugrolle auf die Weichbodenmatte. • Über einen, zwei oder drei Mitschüler:innen springen und abrollen. • Dompteur: wer traut sich durch einen hochgehaltenen Gymnastikreifen zu springen.	Den Abstand zwischen Minitrampolin und Mattenberg bzw. Sprungbrett und Weichbodenmatte bei leistungsstärkeren Schüler:innen vergrößern.
Mit beiden Matten • Übungsverbindung: Strecksprung ½-Drehung – Flugrolle über einen Mitschüler:innen – Strecksprung ½-Drehung – Strecksprung ½-Drehung – Anlauf – Absprung Reutherbrett – Flugrolle durch Gymnastikreifen. • Übungsverbindung: 2 Schüler:innen turnen eine Übung mit mindestens 2 Flugrollen synchron, jedoch aus unterschiedlicher Position (bspw. gegenüber stehend beginnen).	
Stundenausklang	
Parcours Alle Stationen nacheinander in Form eines Parcours durchlaufen, dabei jedes Mal ein Element je Gerät anhängen (erster Durchgang 1 Element, zweiter Durchgang 2 Elemente, etc.).	Jede:r Schüler:in stellt seine individuelle Kürübung aus der Anzahl an Elementen, die er beherrscht, zusammen.

Doppelstunde 10
Rad und Radwende

Das Rad ist die einfachste der gestützten Überschlagbewegungen, weshalb es schon Kinder im Vorschulalter erlernen können. Es ist eine Bewegung, die sich leicht kontrollieren und daher auch fast überall ausführen lässt: auf der Straße, am Strand, auf dem Schwebebalken oder auf der Wiese (vgl. Bischoff, 2002).

Im Turnen kommt es beim Radschlagen häufig zu großen Diskussionen über das „richtige" Rad. Setzt man es vorwärts an oder seitwärts? Ist es beendet, wenn der Körper bei der Landung dorthin gedreht ist, wo das Rad begonnen wurde oder wenn man in die gleiche Richtung schaut wie vor dem Rad. Oder ist es nur dann ein wirkliches Rad, wenn seitwärts begonnen und seitwärts gelandet wurde? Es sind drei Variationen, aber jede ist ein Rad. Hier zeigt sich auch, wie vielfältig und flexibel das Turnen ist und dennoch gibt es eine Terminologie, die diese Variationen genau beschreibt.

1. Eindeutiger Begriff für ein Rad ist „Handstützüberschlag seitwärts". Dies bedeutet: Der Bewegungsbeginn erfolgt über die Seite und so wird auch gelandet. Dennoch hat sich der Name Rad als Synonym für „Handstützüberschlag seitwärts" im Turnhallen-Alltag und im allgemeinen Sprachgebrauch durchgesetzt. (20)

2. Davon unterscheidet man den Handstützüberschlag mit 1/4-Drehung **in** die Bewegungsrichtung. Mit dem Aufsetzen des ersten Fußes dreht sich die turnende Person so, dass er in die Richtung schaut, in die er das Rad begonnen hat. (21)

3. Die dritte Variante ist der Handstützüberschlag mit 1/4-Drehung **gegen** die Bewegungsrichtung. Vor der Landung wird der Körper so gedreht, dass man dort hinschaut, wo man gestartet ist. Vorteile dieser Variante sind (22)

   - Eine gute Bewegungskontrolle, da der Blick auf die Hände die Orientierung erleichtert und beim Landen der Aufsatzpunkt des Fußes gesehen wird.
   - Das Knie kann sofort nachgebend gebeugt werden, wodurch ein sicherer Stand ermöglicht wird.

Beide Punkte sind besonders bei einem Rad auf schmalem Untergrund (z. B. auf dem Schwebebalken) entscheidend für eine gelungene Bewegungsausführung. Aber auch Anfänger:innen erleichtern sie das Lernen des Elements. Außerdem ist es eine wichtige Vorstufe für die Radwende, ein Rad mit kurzer Flugphase nach dem Stütz der Hände, bei dem auf geschlossenen Füßen gelandet wird. Aus diesen Gründen wird im Folgenden das Rad mit ¼-Drehung gegen die Bewegungsrichtung beschrieben.

Zur Differenzierung können Schüler:innen, die diese Form des Rades beherrschen, auch weitere Variationen des Radschlagens angeboten werden. Neben den beiden oben beschriebenen sind das: Das Rad mit einem Arm, das eingesprungene Rad (Flugphase vor dem Stütz der Hände), das ausgesprungene Rad (Flugphase nach dem Stütz der Hände, ¼-Drehung gegen die Bewegungsrichtung, Füße landen nacheinander in der Schrittstellung). Auch das Beginnen des Rads 23–25
mit der anderen Seite stellt eine interessante Erschwerung der Bewegungsausführung dar.

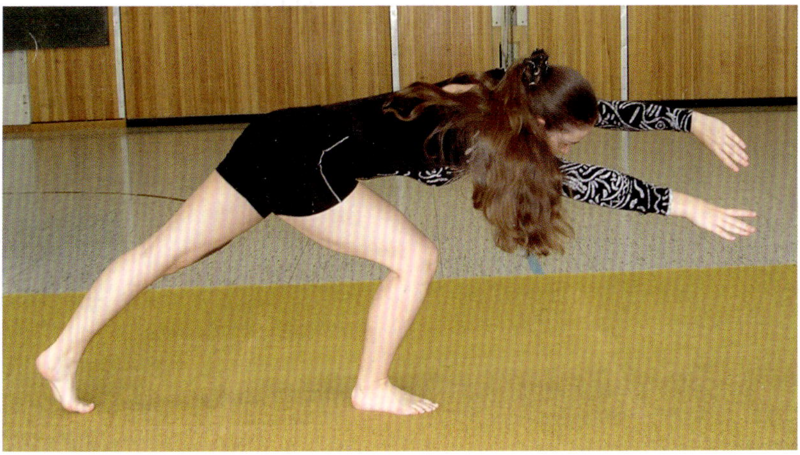

Neben ausreichender Stützkraft ist der entscheidende Aspekt beim Rad die Drehung der Hände vor dem Stütz: Steht der rechte Fuß vorn, müssen auch die Fingerspitzen beider Hände nach rechts zeigen, umgekehrt entsprechend. Bei Anfänger:innen können Markierungen (gezeichnete Hände und Füße oder Pfeile) auf dem Boden bzw. der Matte sehr hilfreich sein, dieses Problem zu lösen und damit das Grundprinzip des Radschlagens zu vermitteln. Wer begriffen hat, wie das Rad funktioniert, hat insgesamt etwa 200 Wiederholungen vor sich, bis es auch wie ein Rad aussieht. Soll also das Rad gelernt werden, dann bedeutet dies, dass Radschlagen ein obligatorischer

Inhalt jeder Turnstunde sein sollte. Dabei reicht es aus, wenn das Radschlagen ein Teil der Erwärmung ist. Alle Schüler:innen können gleichzeitig üben, Matten sind nicht erforderlich. Nach 10–20 Wiederholungen geht es dann mit den anderen Inhalten weiter. Um die Motivation auch bei großen Wiederholungszahlen zu erhalten, werden Aufgaben gestellt, die zusätzliche Ziele enthalten; sie lassen auf diese Weise die Monotonie des Übens in den Hintergrund treten.

Eine große Rolle bei der Vorbereitung auf das Radschlagen spielt die Dehnung der Adduktoren. Durch die Grätschposition während der Stützphase, kommt es schnell zu leichten Zerrungen, vor allem dann, wenn die Muskulatur nicht ausreichend auf den kommenden Dehnungsreiz vorbereitet wurde.

Im folgenden Stundenbild wird zusätzlich zum Rad die Radwende als Inhalt zur Differenzierung angeboten. Die Radwende (auch *Rondat* genannt) ist eine dynamische Variante des Rades, bei der immer beidbeinig gelandet wird. Nach dem Stütz der Hände erfolgt eine kurze Flugphase zum Stand auf den Füßen. Die Beine werden dabei kurz hinter der Senkrechten geschlossen. Die Radwende wird entweder
26 am Boden oder als Abgang vom Schwebebalken geturnt.
Aus Gründen der Vereinfachung wird im folgenden Stundenentwurf die Radwende von einer leichten Erhöhung geübt, um den Schüler:innen mehr Zeit zu geben, die Füße vor der Landung zu schließen.

Stundenabschnitte und Unterrichtsinhalte	Organisatorische Hinweise
Aufwärmphase	
Geräteaufbau	Alle vorhandenen Matten in der Halle verteilen.
Allgemeine Erwärmung Die ausgelegten Matten umlaufen • Vorwärts, rückwärts, seitwärts. • Auf Händen und Füßen über jede Matte. • Jede Matte wird einmal umlaufen. • Die Matten werden quer übersprungen. • Ein Fuß auf die Matte stellen, Hochspringen und die Füße wechseln. Mit dieser Bewegung an der Matte entlang springen. An der nächsten Matte in die andere Richtung bewegen.	
Dehnung • Im Stand beide Knie leicht beugen, ein Bein nach vorn ausstrecken, Gewicht bleibt auf dem gebeugten Bein. Mit beiden Händen auf dem gebeugten Bein abstützen und den Oberkörper möglichst gerade nach vorn neigen (vgl. Bild 20). • Sitz auf dem Rand einer Matte, Beine grätschen und Oberkörper nach vorn neigen. Becken sollte möglichst aufgerichtet und der Rücken gerade bleiben (vgl. Bild 21).	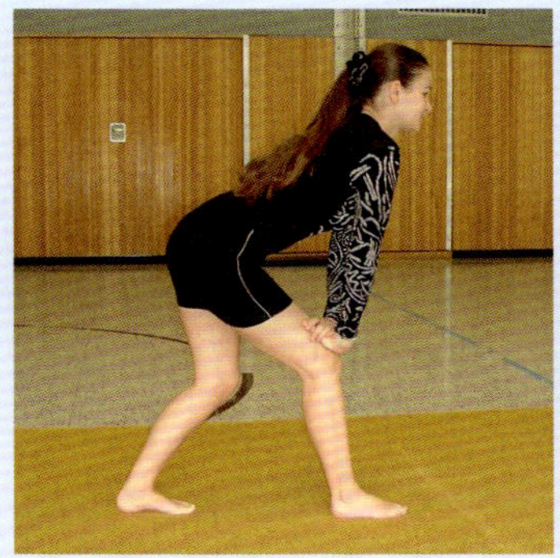 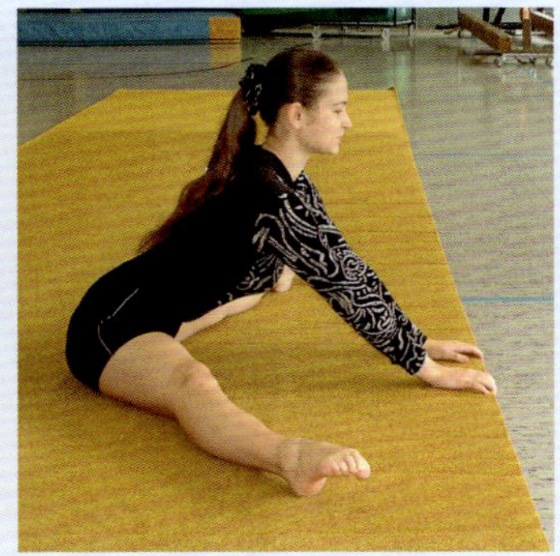 Bild 20 und 21: Dehnung Beinrück- und Oberschenkelinnenseite

Stundenabschnitte und Unterrichtsinhalte	Organisatorische Hinweise

Spezielle Erwärmung zur Vorbereitung des Stützens

- Aus dem Stand, Hände auf den Boden setzen und damit 4 Schritte vorwärts und 2 rückwärts laufen, Aufrichten mit Strecksprung, 8 Wiederholungen.
- Dehnung: Ein Arm gewinkelt vor den Körper halten, Ellenbogen zeigt nach unten, Handfläche zeigt nach oben, als ob ein Teller auf der Hand balanciert wird. Die andere Hand greift nun auf die ausgestreckten Finger und führt den Arm nach vorn-unten (vgl. Abb. 40).
- Stand 50–100 cm vor einer Wand, Bauch zeigt zur Wand. Hände gegen die Wand stützen und im Wechsel von der Wand abheben, Fingerspitzen bei jedem Griff in eine andere Richtung drehen (vgl. Abb. 41).

Lehrkraft demonstriert die Bewegungsfolge. Sie kann auch zu einer Musik im Tempo von etwa 130 bpm = Schlägen pro Minute (z. B. Two Times von Anne Lee) ausgeführt werden.

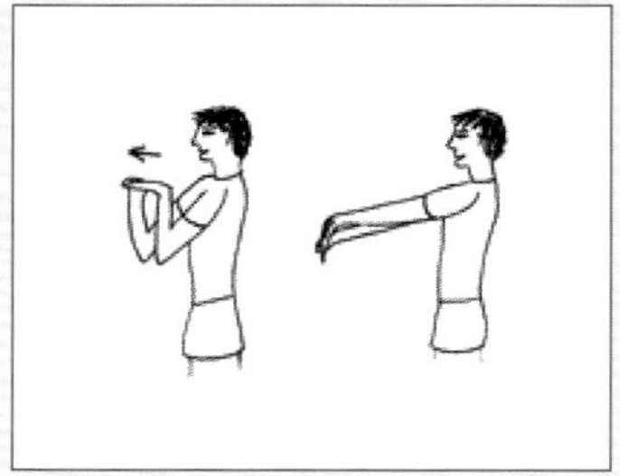

Abb. 40: Dehnung Unterarm

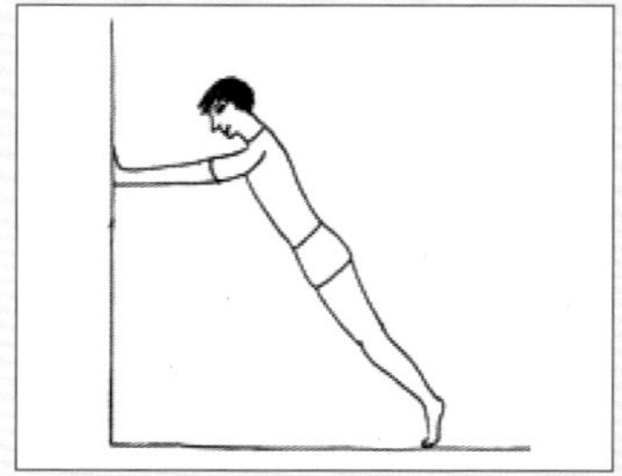

Abb. 41: Vorbereitung des Stützens an der Wand

Wiederholung Scherhandstand (vgl. Doppelstunde 3): Der Scherhandstand ist eine vereinfachte Form des Handstands, bei dem es vor allem um das Stützen auf den Händen geht. Aus der Schrittstellung werden die Hände aufgesetzt und die Beine nacheinander angehoben, sodass der Körper für einen Moment nur auf den Händen getragen wird. Die Beine werden in der Luft nicht geschlossen, sondern tauschen lediglich ihre Position. Das Bein, das als erstes den Boden verlassen hat, wird auch als erstes wieder nach unten geführt.

Schüler:innen sind frei im Raum verteilt. Die ausgelegten Matten können genutzt werden. Es werden 10–15 Wiederholungen geturnt.

Übungsphase 1

Umbau der Geräte (vgl. Abb. 42)

Station 1: 2 x 2 Matten auslegen, Abstand zwischen den Bahnen 30 cm.

Station 2: Mehrere Matten einzeln auslegen.

Station 3: Mehrere Linien in einem freien Bereich der Halle.

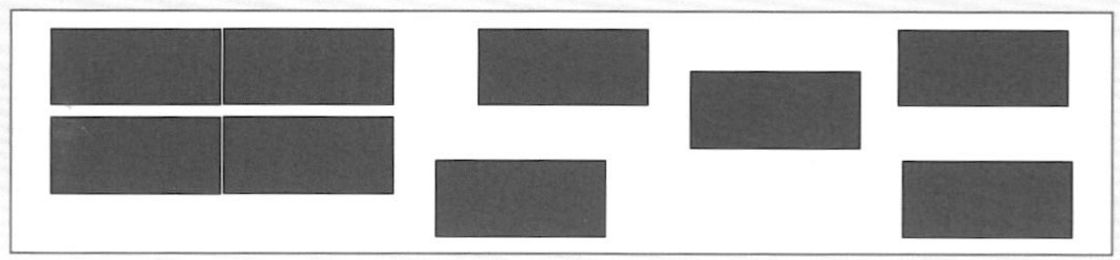

Abb. 42: Mattenverteilung

Stundenabschnitte und Unterrichtsinhalte	Organisatorische Hinweise
Turnen an den Stationen	
Station 1 „Rad in der Gasse“: Das Rad zwischen den Matten turnen, ohne eine der Matten zu berühren.	
Station 2 „Rad in die Weite“: Die Weite ist ein gut geeignetes Qualitätsmerkmal beim Radschlagen, denn nur mit gestrecktem Körper kann man einen großen Abstand überwinden: • Rad quer über eine dünne Matte turnen (im Stand vor der Matte beginnen, nur die Hände dürfen die Matte berühren, Landung dahinter). • Rad längs über eine dünne Matte turnen. • Ein Rad über die eigene Körperlänge turnen.	Schüler:innen, die das Rad bereits können, können eine Variation üben: Rad mit einer Hand, Rad zur anderen Seite, Rad mit ½-Drehung in die Bewegungsrichtung, eingesprungenes oder ausgesprungenes Rad. Zum Markieren der Körperlänge können Seile, Kreide- bzw. Magnesiastriche oder Klebeband verwendet werden.
Station 3 „Rad auf der Linie“: Hände und Füße sollen beim Rad auf einer der Linien aufgesetzt werden, die als Spielfeldmarkierung auf den Hallenboden gezeichnet sind.	
Übungsphase 2	
Umbau und Erweiterung des Geräteparcours	
Station 1: 1 Bank mit je 1 Weichbodenmatte rechts und links daneben.	Wenn die Bänke in der Turnhalle sehr wackelig sind, kann ein kleiner Kasten unter ein Bankende gestellt werden, um die Stabilität zu erhöhen.
Station 2: Wenn vorhanden ein Übungsschwebebalken, Mattenlage neben dem Gerät.	
Station 3: 2 (blaue) Turnmatten im Abstand von ca. 50 cm.	Sind ausreichend Matten vorhanden, können die Stationen aus der Übungsphase aufgebaut bleiben.
Station 4: 3 (blaue) Turnmatten als Mattenbahn, 1 Sprungbrett auf der ersten Matte.	
Station 5: 1 Bank mit 1 (blauen) Turnmatte dahinter.	
Station 6: 2 zweiteilige Kästen hintereinander mit 1 (blauen) Turnmatte dahinter.	
Station 7: Mattenbahn aus mindestens 3 (blauen) Turnmatten.	

Stundenabschnitte und Unterrichtsinhalte	Organisatorische Hinweise
Erlernen des Anhüpfers	
Aus dem Stand Sprung nach vorn-oben. Die Landung auf den Füßen erfolgt nacheinander in der Schrittstellung, das vordere Bein wird dabei nachgebend gebeugt, um den Schwung der Vorwärtsbewegung abzufangen und den Oberkörper zum Stütz abzusenken. Beide Arme schwingen während des Sprungs von unten über vorn nach oben. Soll ein Rad mit rechts geturnt werden, muss nach dem Anhüpfer der rechte Fuß vorn stehen, d. h., der linke Fuß landet zuerst. Bei der Ausführung mit links landet entsprechend der rechte Fuß zuerst.	Demonstration des Anhüpfers. Die besondere Bedeutung der Schrägneigung des Oberkörpers ist dabei zu betonen. Beim Lernen sollte erst die Reihenfolge des Fußaufsatzes geübt werden. Wird dieser beherrscht, wird die Aufmerksamkeit auf den großen Ausfallschritt und die Vorlage des Oberkörpers gelenkt. Die Gruppe übt frei im Raum verteilt auf oder neben den Matten.
Rad mit erhöhter Anforderung	
Station 1: Rad auf der Bank **Station 2:** Rad auf dem Übungsschwebebalken **Station 3:** Zwei Schüler:innen heben die liegenden Matten an, sodass sie schräg stehend eine Gasse bilden. Ein:e weitere:r Schüler:in turnt das Rad in der Gasse. Wechsel zwischen Helfer:innen und Turner:innen. **Station 4:** Aus dem Stand auf dem Sprungbrett, Anhüpfer in die Schrittstellung und Rad. Schüler:innen, die die Radwende beherrschen, können an dieser Station auch eine Radwende aus dem Anhüpfer turnen.	Bei dieser Übung erzeugt vor allem der Respekt vor der schmalen Gasse ein gewisses Angstmoment. Es kann Motor sein, sich an dieser Übung zu versuchen und so den Anreiz zu weiteren Wiederholungen des Rads bieten. Es kann aber auch abschrecken und unnötiges Unbehagen hervorrufen. Man sollte den Schüler:innen daher das Turnen an dieser Station freistellen. Als Erleichterung können die gehaltenen Matten auch weiter voneinander entfernt oder nicht senkrecht sondern schräg aufgestellt werden. Wie die Gasse gestaltet sein soll entscheidet die jeweils turnende Person.
Stationen zum Erlernen der Radwende	
• Aus dem Stand auf der Bank Rad von der Bank herunter turnen. Die Hände stützen dabei am Bankende, die Landung erfolgt auf der Matte hinter der Bank. Ziel ist das schnelle Schließen der Füße vor der Landung, damit aus dem Rad eine Radwende wird. • Wie oben, aber vom Kastensteg herunter. • Aus dem Stand am Anfang der Mattenbahn Anhüpfer und Radwende turnen. Im Anschluss an die Radwende kann als weitere Steigerung ein Strecksprung oder Grätschsprung geturnt werden.	Die breiten Kästen vermitteln einigen Schüler:innen mehr Sicherheit als die schmale Bank und bilden so vor allem für ängstliche Schüler:innen eine optimale Übungsstation.
Abbau der genutzten Geräte	

Doppelstunde 11
Springen und Landen III
Sprunghocke

In der **Doppelstunde 7 Springen und Landen II** wurde neben dem Absprung mit dem Minitrampolin und dem Sprungbrett vor allem auch das korrekte Landen erarbeitet. In die Aufwärmphase dieser 5
Doppelstunde haben wir deshalb den Sprung- und Landezirkel bewusst noch einmal aufgenommen, da eine korrekte Landung aus gesundheitlichen Gründen besonders wichtig ist.

Das Abspringen vom Sprungbrett wird deshalb für den weiteren Verlauf der Stunde als bekannt vorausgesetzt, und es wird bewusst kein Minitrampolin in der gleichen Stunde verwendet, auch wenn hier die Flugkurve höher und damit das Gefühl des Fliegens näher rückt. Die unterschiedlichen Absprungeigenschaften (langer Tuchkontakt beim Minitrampolin vs. kurzer, prellender Kontakt beim Sprungbrett) sollten nicht in ein und derselben Stunde Eingang finden – die **Doppelstunde 6 Springen und Landen I** war hier eine begründete Ausnahme.

Bei den Sprüngen der Doppelstunde 11 wird der Schwerpunkt auf Hocksprünge und die Sprunghocke gelegt. Allerdings ist in diesem Zusammenhang zu klären, was letztendlich den Unterschied zwischen Hocksprüngen und der Sprunghocke ausmacht: Werden bei der ersten Form, also dem Hocksprung, die Beine direkt nach dem Absprung angehockt, ist die Sprunghocke dadurch gekennzeichnet, dass zunächst eine Flugphase mit Streckung im Hüftgelenk zu erkennen ist, bevor dann in einer zweiten Flugphase nach dem Stütz 27
die Beine angehockt werden. Biomechanisch zeichnet sich die Sprunghocke deshalb durch eine Vorwärtsrotation in der ersten Flugphase und eine Teilrotation rückwärts in der zweiten Flugphase aus. Die Rückwärtsrotation wird durch den Handabdruck eingeleitet, zu einem Zeitpunkt, an dem sich die Schulter hinter der Stützstelle(Hände) befinden muss.

Diese Rotationsumkehr bereitet den meisten Schüler:innen Probleme. Wird keine Rotationsumkehr erreicht, stürzt der:die Schüler:in Kopf voraus vom Gerät (in die Arme der Hilfestellung). Daher reicht bei

schwereren Schüler:innen der Klammergriff am Oberarm auch nicht mehr aus, eine entgegenstemmende Hilfe mit Griff an der Schulter und am Oberarm (von vorne) ist wesentlich wirkungsvoller. Dabei ist es wichtig, dass die Hilfestellung nicht seitlich zur turnenden Person, sondern frontal steht, um nach Kontaktaufnahme mit der turnenden
30 Person einen Schritt rück wärts zu gehen.

Die Lehrkraft muss in dieser Stunde sehr aufmerksam sein, da sie nicht überall gleichzeitig stehen kann. Daher ist es wichtig, die Sicherheits- und Hilfestellung frühzeitig und ausführlich zu erklären.

Stundenabschnitte und Unterrichtsinhalte	Organisatorische Hinweise
Aufwärmphase	
Aufbau der Stationen (vgl. Abb. 43–47) **Sprung- und Landezirkel (Aufwärmen)** • Die Schüler:innen laufen kreuz und quer zwischen den Geräten und umrunden jedes Gerät mit kurzen Strecksprüngen. • Stationstraining	Zu Beginn gemeinsamer Aufbau der Stationen. Stationskärtchen mit Skizzen und Bewegungsaufgaben vorbereiten. Die Lehrkraft erklärt die Stationen.
Station 1: Durchschlag (vgl. Abb. 43) • Sprungbrett vor Kasten, Gymnastikseil an den Grifflöchern des Kastens festbinden (2-mal aufbauen). • Ein:e Schüler:in springt federnd auf dem Sprungbrett während ein:e andere:r Schüler:in ein an der Sprossenwand befestigtes Gymnastikseil unter den Füßen des:der Springenden hin und her schwingt.	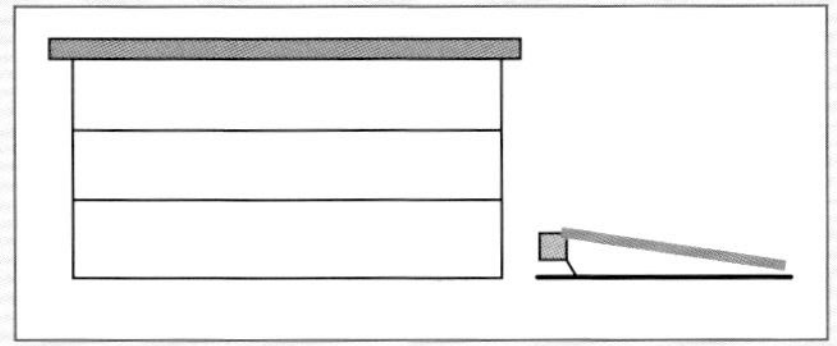 **Abb. 43: Durchschlag** Auf prellende Sprünge und kurze Kontaktzeiten auf dem Brett achten.
Station 2: Horizontalsprünge (vgl. Abb. 44) • 4 kleine Kästen im Abstand von 1 m. • Beidbeinig auf die kleinen Kästchen springen, ohne Zwischenhüpfer auf den nächsten Kasten aufspringen.	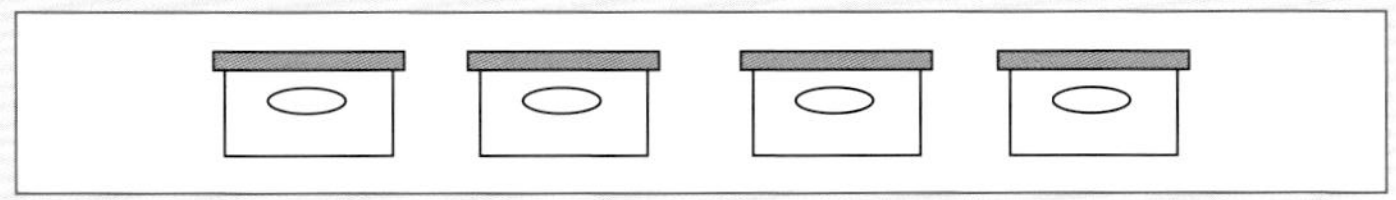 **Abb. 44: Horizontalsprünge** Auf prellende Sprünge und kurze Bodenkontaktzeiten achten. Alternativ sind Gymnastikreifen anstelle der Kästchen verwendbar.
Station 3: Niedrige Landung (vgl. Abb. 45) • Sprungbrett vor Turn- oder Niedersprungmatte, Markierung auf Turnmatte nach etwa 1 m. • Einige Schritte anlaufen, abspringen und sichere Landung auf der Markierung.	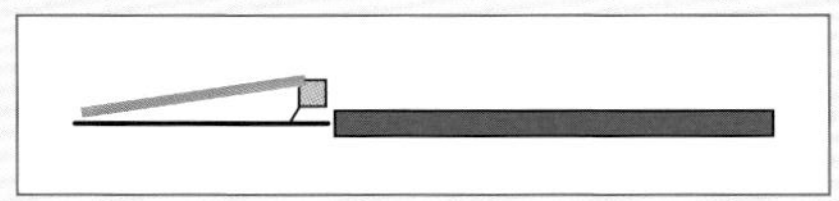 **Abb. 45: Niedrige Landung** Einbeiniger Absprung ins Sprungbrett, dann beidbeiniger Absprung vom Sprungbrett, Landung mit leicht geöffneten und gebeugten Beinen.

Stundenabschnitte und Unterrichtsinhalte	Organisatorische Hinweise

Station 4: Aufsprung und hohe Landung (vgl. Abb. 46)

- Sprungbrett vor 3-teiliger Kasten vor Turnmatte.
- Einige Schritte angehen (anlaufen), Absprung vom Sprungbrett und Landung auf dem Kasten. Vom Kasten in den sicheren Stand springen.

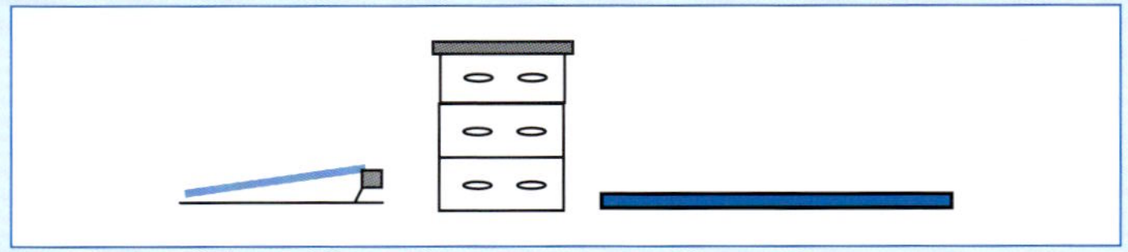

Abb. 46: Aufsprung und hohe Landung

Einbeiniger Absprung ins Sprungbrett, dann beidbeiniger Absprung vom Sprungbrett. Die Landung auf der Matte erfolgt mit geöffneten und (max. 90°) gebeugten Beinen, mit leicht nach vorne geneigtem Oberkörper, wobei der Rücken gerade gehalten wird. Die Arme sind dabei in einer schräg-tiefen Vorhalte etwa schulterbreit geöffnet.

Station 5: Bockspringen

- Eine Hallenlänge mit dem:der Partner:in Bock springen (vgl. Bild 22).

Station 6: Sprossenwand (vgl. Abb. 47)

- Vor die Sprossenwand ein Sprungbrett stellen.
- Schüler:innen springen, mit Griff an der Sprossenwand, prellend auf dem Sprungbrett.

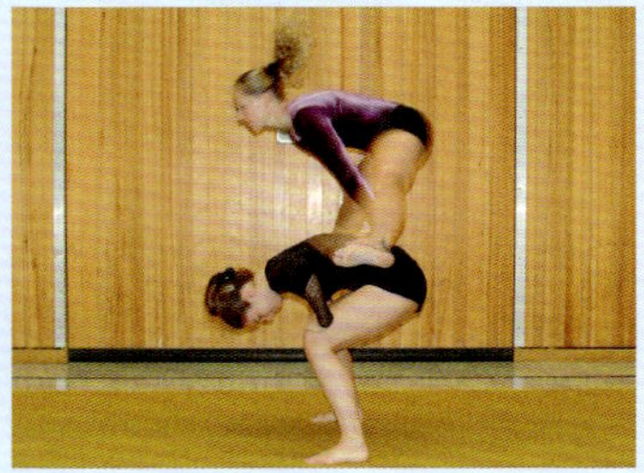

Bild 22: Bockspringen

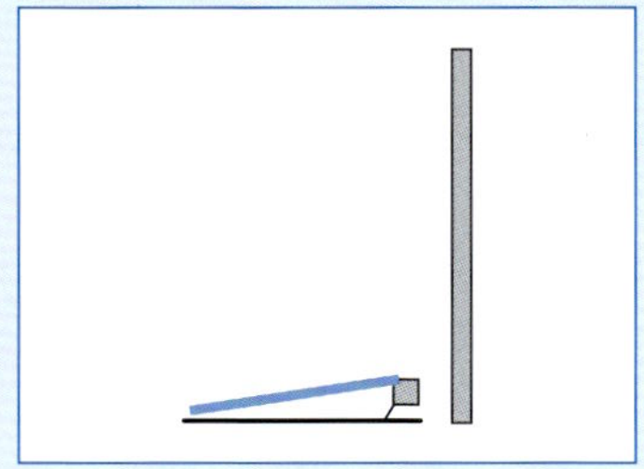

Abb. 47: Sprossenwand

Station 7: Schiffchen

Mehrere Bodenmatten hintereinander legen. Schüler:innen üben die C-Plus- und die C-Minus-Position (vgl. Bild 23 und 24).

- *C-Plus-Position:* Rückenlage, Beine, Kopf und Schulterblätter vom Boden abheben und Arme entweder nach vorne Richtung Knie (einfacher) oder hinter den Kopf führen(schwieriger).
- *C-Minus-Position (aktive Streckung):* Bauchlage, Arme (nach vorne gestreckt), Kopf und Beine leicht vom Boden abheben (Blick nach unten gerichtet).

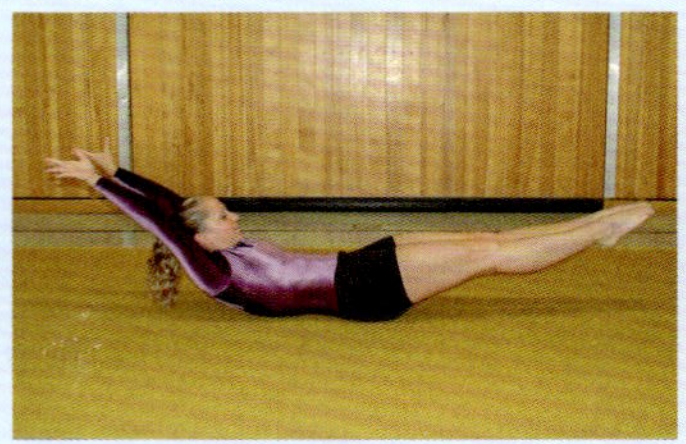

Bild 23: C-Plus-Position

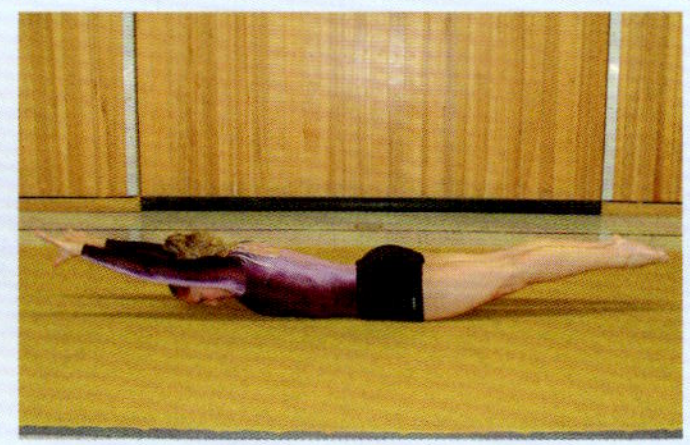

Bild 24: C-Minus-Position

Stundenabschnitte und Unterrichtsinhalte	Organisatorische Hinweise
Übungsphase	
Umbau	Stationskärtchen mit Skizzen und Bewegungsaufgaben vorbereiten. Die Lehrkraft erklärt die Stationen.
Sprungzirkel Die Gruppe übt unter Betreuung der Lehrkraft an Station 1. Die Schüler:innen, die gesprungen sind, üben an den Stationen 2–6 bis sie wieder an der Reihe sind.	Der Kasten von Station 1 ist gleichzeitig bei Station 3 und 4 einsetzbar. Station 4 des Aufwärmprogramms mit Sprungbrett versehen.
Station 1: Loch in der Wand (vgl. Abb. 48) Zwei drei- bzw. vierteilige Kästen quer mit stützbreitem Abstand aufstellen, davor ein Sprungbrett stellen und ein Gymnastikseil zwischen die beiden Kästen spannen. Landematten dahinter legen. Schüler:innen sollen nach kurzem Anlauf vom Sprungbrett abspringen, Stütz aufnehmen und über das Gymnastikseil hocken. Nach und nach Abstand zwischen Brett und Kasten vergrößern.	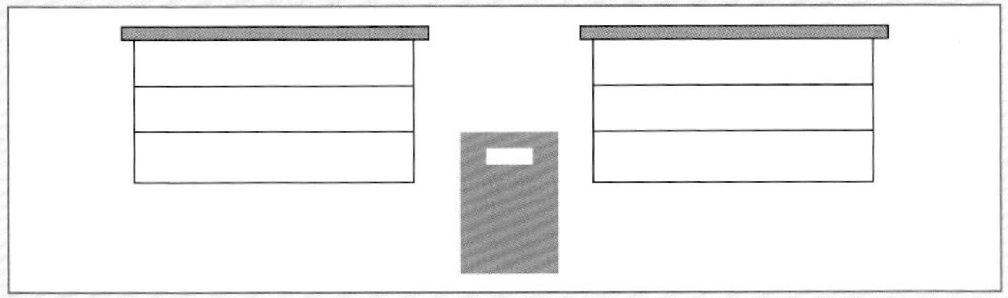 **Abb. 48: Loch in der Wand** Gymnastikseil liegt lose in den Griffen der Kästen, damit es sich leicht löst. Auf eine frühe Stützaufnahme und spätes Anhocken der Beine achten (rückhoch führen). Ein:e Schüler:in unterstützt die Lehrkraft bei der Hilfestellung (Klammergriff Oberarm oder Stützgriff Schulter bei schwereren Schüler:innen).
Station 2: Schräge Bank (vgl. Abb. 49) Zwei Bänke in die Sprossenwand einhängen (etwa 1 m hoch, stützbreit auseinander) und Seile im Abstand von 2 m um die Bank binden. Die Schüler:innen springen im Hockstütz über die Seile, dabei die Beine zunächst hinten hochführen, dann durchhocken.	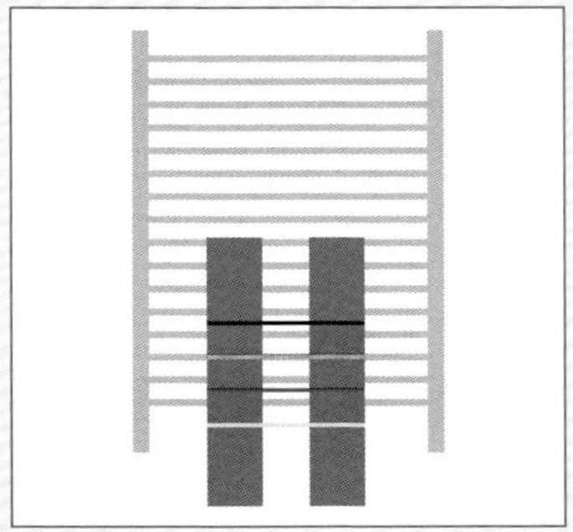 Auf Beinschwung hinweisen. **Abb. 49: Schräge Bank**

Stundenabschnitte und Unterrichtsinhalte	Organisatorische Hinweise

Station 3: Sprung in den Spannstütz (vgl. Abb. 50)

Sprungbrett vor Längsseite eines Sprungkastens.

Einige Schritte anlaufen, abspringen Stützaufnahme und dabei in die aktive Streckung gelangen. Anschließend wieder auf dem Sprungbrett landen.

28

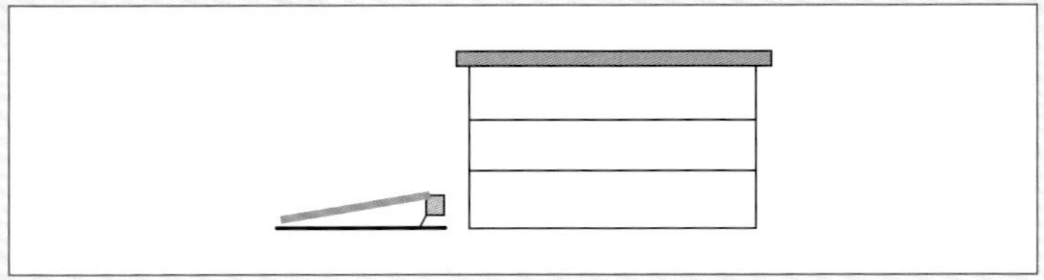

Abb. 50: Sprung in den Spannstütz

Nach Absprung die Beine rückhoch führen. Ein:e Helfer:in fasst an Oberschenkel und Hüfte (stützen), der:die andere Helfer:in greift mit Klammergriff am Oberarm.

Station 4: Schlusssprung und Landung (vgl. Abb. 51)

Sprungbrett vor 2- bis 3-teiliger Kasten und Turnmatte. Anlaufen, vom Sprungbrett mit einem Schlusssprung auf den Kasten springen. Vom Kasten in den sicheren Stand springen.

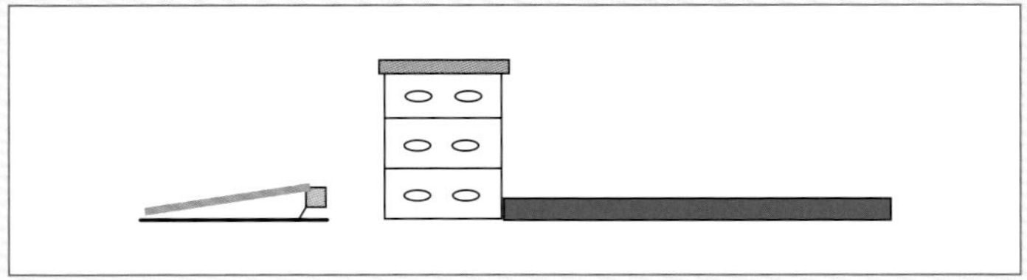

Abb. 51: Schlusssprung und Landung

Die Landung erfolgt mit geöffneten und (max. 90°) gebeugten Beinen, mit leicht nach vorne geneigtem Oberkörper, wobei der Rücken gerade gehalten wird. Die Arme sind dabei in einer schrägtiefen Vorhalte etwa schulterbreit geöffnet.

Station 5: Seilspringen (o. Abb.)

Paarweise: Welcher der beiden Partner:innen schafft mehr Durchschläge ohne hängen zu bleiben.

Stundenabschnitte und Unterrichtsinhalte	Organisatorische Hinweise
Station 6: Knielandung (Abb. 52) Kastentreppe (ohne Oberteile möglich), 4/3/2/(1)-teiliger Kasten, aufbauen, Weichbodenmatte darüber legen; Sprungbrett davorstellen, kleinen Kasten vor das Sprungbrett stellen. Aus dem Stand vom kleinen Kasten Anspringen auf das Sprungbrett, Absprung und Flugphase mit gestrecktem Körper bis in den Handstütz, anhocken und in der Bankstellung landen. 29	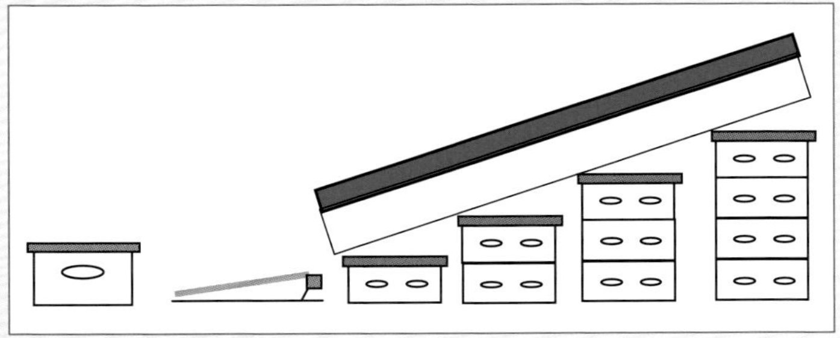 **Abb. 52: Knielandung** Die Schräge kann auch mit Barren und 2 Turnbänken oder als Kastentreppe mit 4-/3-/2-teiligem Kasten aufgebaut werden. Anstelle des 4-teiligen Kastens kann auch ein Sprungpferd (120 cm) verwendet werden, das jedoch höher ist. Sofern eine Sprossenwand vorhanden ist, kann der Aufbau direkt an der Sprossenwand erfolgen und die Weichbodenmatte kann an den Sprossen festgebunden werden.
Stundenausklang	
Sprunghocke an Station 4 Kasten um 1 Teil erhöhen. Üben der Endausführung der Sprunghocke.	Schüler:innen üben an den Stationen 1–6 weiter, wobei die Lehrkraft zu Station 4 geht und dort unter ihrer Anweisung die Endausführung der Sprunghocke geübt wird. Hinweis zur Hilfestellung: vgl. S. 97, Station 1.
Reflexion	Erfahrungen austauschen, auf Probleme und Wünsche der Schüler:innen eingehen.

Doppelstunde 12
Felgen

Felgbewegungen sind die Grundlage zahlreicher Elemente im Turnen. Die dabei durchgeführte fußwärtsgerichtete Hüftstreckung findet sich sowohl bei der Felgrolle, beim Felgunterschwung oder beim Kippaufschwung. Dabei ist es egal, ob Barren, Reck, Stufenbarren,
31–32 Boden oder Ringe geturnt wird, es handelt sich grundsätzlich um dieselbe Grundstruktur der Bewegung. Lediglich Zeitpunkt und Intensität der Hüftstreckung variieren bei den einzelnen Elementen.

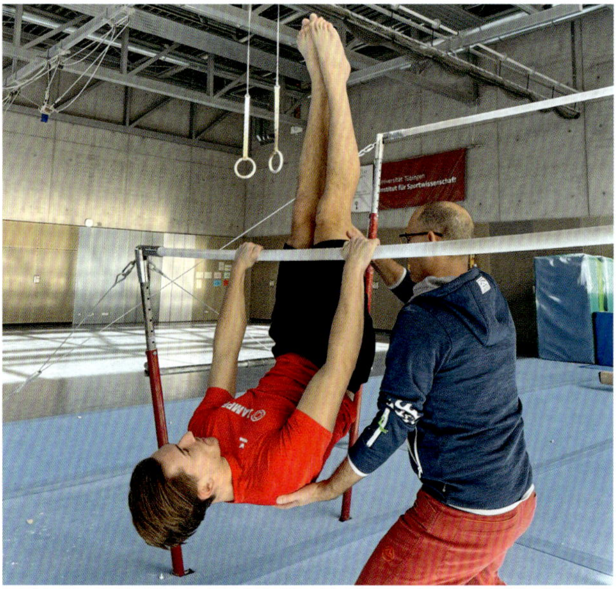

Die Doppelstunde Felgen hat deshalb auch Felgbewegungen an verschiedenen Geräten zum Inhalt, weil angenommen wird, dass so das Bewegungslernen vereinfacht wird. Entscheidend für einen Erfolg der Doppelstunde Felgen ist, ob es gelingt, den Schüler:innen den Zeitpunkt der Hüftstreckung mit anschließender Blockade des Brust-Rumpf-Winkels, die mit einer Öffnung des Arm-Rumpf-Winkels einhergeht, zu verdeutlichen. Wenn diese Bewegungsstruktur verstanden wird, ist es bis zu einer erfolgreichen Felgrolle rückwärts nicht mehr weit. Eine gekonnte Felgbewegung geht dann mit einer Impulsübertragung von einer Rotation zur Translation einher, weshalb die Schüler:innen nicht ihr gesamtes Gewicht in den Handstand drücken müssen, was im Übrigen die meisten auch nicht schaffen würden.

Die Stunde selbst beginnt mit einem Aufwärmspiel, das sowohl den Teamgedanken als auch die Schulung der Körperspannung beinhaltet. Anschließend gehen die Schüler:innen in Dreiergruppen zusammen und bauen unter Anleitung der Lehrkraft die Stationen für den Hauptteil auf. Sofern mehr als zwei Reckanlagen verfügbar sind, sollte mindestens eine dritte Anlage aufgebaut werden. Diese Reckanlage kann bereits mit den zusätzlich notwendigen Geräten bestückt sein (vgl. Übungsphase Teil 2). Nach dem Stationsaufbau üben die Schüler:innen in denselben Gruppen jeweils an einer Station. Die Übungen können von Team zu Team durchaus etwas variieren, je nach Vorkenntnissen bzw. Könnensstand. Die Lehrkraft sollte unbedingt mit einem:einer Schüler:in zusammen die jeweilige Aufgabe demonstrieren und auf die jeweilige Hilfestellung genau eingehen. Bei den Hilfestellungen der Schüler:innen untereinander muss jedem:jeder Schüler:in klar sein, worauf geachtet werden muss. 59
Dies gilt insbesondere für den Barren, an dem ein Sturz auf den Kopf aufgrund ungeplanten Loslassens ein Risiko darstellt.

Beim Durchführen der Felgbewegungen ist ein besonderes Augenmerk auf das Erfühlen der Entlastung zu legen. Die Sinne sollen den Schüler:innen dabei helfen, den richtigen Zeitpunkt für die Hauptaktion, das Strecken der Hüfte, zu erkennen. Nur dann ist es später möglich, eine Kippe (vgl. Doppelstunde 13) von einer Felge zu unter- 33
scheiden oder aber mit einer Felgbewegung das gewünschte Element zu turnen. Daher sollen zunächst die Helfer:innen den Zeitpunkt vorgeben, später kann die turnende Person diesen selbst finden oder zum richtigen Zeitpunkt die Hüftaktion ausführen.

Wie aus früheren Doppelstunden bekannt, werden die Stationen nach einiger Zeit auf Zeichen der Lehrkraft gewechselt. Sollten die Schüler:innen aufgrund der ungewohnten Belastung Schwierigkeiten mit den Händen bekommen, kann verstärkt am Boden weiter geübt werden.

Sollten einige Schüler:innen den Felgunterschwung am Reck bereits in groben Zügen beherrschen, so muss der Hilfestellung verdeutlicht werden, wie die Landung gesichert werden kann.

Die Doppelstunde Felgen wird durch die Doppelstunde Kippen ergänzt, da – wie bereits oben beschrieben – die fußwärtsgerichtete Hüftstreckung (die zu einem anderen Zeitpunkt stattfindet) eine inhaltlich Nähe aufzeigen.

Stundenverlauf Doppelstunde 12: Felgen

Stundenabschnitte und Unterrichtsinhalte	Organisatorische Hinweise
Aufwärmphase	
Aufwärmspiel „Sägewerk“ (vgl. Abb. 53) • Zur Aktivierung des Herz-Kreislauf-Systems können zuvor einige Runden gelaufen werden. • Spielform Sägewerk: Die Schüler:innen werden in 3 Gruppen geteilt: Bäume, Holzfäller:innen und Förderband. Die Bäume stehen im Wald (a) und sollen von den Holzfällern „gefällt“ und ins Sägewerk (Bodenläufer) transportiert werden (b). Dabei „fällen“ 4 Schüler:innen gemeinsam einen Baum, indem sie einen Mitschüler:innen unter Körperspannung langsam hinlegen. (c) Dann wird der Baum (Mitschüler:in) an Schulter und Oberschenkelrückseite zum Förderband getragen (unter Körperspannung), auf das Förderband (mind. 5 Mitschüler:innen) gelegt und (d) zum Sägewerk transportiert (Baumstammrollen). In dieser Zeit wird der nächste Baum geholt. Ein zersägter Baum wird zu einer neuen Rolle des Förderbandes, die alte Rolle des Förderbandes zu einem/einer Holzfäller:in und ein:e Holzfäller:in zu einem Baum. Wenn jede:r Schüler:in jede Rolle ein paar Mal eingenommen hat, ist das Aufwärmspiel beendet.	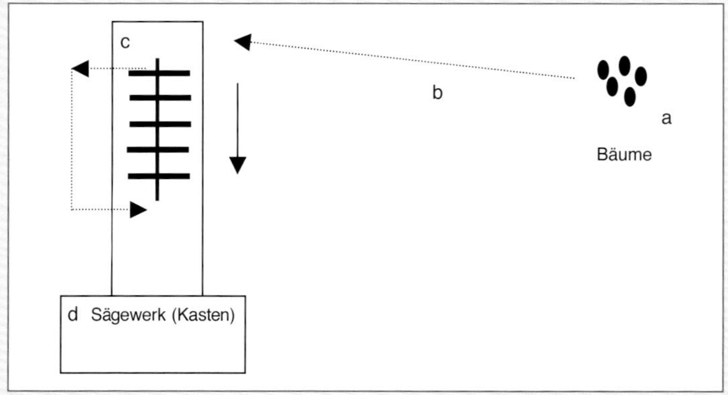 **Abb. 53: Sägewerk** Die Bäume und das Förderband müssen durchgehend Körperspannung bewahren.
Aufbau der Stationen	Zum Aufbau Plakate vorbereiten oder Symbole verwenden.
Station 1: Reck Reck brusthoch (2-fach aufbauen) mit Turnmatten unterlegt. **Station 2: Bodenläufer** oder entsprechende Anzahl an Turnmatten (ca. 6–10 Stück). **Station 3: Barren** Brusthoch (2-fach aufbauen) mit Turnmatten an den Enden gesichert.	Zu beachten: • Am Reck 2 dreiteilige Kästen und eine Weichbodenmatte bereitlegen. • Am Barren auf das Einrasten der Holme achten.

Stundenabschnitte und Unterrichtsinhalte	Organisatorische Hinweise
Übungsphase	
Erklärung und Demonstration der Hilfestellung **Reck** 2 Helfer:innen an Oberschenkelrückseite und Schulter (vgl. Bild 25). **Bodenläufer** 2 Helfer:innen mit Klammergriff an Oberschenkel (Schubhilfe). **Barren** 2 Helfer:innen greifen an Schulter (Stützgriff) und Oberschenkelrückseite (Drehhilfe).	Erklärung und Demonstration durch Lehrkraft. 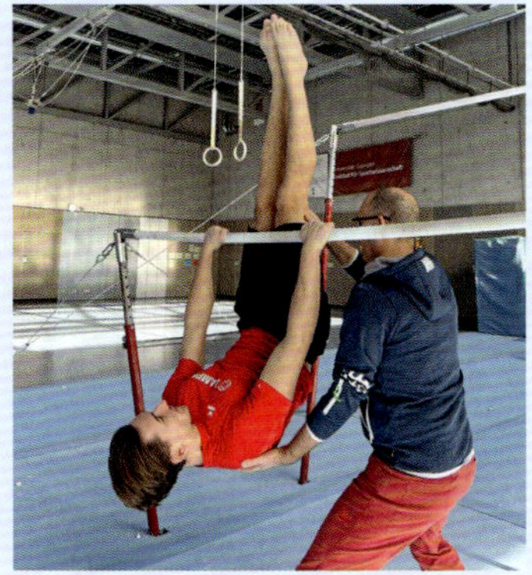 **Bild 25: Hilfestellung „Felgen“** *Hinweis:* Wenn ein:e Schüler:in am Barren loslässt an der Schulter drücken um ihn aufzurichten (Kopfsturz vermeiden).
Übung 1: Felgposition spüren (optimale Ausgangslage) **Reck:** Turner:in steht unter der Reckstange (gestreckte Arme) und wird von den Helfer:innen in die Felgposition geführt und hin- und hergependelt. **Boden:** Aus dem Strecksitz rückwärts rollen, bis die Knie der gestreckten Beine zu sehen sind. Danach mit den Händen den Rand der Matte greifen, aus dem Sitz rückwärts rollen, bis die Knie der gestreckten Beine zu sehen sind. **Barren:** Turner:in geht in den Sturzhang (Kopf unten, Füße oben) mit Griff an den Holmen von innen, Hüfte beugen. Leichtes vor- und rückpendeln durch die Helfer:innen.	Die Gesamtgruppe wird in Dreierteams aufgeteilt, 2 Teams am Reck, 2 am Boden und 4 am Barren. Nach etwa 15 Minuten werden die Stationen gewechselt. Die Lehrkraft soll an allen Stationen die Hilfestellungen kontrollieren und am Reck auf gestreckte Arme achten. Die Helfer:innen sichern am Barren gegen evtl. Runterfallen falls ein:e Schüler:in loslässt (v. a. Schulter). Die Ausgangsstellung ist sowohl mit Blick nach innen als auch außen möglich.

Stundenabschnitte und Unterrichtsinhalte	Organisatorische Hinweise
Übung 2: Hüftaktion verdeutlichen und Entlastung spüren **Reck:** Turner:in steht unter der Reckstange (gestreckte Arme); wird von den Helfer:innen in die Felgposition geführt und hin- und hergependelt. Nach Passieren der Senkrechten im Vorschwung soll die Hüfte gestreckt und anschließend wieder gebeugt werden. 33 In einem zweiten Durchgang sollen die Schüler:innen herausfinden, was während des Zeitpunkts der Hüftstreckung an den Händen zu spüren ist.	Demonstration der Hüftaktion durch die Lehrkraft (an einem Gerät) oder mittels CD. Die Helfer:innen geben beim Üben an Reck und Barren einen verbalen Hinweis („jetzt!“) für den richtigen Zeitpunkt, es sollte die Entlastung zu spüren sein.
Boden: Aus dem Sitz rückwärts rollen, bis die Knie der gestreckten Beine zu sehen sind. Dort verharren und Griff der:die Helfer:in abwarten (Klammergriff Oberschenkel). Hüfte zuerst leicht, dann stärker strecken.	Am Boden Hände schnell zurücknehmen und neben den Ohren aufsetzen.
Barren: Turner:in geht in den Sturzhang (Kopf unten, Füße oben) mit Griff an den Holmen von innen, Hüfte beugen. Wie am Reck soll nach dem Passieren der Senkrechten im Vorschwung die Hüfte gestreckt und anschließend wieder gebeugt werden. In einem zweiten Durchgang sollen die Schüler:innen herausfinden, was während des Zeitpunkts der Hüftstreckung an den Händen zu spüren ist.	Helfer:innen sichern am Barren im Falle des Loslassens und Herunterfallens der Beine vorne. 59
Übung 3: Felgen mit Armschub **Reck:** Turner:in steht unter der Reckstange (gestreckte Arme), wird von den Helfer:innen in die Felgposition geführt und hin- und her gependelt. Nach Passieren der Senkrechten im Vorschwung soll die Hüfte schnell-kräftig gestreckt werden. Zusätzlich muss ein Armschub durchgeführt werden (Öffnen des Arm-Rumpf-Winkels, Griff nicht lösen). Es wird auf der Weichbodenmatte (in Rückenlage) gelandet.	Aufbau Reck ergänzen: Die Weichbodenmatte auf die 2 dreiteiligen Kästen legen und ca. 50 cm vom Reck entfernt platzieren (Höhenunterschied Reckstange – Matte etwa 50 cm, Matte ist höher als Reckstange). 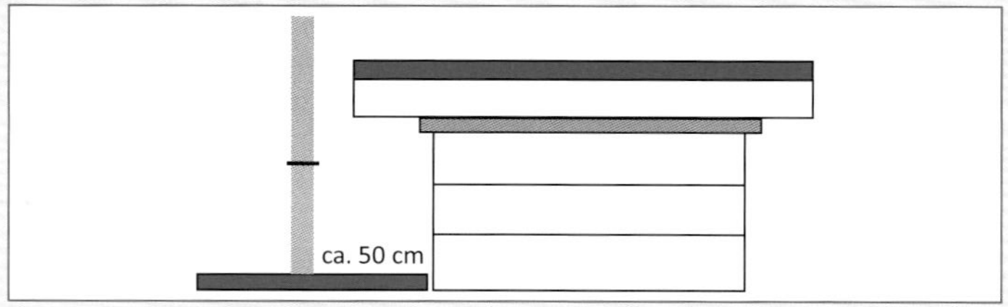 **Abb. 54: Abgeänderter Aufbau am Reck**

Stundenabschnitte und Unterrichtsinhalte	Organisatorische Hinweise
Boden: wie oben, jedoch ohne Unterbrechung im Rollen die Hüfte strecken.	Die Helfer:innen müssen am Boden schnell zugreifen, sie führen ggf. in den Handstand (ansonsten abrollen).
Barren: Turner:in geht in den Sturzhang (Kopf unten, Füße oben) mit Griff an den Holmen von innen, Hüfte beugen. Wie am Reck muss nach dem Passieren der Senkrechten im Vorschwung die Hüfte schnellkräftig gestreckt werden. Zusätzlich ist ein Armschub auszuführen (Öffnen des Arm-Rumpf-Winkels, Griff nicht lösen). Die Helfer:innen stabilisieren in dieser Position.	Am Barren greifen die Helfer:innen am oberen Rücken und an der Oberschenkel-Rückseite.
Übung 4: Schwung holen	
Reck • Reck 1: Aus dem Stand springt die turnende Person vorlings beidbeinig ab und führt beide Beine schnell zur Stange (Felgposition). Beim zweiten Pendel schnell die Hüfte strecken. • Am 2. Reck Felgunterschwung turnen: Abspringen in den Felghang, Hüftstreckung wie bisher. Armschub durchführen (Öffnen des Arm-Rumpf-Winkels) und Landung auf der Weichbodenmatte (in Rückenlage).	Am Reck weiterhin auf gestreckte Arme achten. Helfer:innen sichern, sodass beim Beugen der Arme der Schüler:innen nicht gegen die Stange schlägt (Griff wie oben).
Boden: Wie oben	Am Boden müssen die Helfer:innen schnell zugreifen, sie führen ggf. in den Handstand (ansonsten abrollen).
Barren: Wie oben, aber mit Lösen des Griffs und Landung auf der Weichbodenmatte.	Weichbodenmatte an das Ende legen (ggf. nur an einer Station durchführbar). Die Lehrkraft erklärt den Helfer:innen die Landesicherung.
Stundenausklang	
Feedback Die Schüler:innen berichten über Ihre Erfahrung mit der Doppelstunde Felgen. Die Lehrkraft erläutert die kommende Doppelstunde Kippen und den inhaltlich Bezug zwischen den beiden Stunden (vgl. Rockmann-Rüger, 1991).	

Doppelstunde 13
Kippen

Vorbemerkungen

34–39

Kippen zeichnen sich durch eine fußwärtsgerichtete Hüftstreckung bei gleichzeitigem Schließen des Arm-Rumpf-Winkels aus. Dazu werden die Beine aus einer annähernd maximalen Beugung der Hüfte nach vorne oben geschwungen, um bei einem Hüftwinkel von rund 90° abrupt abgebremst zu werden. Die gestreckten Arme werden zeitgleich nach unten gedrückt (Schließen des Arm-Rumpf-Winkels) bis der Stütz erreicht ist.

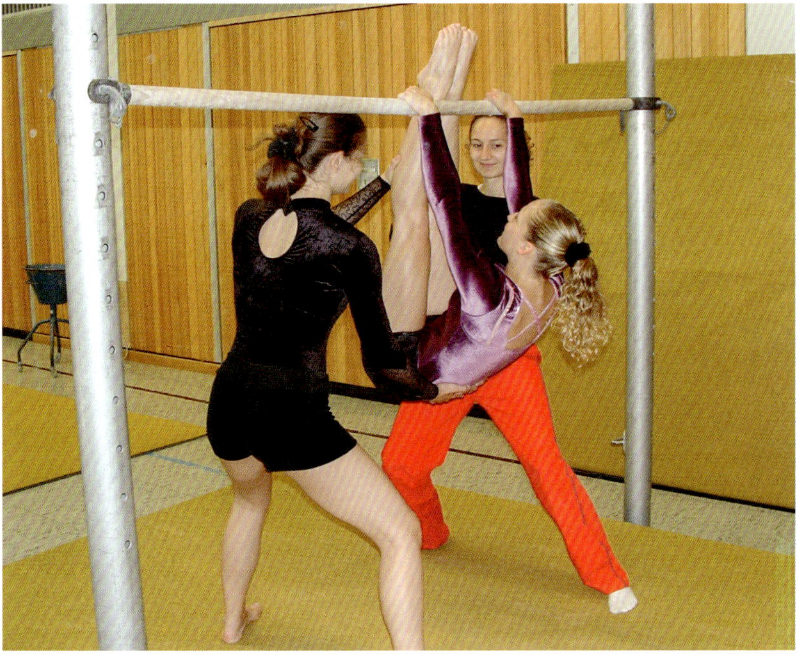

Das Abbremsen der Beine wird als Impulsübertragung bezeichnet und wurde lange Zeit als entscheidend für das Funktionieren der Kippe angesehen. Aktuelle Studien zeigen, dass das Schließen des Arm-Rumpf-Winkels ebenfalls eine große Bedeutung für das Gelingen einer Kippe hat (vgl. Bächle, 2004).

Diese Grundstrukturen der Kippe gelten, egal ob an Barren, Reck, Stufenbarren, Boden oder Ringen geturnt wird. Lediglich der Zeitpunkt und die Intensität variieren bei den einzelnen Elementen.

Daher wird sich die Stunde zum Thema Kippen auch mit der Kippbewegung an verschiedenen Geräten gleichzeitig befassen, der Bewegungstransfer wird dadurch vereinfacht. Entscheidend wird sein, ob es gelingt, den Schüler:innen den Zeitpunkt der Hüftstreckung mit gleichzeitigem Schließen des Arm-Rumpf-Winkels bei gestreckten Armen, zu verdeutlichen. Wenn diese Bewegungsstruktur verstanden wird, ist es bis zu einer erfolgreichen Kippe nicht mehr weit.

Die Lehrkraft soll einem:einer Schüler:in die jeweilige Aufgabe demonstrieren und auf die Hilfestellung genau eingehen. Bei den Hilfestellungen der Schüler:innen untereinander muss jedem:jeder Schüler:in klar sein, worauf er achten muss. Dies gilt insbesondere für den Barren, an dem ein Sturz auf den Kopf aufgrund ungeplanten Loslassens unbedingt vermieden werden muss.

Ein besonderes Augenmerk ist auf das Spüren der Entlastung zu legen. Die Sinne helfen den Schüler:innen, den richtigen Zeitpunkt für die Hauptaktionen, das Strecken der Hüfte und das Schließen des Arm-Rumpf-Winkels, zu erkennen. Nur dann ist es möglich, mit der Kippbewegung das gewünschte Element zu turnen. Daher sollen zunächst die Helfer:innen den Zeitpunkt vorgeben, später kann der Turner:innen diesen selbst benennen oder zum richtigen Zeitpunkt die Bewegungsaktionen ausführen.

Sollten die Schüler:innen aufgrund der ungewohnten Belastung Schwierigkeiten mit den Händen bekommen, kann verstärkt am Boden weiter geübt werden. Auch die Übungen können von Team zu Team variieren, je nach Vorkenntnis bzw. Könnensstand.

Stundenverlauf Doppelstunde 13: **Kippen**

Stundenabschnitte und Unterrichtsinhalte	Organisatorische Hinweise
Aufwärmphase	
Aufwärmen	
• Zur Aktivierung des Herz-Kreislauf-Systems können zuvor einige Runden gelaufen werden.	Bodenläufer oder (blaue) Turnmatten.
• Ein:e Schüler:in liegt auf dem Boden (Rückenlage) und wird von einem:einer Helfer:in mehrmals in den Schulterstand gehoben (vgl. Bild 26).	Arme neben dem Körper, Körperspannung halten, die Helfer:innen können dabei verschiedene Höhen (ganz hoch, halb hoch, flach) wählen.
• In einem zweiten Durchgang soll der:die auf dem Boden liegende Schüler:in von zwei Helfer:innen ganz angehoben werden und langsam rückwärts auf die Hände gestellt werden.	Arme beim 2. Durchgang über den Kopf strecken, unbedingt Körperspannung halten.
• Zweimal 5 Schüler:innen bilden eine Gasse, Blickrichtung nach innen. Sie fassen sich an den Unterarmen und achten darauf, dass der Daumen nicht nach oben zeigt. Ein:e Schüler:in springt in die Gasse (Bauchlage) und wird von seinen Mitschüler:innen hochgeworfen (Kommando durch die Lehrkraft). Anschließend wird der:die Schüler:in auf die Hände (Handstand) gesetzt und soll aus dem Handstand abrollen (Matte!).	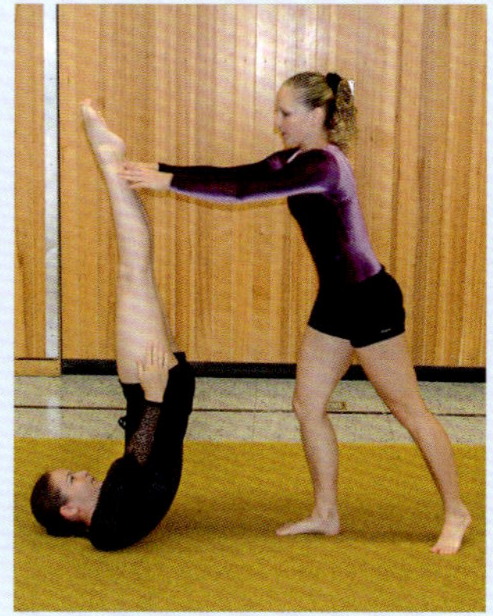 Bild 26: Schulterstand
Aufbau der Stationen	
Station 1: Reck	
Reck brusthoch (2-fach aufbauen), mit Turnmatten unterlegt.	Am Reck 2 einen dreiteiligen Kasten und eine Weichbodenmatte bereitlegen.
Station 2: Bodenläufer	
oder entsprechende Anzahl an Turnmatten.	
Turnstäbe	
Station 3: Barren	
Brusthoch (2-fach aufbauen), mit Turnmatten an den Enden gesichert.	Am Barren auf das Einrasten der Holme achten.

Stundenabschnitte und Unterrichtsinhalte	Organisatorische Hinweise
Übungsphase	
Erklären der Hilfestellung **Reck** 2 Helfer:innen an Unterschenkelrückseite und Schulter (vgl. Bild 27). **Bodenläufer** keine Hilfestellung notwendig **Barren** 2 Helfer:innen an Schulter und Oberschenkelrückseite. Anschließend wird die Gesamtgruppe in Dreierteams aufgeteilt, 2 Teams am Reck, 2 am Boden und 4 am Barren; nach etwa 15 Minuten Station wechseln.	Erklärung und Demonstration der Hilfestellung durch die Lehrkraft in der Gesamtgruppe. 59 *Hinweis:* Wenn ein:e Schüler:in am Barren loslässt, an der Schulter drücken, um sie:ihn aufzurichten (Kopfsturz vermeiden). 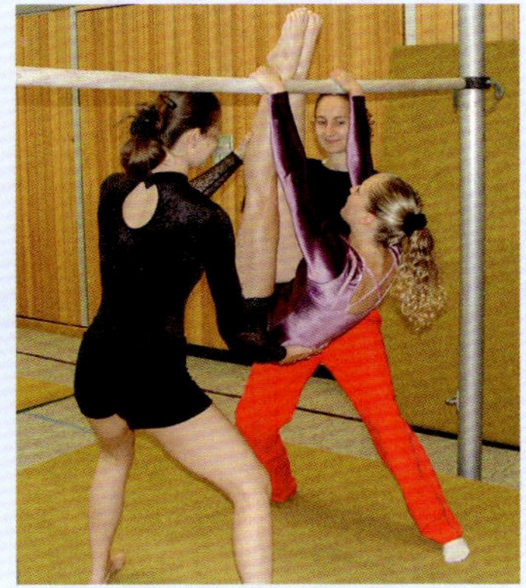 **Bild 27: Hilfestellung Kippe**
Übung 1: Kipphang spüren (optimale Ausgangslage) 40	
Reck Turner:in steht unter der Reckstange (gestreckte Arme), wird von den Helfer:innen in den Kipphang geführt und hin- und hergependelt.	Die Lehrkraft muss die Hilfestellungen an allen Geräten kontrollieren und am Reck auf gestreckte Arme achten. Zunächst ohne, dann mit Pendelbewegung an Reck und Barren üben.
Boden Turner:in legt sich in Rückenlage auf den Boden, streckt die Arme senkrecht nach oben (Richtung Decke) und führt die Füße bis zu den Armen.	
Barren Turner:in geht in den Sturzhang (Kopf unten, Füße oben) mit Griff an den Holmen ***von außen***, Hüfte beugen. Leichtes Pendeln durch die Helfer:innen.	Die Helfer:innen sichern gegen evtl. Runterfallen, falls ein:e Schüler:in loslässt (v. a. Schulter). Wichtig: Ausgangsstellung mit Blick nach innen.

Stundenabschnitte und Unterrichtsinhalte	Organisatorische Hinweise
Übung 2: Hüftaktion verdeutlichen und Entlastung spüren	Demonstration der Hüftaktion durch die Lehrkraft an einem Gerät.
Reck	
Die turnende Person steht unter der Reckstange (gestreckte Arme), wird von den Helfer:innen in den Kipphang geführt und hin- und hergependelt. Nach Passieren der Senkrechten im Rückschwung soll die Hüfte gestreckt und anschließend wieder gebeugt werden. In einem zweiten Durchgang sollen die Schüler:innen Ihre Aufmerksamkeit auf die Hände richten – was ist zu spüren?	Helfer:innen geben verbalen Hinweis („jetzt!") für den richtigen Zeitpunkt, an den Händen sollte die Entlastung durch den Kippstoß spürbar sein (Zeitpunkt zum Umgreifen und Stemmen) (siehe Zusatzübung). Am Reck soll die Lehrkraft auf gestreckte Arme achten.
Boden	
2 Schüler:innen halten 1 Turnstab quer zur turnenden Person (gleiche Ausgangslage wie Übung 1), an dem dieser sich festhalten soll und die Beine zum Stab führen soll. Die turnende Person wird, wenn sie die Position halten kann, von den beiden anderen angehoben. Die turnenden Person greift erneut den Turnstab, der von den beiden Helfer:innen gehalten wird und bringt die Beine zum Stab. Indem sie ein Bein hinter den Stab bringt, kann sie die vordere Muskelschlinge entlasten. Die Helfer:innen versuchen durch hin- und herschwingen des Stabes die turnende Persion ins Pendeln zu versetzen.	Zusätzlich ist ein Wettbewerb am Boden möglich: Das 3er-Team soll eine:n Turner:in tragen, ohne dass dessen Füße den Boden berühren. Welches Team kommt am weitesten?
Barren	
Die turnende Person geht in den Sturzhang (Kopf unten, Füße oben) mit Griff an den Holmen von außen, Hüfte beugen. Die Helfer:innen bringen die turnende Person ins Pendeln; wie am Reck soll nach dem Passieren der Senkrechten im Rückschwung die Hüfte gestreckt werden, hier jedoch anschließend auch wieder gebeugt werden. In einem zweiten Durchgang sollen die Schüler:innen Ihre Aufmerksamkeit auf die Hände richten – was ist zu spüren?	Helfer:innen sichern gegen evtl. Runterfallen falls ein:e Schüler:in loslässt (v. a. Schulter) und geben einen verbalen Hinweis („jetzt!") für den richtigen Zeitpunkt der Hüftaktion. Später wird ohne diesen Zuruf durch die Helfer:innen geturnt. An den Händen sollte die Entlastung durch den Kippstoß spürbar sein. Ausgangsstellung: Blick nach innen.

Stundenabschnitte und Unterrichtsinhalte	Organisatorische Hinweise
Übung 3: Aus dem Pendel kippen	
Reck: Aufstemmen aus dem Schwingen. 41	Bei Bedarf Zuruf durch Helfer:innen („jetzt!").
Geturnt wird am etwa schulterhohen Reck. Turner:in hängt sich mit gestreckten Armen ans Reck und bringt die Füße mit Hilfe der Helfer:innen in den Kipphang. Turner:in wird in dieser Position 2- bis 3-mal hin- und hergependelt, wobei der Schwung mit jeder Wiederholung verstärkt wird. Beim 2. (oder 3.) Rückschwung drückt die turnende Person die Reckstange mit gestreckten Armen nach unten und wird von den Helfer:innen im großen Bogen in den Stütz gehoben.	Die Helfer:innen können die turnende Person unterstützen (unterer Rücken, Oberschenkel-Rückseite, nahe Gesäß) und diese so in den Stütz turnen.
Boden	
Turner:in versucht, nach dem Passieren der Senkrechten im Rückschwung die Hüfte leicht zu strecken – was passiert? (Griffentlastung).	Am Boden spüren die Helfer:innen beim Versuch der Hüftstreckung des:der Schüler:in einen verstärkten Druck am Stab.
Barren	
Turner:in geht in den Sturzhang (Kopf unten, Füße oben) mit Griff an den Holmen von außen, Hüfte beugen. Wie am Reck nach dem Passieren der Senkrechten im Rückschwung die Hüfte strecken und gleichzeitig einen Armzug (vgl. Klimmzug) durchführen.	Der Blick der turnenden Person ist nach innen gerichtet. Bei Bedarf unterstützen die Helfer:innen durch den Zuruf „jetzt!". Die Helfer:innen können die turnende Person in den Grätschsitz schieben.
Die Hand greift während der Entlastung um (von unten nach oben), Beine grätschen und anspannen.	
Zusatzübung zur Verdeutlichung der Armbewegung	
Die Schüler:innen liegen in Rückenlage mit angestellten Beinen (Füße stehen dicht am Po) auf dem Boden, die Arme liegen lang neben dem Kopf ausgestreckt. Mit beiden Händen wird ein Gewicht von ca. 4 kg gegriffen (Medizinball, festes Physioband, zwei mit Sand gefüllte Wasserflaschen evtl. Reckstange oder Kugel). Mit gestreckten Armen das Gewicht schwungvoll nach oben in die Senkrechte führen und langsam wieder hinter den Kopf absenken. 20–30 Wiederholungen.	

Stundenabschnitte und Unterrichtsinhalte	Organisatorische Hinweise
Übung 4: Schwung holen	
Reck • Aus dem Stand vorlings weit nach vorne laufen (Arm-Rumpf-Winkel öffnen). • Wie eben, nun schnell die Beine zur Stange führen. • Wie eben, Hüftstreckung dazunehmen und nach der Hüftstreckung „umgreifen“ und stemmen.	Am Reck soll die Lehrkraft weiterhin auf gestreckte Arme achten. Die Stemmbewegung kann auch separat geübt werden (abspringen und mit möglichst gestreckten Armen in den Stütz turnen). Das Umgreifen als „Gas geben“ beim Motorrad erklären.
Boden: Die Bodenübungen entfallen jetzt.	Die Schüler:innen vom Boden verteilen sich an Reck und Barren.
Barren: Wie oben; nun die Hüfte schnellkräftig strecken und den Armzug dazunehmen. Die Hand greift während der Entlastung um (von unten nach oben), die Beine grätschen und anspannen.	Helfer:innen unterstützen am Barren die Kippbewegung und verhindern dadurch das zurückfallen der turnenden Person. Die Lehrkraft soll die Bewegungsrichtung verdeutlichen (nach vorne oben strecken).
Übung 5: Üben der Zielform Kippen	
Reck: Aus dem Stand vorlings weit nach vorne laufen (Arm-Rumpf-Winkel öffnen), dann schnell die Beine zur Stange führen, beim Passieren der Senkrechten (während des Rückpendelns) die Hüfte strecken, „umgreifen“ und stemmen. 34	Alle Schüler:innen sollen an beiden Geräten die Endbewegung ausprobieren.
Barren: Im Sturzhang Hüfte beugen und anschließend schnellkräftig strecken mit gleichzeitigem Armzug. Die Hand greift während der Entlastung um (von unten nach oben), die Beine grätschen und anspannen. 60	
Stundenausklang	
Abschlussgespräch Das Felgen und Kippen der beiden Doppelstunden wird im Sinne des kontrastierenden Übens besprochen (vgl. Rockmann-Rüger, 1991).	

Doppelstunde 14
Schulsport-Warrior

Wer kennt sie nicht, die Sendung Ninja Warrior im deutschen Privatfernsehen. Dass Ninja Warrior auf die japanische Show Sasuke, die 1997 erstmals ausgestrahlt wurde, zurückgeht, das wissen dagegen die wenigsten.

Die Beliebtheit von Ninja Warrior zeigt sich nicht nur in den TV-Quoten, auch im Turnsport hat dies Wettkampf-Show Eingang gefunden. Bei der 2019 in Stuttgart ausgerichteten Weltmeisterschaft des Turnens wurden sechs Stationen eines Gymnastics-Warrior auf dem Schlossplatz mit großer Resonanz durchgeführt. Der Hessische Turnverband entwickelte einen eigenen HTV-Warrior, mit dem der Landesturnverband eine passende Herausforderung für Sportler:innen aller Altersgruppen und Leistungsniveaus finden, wie sich eindrücklich bei verschiedenen Landesturnfesten zeigte.

In den Turnstunden im Verein und in der Schule gehören Hindernis-Parcours schon lange zum Standard-Repertoire von Sportlehrkräften und Trainer:innen. Gerade mit den traditionellen Turngeräten lassen sich vielfältige und für alle Schüler:innen herausfordernde Stationen aufbauen, ausprobieren und weiterentwickeln. Die hier vorgestellten Stationen des Schulsport-Warriors dienen als Grundlage für einen Einstieg in das Thema und können in der vorgestellten als Wettbewerb oder in Form eines Stationstrainings absolviert werden. Und ganz im Sinne von offenen Unterrichtskonzepten eignet sich das Thema Warrior ganz hervorragend, um der Phantasie der Schüler:innen Raum zu geben und weitere spannende Stationen zu erarbeiten.

Grundlage der ausgewählten Stationen sind die motorischen Grundeigenschaften Balancieren, Drehen, Hängen, Hangeln, Klettern, Kriechen, Laufen, Landen, Rollen, Schaukeln, Schwingen, Springen und Stützen. Diese lassen sich teilweise einzeln, meist aber kombiniert, für die oben genannte kreative Phase einer Weiterenwicklung einsetzen, um so etwa den Charakter einer Station zu ändern und einen neuen Schwerpunkt zu setzen, oder eine Station komplett auszutauschen.

Als schwierig wird sich immer wieder die Ausstattung der Turn- und Sporthallen herausstellen, weshalb diese Doppelstunde nicht als feste Stunde zu verstehen ist, sondern die Auswahl der einzelnen Stationen je nach Ausstattung der eigenen Halle erfolgen muss. Auch die Anordnung der Stationen kann nicht fest vorgegeben werden, da Sprossenwände, Taue und Schaukelringe an unterschiedlichen Stellen vorhanden und in Mitteldritteln meist gar nicht vorhanden sind. Ohne Taue und/oder Schaukelringe fehlt dem Warrior allerdings eine entscheidende Komponente, die einen hohen Aufforderungscharakter aufweist. Der Aufbau dieser Doppelstunde folgt damit nicht dem klassischen Konzept einer Doppelstunde, sondern gibt vielmehr Anregungen, mit welchen Stationen eine solche Doppelstunde gestaltet werden kann.

Durch die offene Anordnung, die Möglichkeit der Weiterentwicklung und den unterschiedlichen Durchführungsmöglichkeiten – von Stationstraining, dem Wettkampf gegen die Uhr und sich selbst bis hin zu einem Team-Wettkampf – bietet der Schulsport-Warrior Potential für mehrere Sportstunden. Gleichzeitig bietet die Bekanntheit von Ninja-Warrior die Chance, eine positiv belegte Stunde an Turngeräten zu absolvieren.

Stundenverlauf Doppelstunde 14: Schulsport-Warrior

Stundenabschnitte und Unterrichtsinhalte	Organisatorische Hinweise
Schulsport-Warrior Classic Die Schüler:innen bilden zwei Teams. Jedes Team durchläuft in einer vorher festgelegten Reihenfolge alle Stationen. Das schnellste Team gewinnt.	Stehen genügend Stationen zur Verfügung, können zwei Teams räumlich versetzt zeitgleich starten. Bei der Auswahl und Reihung der Stationen sollte darauf geachtet werden, wie lange die Schüler:innen an der Station benötigen, so dass bei einem zeitversetzen Start keine Staus entstehen.
Schulsport-Warrior Uno/Skippo An jede Station wird eine Uno / Skippo Karte gelegt und damit die Farbe der Station bestimmt. Die restlichen (gemischten) Karten werden in der Hallenmitte ausgelegt. Nacheinander ziehen die Schüler:innen jeweils eine Karte und laufen je nach Farbe an die richtige Station.	Dies kann als Wettbewerb durchgeführt werden, in dem je Gruppe die Zeit gestoppt wird, die von der gesamten Gruppe benötigt wird, um alle Karten durchzuspielen. Alternativ kann auch die Augenzahl der Karte mit einbezogen werden, so dass die Station so oft durchlaufen werden muss, wie die Karte an Wert hat.
Schulsport-Warrior Time Die Schüler:innen durchlaufen den Parcours jeweils für sich, ein:e Partner:in stoppt die Zeit. Ziel ist es, die eigene Zeit in einem zweiten oder dritten Durchgang zu verbessern.	Im Sinne eines Klassenwettbewerbs kann die Zeit auch untereinander vergleichen werden, dies sollten die Lehrkräfte jedoch anhand der Klassensituation, gerade bei sehr heterogenen oder schwierigen Klassen, mit Bedacht nutzen.

Stundenabschnitte und Unterrichtsinhalte	Organisatorische Hinweise

Wettkampf-Regeln

Wird der Warrior als Wettkampf durchgeführt, sollten vorab für bestimmte Situationen die Regeln festgelegt werden.

- Bodenkontakt an einer Station: Pro Kontakt werden 15 Strafsekunden auf die Zeit (Person/Team) addiert.
- Wiederholungsversuche an der Station: an jeder Station hat jede Person drei Versuche; wird zur nächsten Station gewechselt und auf die Gesamtzeit 30 Strafsekunden (Person/Team) addiert.
- Station nicht geschafft: wechselt eine Person nach einem ersten missglückten Versuch zur nächsten Station, werden 60 Strafsekunden auf die Gesamtzeit (Person/Team) addiert.

Stationen

Station „Chinesische Mauer“

Material:
- 1 Parallelbarren
- 2–3 Weichbodenmatten
- 1 kleines Turnkästchen
- 1 blaue Turnmatte

Aufbau: Ein bis zwei Weichbodenmatten werden waagerecht (je nach Alter, Größe und Leistungsstand der Schüler:innen kann auch senkrecht ausprobiert werden, dabei ändert sich die Aufgabenstellung etwas) zwischen die Barrenholme geklemmt. Hinter dem Barren liegt eine Weichbodenmatte als Landematte, die mit einer blauen Turnmatte gegen wegrutschen gesichert wird. Für den Ansprung an die Chinesische Mauer wird ein kleiner Turnkasten vor den Barren gestellt.

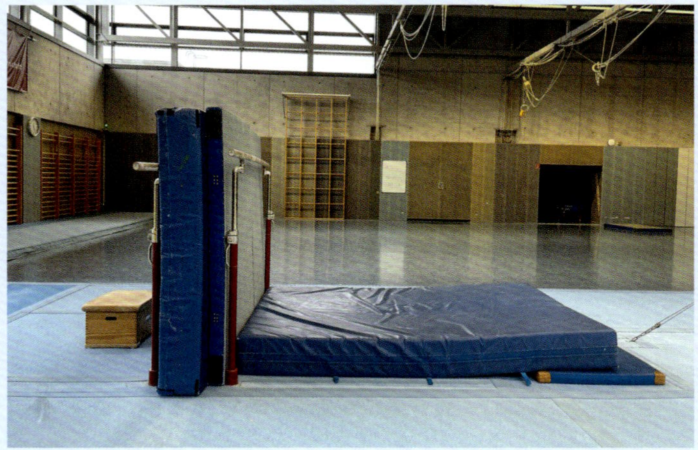

Bild 28: Chinesische Mauer

Aufgabe: Die Schüler:innen springen nach Anlauf mit Hilfe des kleinen Turnkastens über die Weichbodenmatte. Im Idealfall überwinden sie dabei das Hindernis mit einer Hockwende, die Hände stützen dabei auf der Weichbodenmatte.

Werden die Matten senkrecht gestellt, springen die Schüler:innen ebenfalls vom kleinen Turnkasten einbeinig ab, versuchen den Mattenrand zu greifen und gleichzeitig mit einem Bein den Barrenholm als Unterstützung zu nutzen. Mit Hilfe des Beindrucks ziehen sie sich über den Mattenrand und springen auf der Rückseite auf die Landematte. Sollte die Station so zu hoch sein, kann auch eine Kastentreppe mit einem keinen Turnkasten und einem zweiteiligen Sprungkasten als Absprunghilfe genutzt werden.

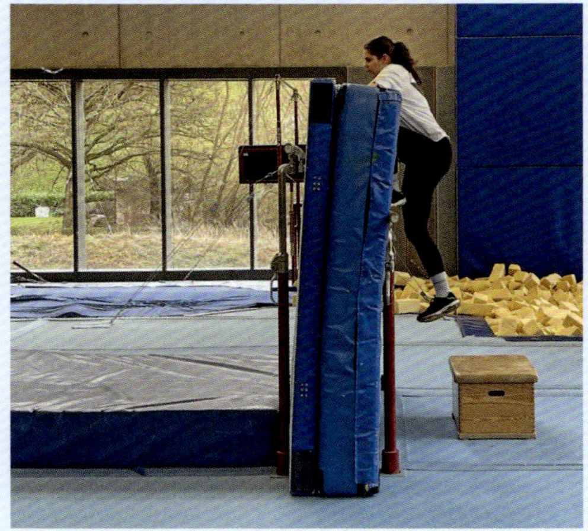

Bild 29: Chinesische Mauer

Station „Upside Down“

Material:
- 1 Schwebebalken
- 2–3 blaue Turnmatten oder Niedersprungmatten

Aufbau: Zur Gerätesicherung werden die blauen Turnmatten längs unter den Schwebebalken gelegt.

Aufgabe: Die Schüler:innen hängen sich unter den Schwebebalken, in dem sie mit den Händen die Lauffläche des Balken umklammern und die Füße ebenfalls auf die Lauffläche hochlegen. Sie können nun vorwärts oder rückwärts am Balken entlanghangeln. Beim Rückwärtshangeln ist darauf zu achten, dass sie sich nicht den Kopf am Balkenfuß anschlagen. Es empfiehlt sich, eine Mindestlänge festzulegen, ab der die Station als überwunden gilt.

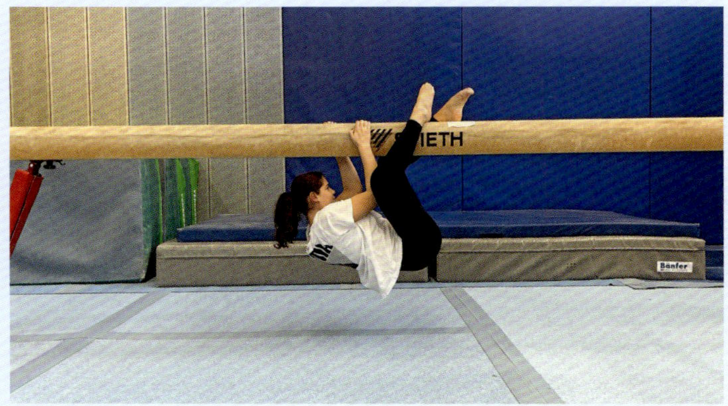

Bild 30: Upside Down

Stundenabschnitte und Unterrichtsinhalte	Organisatorische Hinweise

Station „Der Boden ist Lava“

Material:
- 2 Turnbänke oder Übungsschwebebalken
- 3 kleine Turnkasten
- 2 Reckstangen
- 1 Reckanlage

Aufbau: Eine Turnbank wird umgekehrt vom Boden auf den ersten kleinen Turnkasten gelegt. Von diesem wird eine zweite Bank auf einen zweiten kleinen Turnkasten gelegt. Vom zweiten zum dritten kleinen Turnkasten werden zwei Reckstangen gelegt. Dieser Teil des Aufbaus endet an der Reckanlage, bei der eine Reckstange in etwa auf Höhe der anderen Stangen befestigt wird. Kann die Reckstange auf dieser Höhe nicht befestigt werden, kann die Reckstange auch vom dritten kleinen Turnkasten zu einem weiteren kleinen Turnkasten gelegt werden.
Die Station kann im Halbkreis aufgebaut werden.

Aufgabe: Die Schüler:innen beginnen bei der schräg stehenden Turnbank zu balancieren und dürfen den Boden erst am Ende des Parcours nach absolvieren der einzelnen Reckstange (an der Reckanlage) wieder berühren.

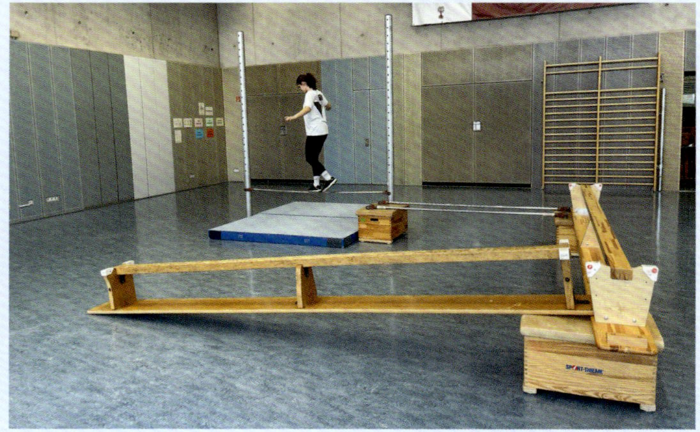

Bild 31: Der Boden ist Lava

Station „Tarzan und Jane I“

Material:
- Tauanlage
- 2 5-teilige Sprungkasten
- 2 Weichbodenmatten (300 x 200 cm)
- 1 blaue Turnmatte

Aufbau: Die Weichbodenmatten werden quer unter die Tauanlage gelegt, so dass insgesamt 4 m Länge zu überwinden sind. Auf beiden Seiten wird ein jeweils 5-teiliger Kasten quer gestellt. Auf der Absprungseite wird eine blaue Turnmatte zur Landung positioniert.

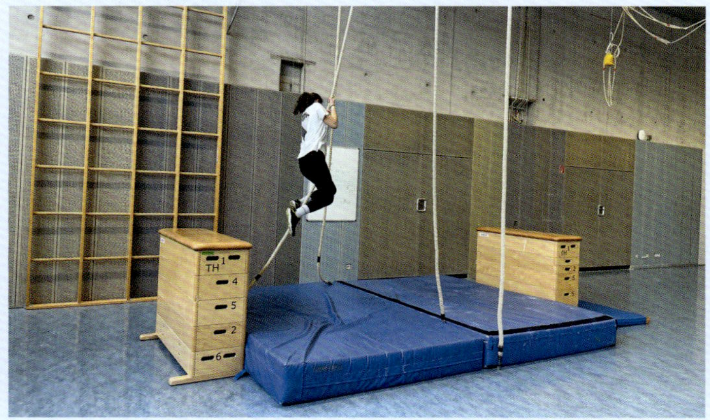

Bild 32: Tarzan und Jane I

Stundenabschnitte und Unterrichtsinhalte	Organisatorische Hinweise

Aufgabe: Die Schüler:innen springen nach Anlauf auf den 5-teiligen Kasten, greifen das Tau (dieses muss ggf. gereicht werden) und schwingen damit auf die andere Seite zum bereitstehenden Sprungkasten.

Beim Absprung dürfen sich die Schüler:innen nicht von der Innenseite des Sprungkastens abdrücken, da dieser sonst umfallen kann. Vielmehr sollen die Schüler:innen etwas Schwung durch einen Absprung nach hinten oben mitnehmen. Sollte die Landung auf dem gegenüberliegenden Kasten nicht möglich sein, kann die Anlage etwas in Richtung Absprungseite verlegt werden, so dass die Taue nicht in der Stationsmitte sondern näher an der Landeseite ihren Tiefpunkt haben.

Station „Affenbande“

Material:
- 2–3 Schaukelringanlagen nebeneinander oder Tauanlage
- 1 Rollmatte oder 8–10 blaue Turnmatten oder 2–3 Weichbodenmatten
- 3–4 Kastenoberteile

Aufbau: Die Rollmatte (oder die anderen Matten) wird quer unter die Ringeanlagen gelegt. Die Ringe werden so tief herabgelassen, dass die Schüler:innen die Beine leicht beugen müssen, wenn sie zwischen den Standflächen schwingen. Die Kastenoberteile werden mittig zwischen den Ringeanlagen positioniert.

Aufgabe: Vom ersten Kastenoberteil schwingen die Schüler:innen ab und versuchen auf dem nächsten Kastenoberteil zu landen. Von dort geht es an der nächsten Ringeanlage weiter.

Je nach Leistungsstand der Schüler:innen und dem Abstand der Ringeanlagen untereinander können die Schüler:innen versuchen, ohne Nutzung der Standfläche von Ring zu Ring zu schwingen. Dabei entweder die Standflächen abbauen oder die Beine stärker beugen.

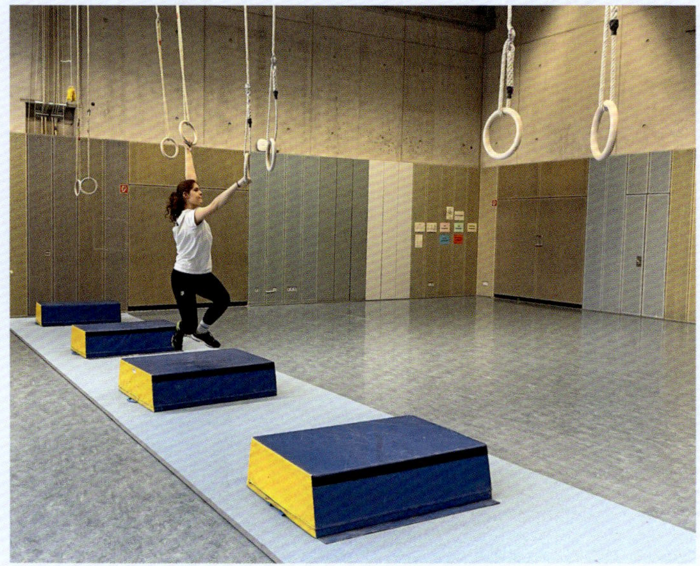

Bild 33: Affenbande

Stundenabschnitte und Unterrichtsinhalte	Organisatorische Hinweise

Station „Drehwurm“

Material:
- 1 Rollmatte
- 2 Gymnastikseile
- 1 Sprungbrett und 1 blaue Turnmatte oder Keilmatte

Aufbau: Auf der Rollmatte werden zwei Gymnastikseile mit 50 cm Abstand quer gelegt. Mit 3–4 m Abstand davor wird das Sprungbrett mit der blauen Turnmatte (alternativ Keilmatte) platziert.

Aufgabe: Auf der schiefen Ebene (Keilmatte) beginnend rollen die Schüler:innen vorwärts bergab und springen anschließend nach kurzem Anlauf mittels einer Flugrolle über die beiden Gymnastikseile. Sollte die Abrollfläche zu hart für eine Flugrolle sein, kann dort eine zusätzliche blaue Turnmatte längs gelegt werden.

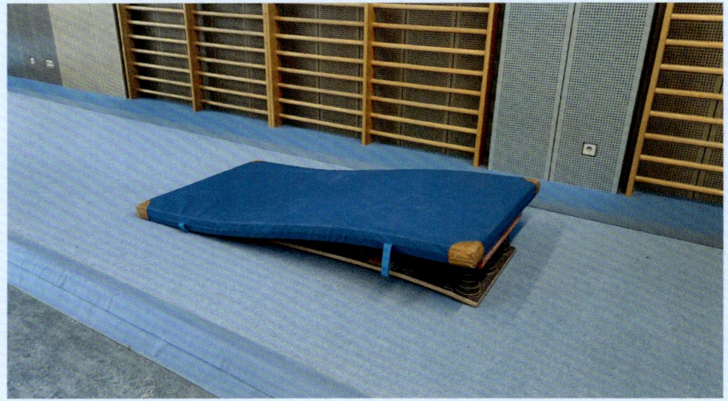

Bild 34: Drehwurm

Station „Stütz dein Körpergewicht“

Material:
- 1 Parallelbarren
- 2 kleine Turnkasten
- 1 blaue Turnmatte

Aufbau: Die blaue Turnmatte wird längs auf die Verstrebungen des Barrens gelegt. Davor und dahinter wird jeweils ein kleiner Turnkasten platziert.

Aufgabe: Vom kleinen Turnkasten gelangen die Schüler:innen in den Stütz auf dem Barren und stützeln bis zum zweiten kleinen Kasten. Ist diese Aufgabenstellung zu schwer, können die Schüler:innen die Füße auf den Barrenholmen aufsetzen und im Spinnengang stützeln.

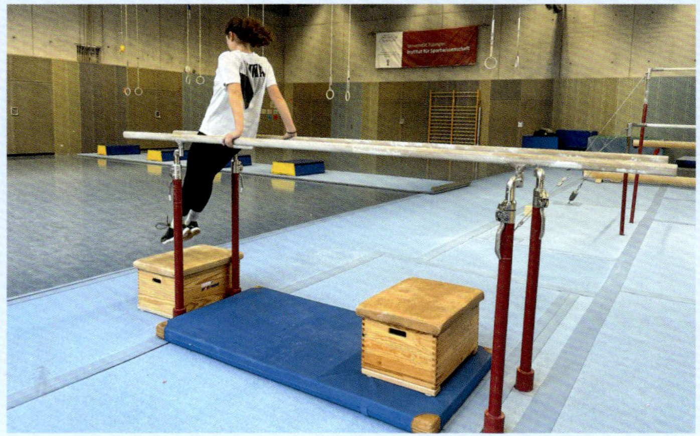

Bild 35: Stütz dein Körpergewicht

Station „Tarzan und Jane II“

Material:
- 1 Schaukelringanlage mit Trapezstange
- 1 Sprungbrett oder Minitramp
- 2 - 3 Weichbodenmatten
- 2 Gymnastikseile

Aufbau: Mit einem Abstand von 2 - 3 m wird das Sprungbrett/Minitramp vor die Ringeanlage gestellt. Die Weichbodenmatten liegen dahinter.

Aufgabe: Die Schüler:innen springen nach Anlauf in das Minitramp und greifen nach Absprung die von Mitschüler:innen bereit gehaltenen Trapezstange und Schwingen bis zu einer markierten Fläche am Ende der Weichbodenmatten.

Hinweis: die Trapezstange wird von den Mitschüler:innen mit Hilfe zweier Gymnastikseile aus der Senkrechten in Richtung Minitramp gezogen. Die Höhe und der Abstand der Trapezstange ist so einzustellen, dass die Schüler:innen nach Absprung „bequem“ an die Trapezstange reichen.

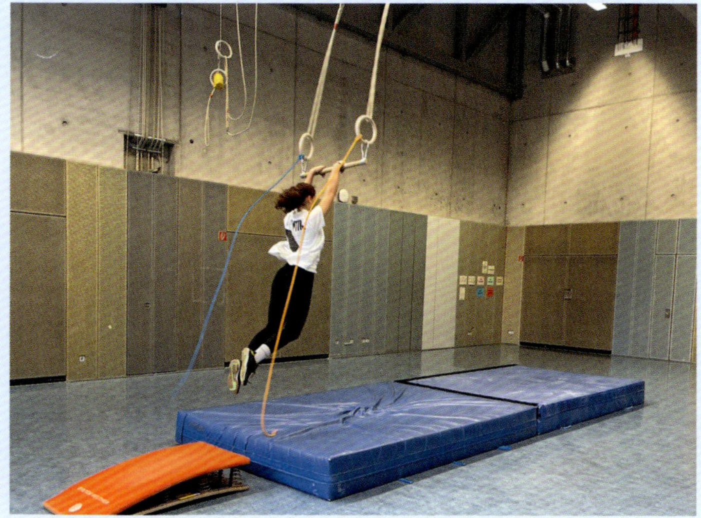

Bild 36: Tarzan und Jane II

Station „Cat to Cat“

Material:
- 4–5 Sprungbretter oder 4–5 kleine Turnkasten
- 4 Turnbänke
- 5 Gerätturnmatten

Aufbau: Je zwei Turnbänke werden im Abstand von ca. 2 Metern hintereinander gestellt und mit der Bankplatte zur Außenseite gekippt. Über jede Turnbank wird eine Gerätturnmatte gelegt. Auf die Gerätturnmatte werden die Sprungbretter so gelegt, dass diese auf der gegenüberliegenden Seite auf Lücke liegen. Am Ende liegt eine Turnmatte quer.

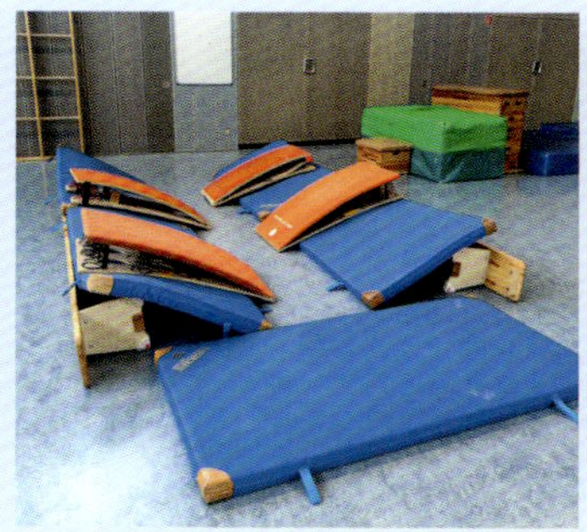

Bild 37: Cat to Cat

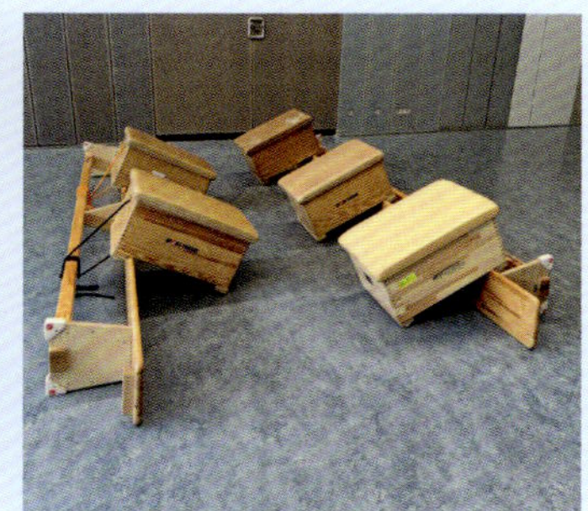

Bild 38: Cat to Cat

Stundenabschnitte und Unterrichtsinhalte

Alternativ kann diese Station auch mit kleinen Turnkasten aufgebaut werden. Dazu werden die Turnbänke mit der Bankplatte zur Innenseite gekippt und die Turnkasten mit Hilfe von Gymnastikseilen befestigt.

Aufgabe: An dieser Station laufen die Schüler:innen an, springen auf das erste Sprungbrett und springen nun von Sprungbrett zu Sprungbrett. Die Aufgabe kann unterschiedlich gestellt werden:

- Einbeinig oder beidbeinig springen
- Pause auf jedem Sprungbrett oder von Sprungbrett zu Sprungbrett springen

Die Kinder springen von Sprungbrett zu Sprungbrett. Dabei ist es möglich, auf jedem Brett beidbeinig zu landen und eine Pause zu machen oder nach nur einem kurzen einbeinigen oder beidbeinigen Kontakt auf dem Brett zum nächsten Sprungbrett zu springen.

Station „Pezziballüberquerung“

Material:
- 1 Sprossenwand
- 6 Pezzibälle (ABS Powerball)
- 3 dreiteilige Sprungkasten

Aufbau: Mit Hilfe der Sprungkästen werden die Pezzibälle gegen die Sprossenwand gepresst.

Aufgabe: Vom einen Ende der Station sollen die Schüler:innnen über die Pezzibälle zur anderen Seite balancieren. Dabei kann die Sprossenwand gerade zu Beginn als Balancierhilfe genutzt werden (festhalten).

Hinweis: An dieser Station ist darauf zu achten, dass die Sprungkästen nicht wegrutschen und die Pezzibälle ständig eingeklemmt bleiben.

Organisatorische Hinweise

Hinweis: Sollte die Rutschfestigkeit nicht gegeben sein, können Gerätturnmatten unter der seitlich aufliegenden Turnbankplatte Abhilfe schaffen.

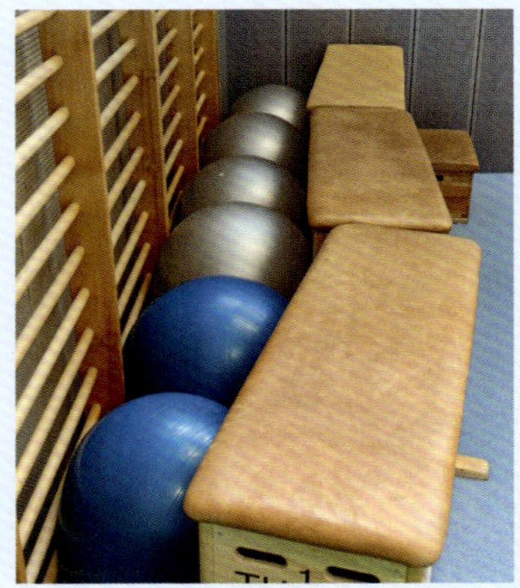

Bild 39: Pezziballüberquerung

Wenn diese Station am Ende des Parcours steht, kann an der Sprossenwand oben ein Buzzer (bspw. Fahrradklingel) angebracht werden.

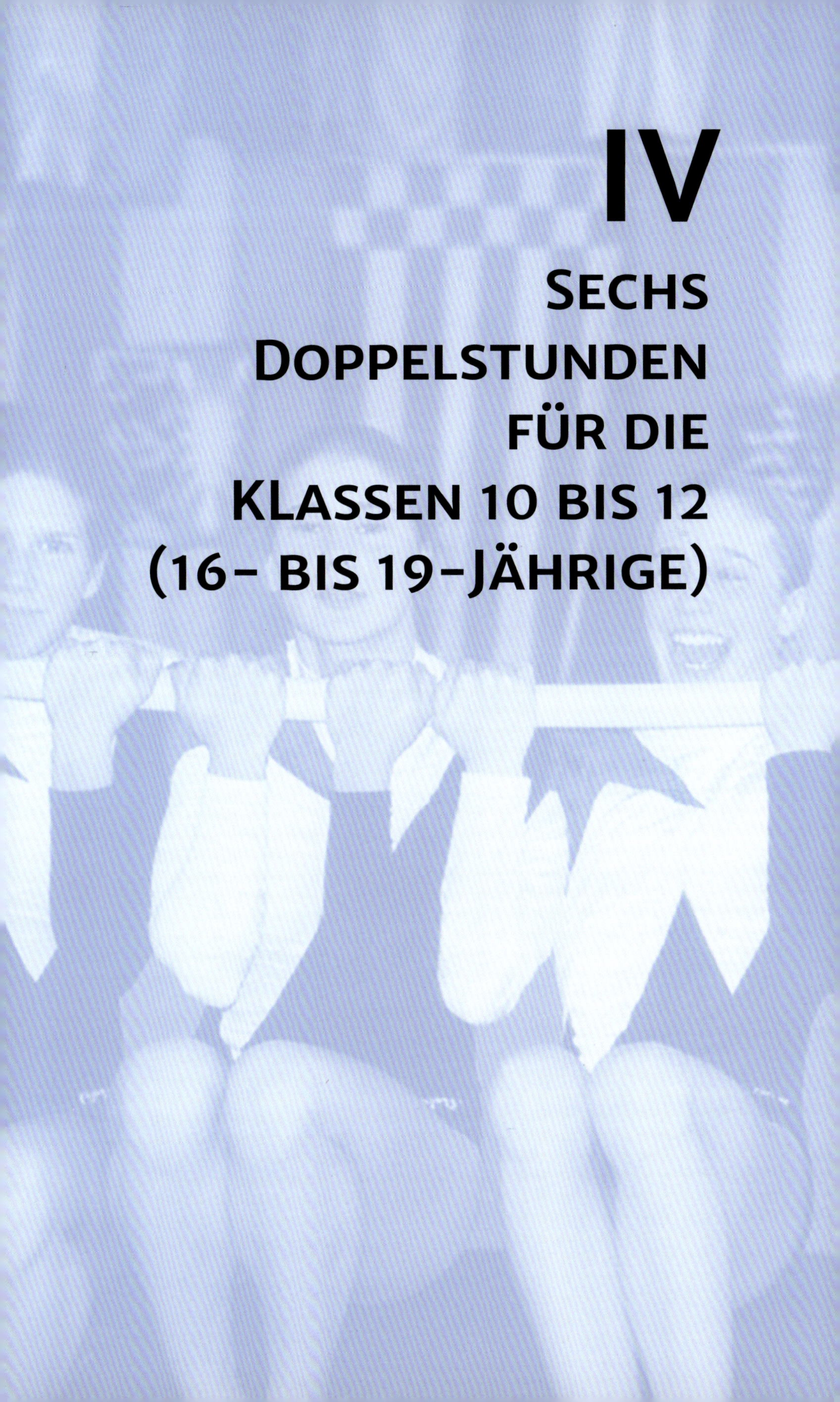

IV

Sechs Doppelstunden für die Klassen 10 bis 12 (16- bis 19-Jährige)

Turnen in der Oberstufe

Auch in dieser Altersstufe ist die Differenzierung der Aufgabenstellungen wichtig, da durch den unterschiedlichen Verlauf der Pubertät die Koordinations- und Kraftfähigkeiten unterschiedlich ausgeprägt sind. Anders als in der Mittelstufe kann man die Schüler:innen in der Oberstufe aber rationaler an neue Bewegungen heranführen. Biomechanische Hintergründe können zur Erläuterung der Hilfestellung oder des Bewegungsablaufs jetzt verstärkt herangezogen werden.

Neben der Anwendung bekannter Elemente aus der Mittelstufe sollten in der Oberstufe neue Herausforderungen geboten werden. Flick-Flack, Überschlag und Salto sind Elemente, die mit verantwortungsbewusster Hilfestellung und Gerätehilfe sicher gelernt werden können. Gerade von dieser Auswahl wird angenommen, dass es sich dabei um sehr beliebte Bewegungen handelt, die viele gerne einmal können würden. Diese Bewegungen sind nicht nur in der Ausführung attraktiv (innere Sensation), sondern sind auch in Trendsportarten und aktuellen Bewegungsstilen wie Breakdance, Skaten und Snowboarden präsent und damit ein Teil der Jugendkultur verschiedener Interessengruppen. So finden wir bei den Breakdancern gerade jene Überschläge und Kreisel, die ihren Ursprung im Turnen haben, Snowboarder:innen drehen Salti mit Schrauben um jede Körperachse, und selbst auf dem Fußballplatz kann man nach erfolgreichem Abschluss nicht selten Salti und Radwende in ganz unterschiedlichen Ausführungen bestaunen.

Tricks sind also „in“, und daher greift die **Doppelstunde Turnen** genau diesen Aspekt insbesondere aus motivationalen Gründen auf. Die turnerisch exakte Bewegungsausführung (Körperspannung, Strecken der Zehen usw.) spielt hierbei eine untergeordnete Rolle. Die Freestyle-Sportarten haben ihre eigene Ästhetik. Durch das Beugen der Beine oder die Veränderung der Armposition wird eine Bewegung kreiert, die auch eine eigene Bezeichnung bekommt. Dies kann aufgegriffen und altersgerecht umgesetzt werden. Wenn dabei noch die richtige Musik gewählt wird, bekommt eine Turnstunde einen ganz anderen Charakter.

Gelingt es der Lehrkraft damit, ihre Schüler:innen für diese akrobatischen Elemente der Jugendkultur zu begeistern und lässt sie jugendkulturspezifische Merkmale der Bewegungsausführung zu, steht einer erfolgreichen Turnstunde nichts mehr im Wege. Die hier angeführten Aspekte können und sollen sich später auch in der Notengebung widerspiegeln.

Das Ziel des Unterrichts in den Klassen 10–12 sollte folglich sein, akrobatische Elemente zu erarbeiten. Dies ist ohne gegenseitiges Helfen nicht möglich. Neben den Helfer:innengriffen für diese schwierigen Elemente, lernen die Schüler:innen das Risiko einer Bewegung einzuschätzen und mit der Angst vor einer ungewohnten Bewegung umzugehen. Diese Angst erleben sie entweder bei sich selbst oder bei ihren Mitschüler:innen, denen sie durch gekonnte Hilfe stellung Sicherheit vermitteln können.

1. Mit der Doppelstunde Überschlagen I wird unter zuhilfenahme des Minitrampolins nicht nur der Handstützüberschlag über den Kasten, sondern auch das Gefühl des Fliegens vermittelt. Relativ schnell haben die Schüler:innen Erfolgserlebnisse und durch die Verwendung des Minitramps sind auch leistungsschwächere Schüler:innen in der Lage, die Bewegung auszuführen.

2. Der Handstützüberschlag am Boden (Doppelstunde Überschlagen II) ist im Vergleich zum Handstützüberschlag über den Kasten wesentlich anspruchsvoller. Doch mit den entsprechenden Hilfen sind alle Schüler:innen in der Lage, das Gefühl des Überschlagens kennenzulernen.

3. Flick-Flack ist das Zauberwort des Turnens und man sieht Jugendliche an sehr vielen Orten dieses Kunststück ausprobieren. Spannend ist dabei, rückwärts abzuspringen und auf den Händen zu landen – sich dazu in der Doppelstunde Kunststücke I zu überwinden, kann unheimlich viel Stolz bei den Schüler:innen hervorrufen.

4. Springen, Drehen und Fliegen stehen bei der Doppelstunde Kunststücke II im Vordergrund. Steht irgendwo ein Trampolin, wollen alle gleich einen Salto springen. Dies erfordert eine ausreichende Vorbereitung, doch nach kurzer Zeit steht der Luftdrehung wenig im Wege.

5. Ähnlich wie beim Flick-Flack sind viele Schüler:innen stolz, wenn sie einen Rückwärts-Salto gesprungen sind. Diese im Alltag

beinahe nicht zu machende Erfahrung greift die Doppelstunde Kunststücke III auf und erweitert damit die in den vorangegangenen Stunden gemachten Erfahrungen mit Rückwärtsbewegungen.

6. Mit der Doppelstunde Turnshow wird ein eindrucksvoller Abschluss des Blocks Turnen ermöglicht. Die erlernten Elemente können frei kombiniert und in der Gestaltung angewendet werden, das Können wird abschließend in einer Aufführung präsentiert.

Die in der Oberstufe angebotenen Doppelstunden greifen nochmals ganz gezielt die Merkmale Selbstdarstellung, Ausdruck, Ästhetik und Darstellung auf, weil die **Doppelstunde Turnen** darauf abzielt, den Schüler:innen eine zielgruppengerechte Form des Turnens anzubieten, die neben den geforderten Inhalten der Lehrpläne gerade die von Söll geforderte Vorbereitung auf den außerschulischen Sport ermöglicht.

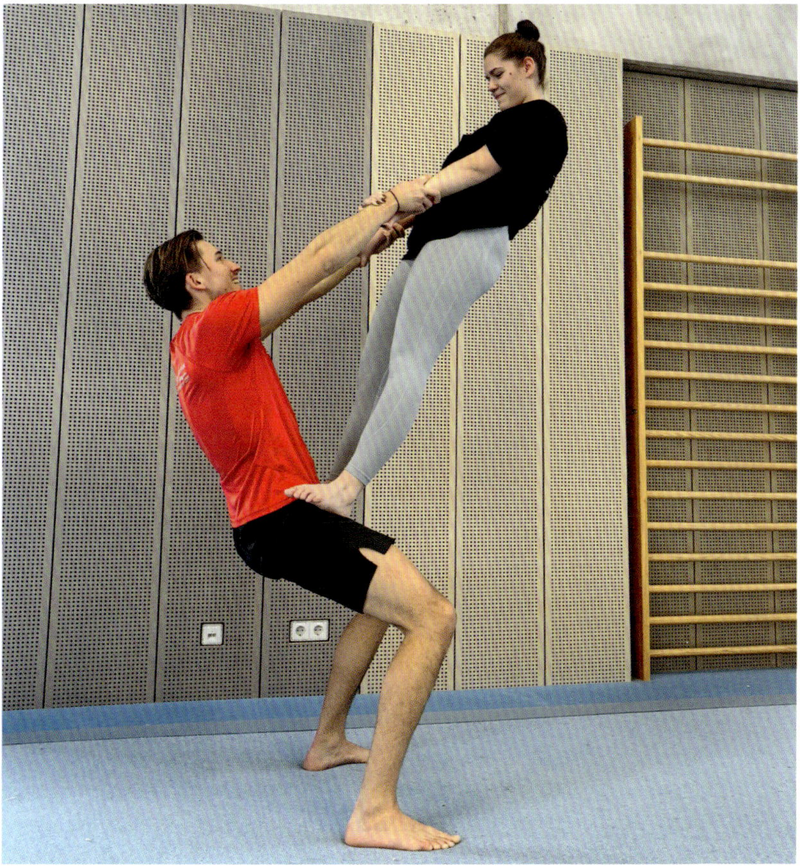

Doppelstunde 15
Überschlagen I
Handstützüberschlag vorwärts über einen Kasten

Ein besonderer Motivationsfaktor im Turnen ist das Erlernen neuer Übungsteile. Werden der Handstand und ein guter Absprung vom Minitramp beherrscht, ist der Handstützüberschlag über einen großen Kasten ein Turnelement, das schnelle Erfolgserlebnisse erlaubt.

42+43

Das Minitramp als Absprunghilfe erleichtert dabei auch Schüler:innen, die sportlich nicht so leistungsstark oder übergewichtig sind die Bewegungsausführung. Damit entspricht dieses Stundenthema zwar nicht den aktuellen Anforderungen im Wettkampfbereich, wo ausschließlich das Sprungbrett verwendet werden darf, aber als Einstieg für Überschlagbewegungen im Sprung ist es geeignet.

Normalerweise wird im Turnen von einem gestreckten Überschlag ausgegangen, wenn von einem Handstütz-Sprungüberschlag die Rede ist. Bei leistungsschwächeren Schüler:innen kann aber ein Handstützüberschlag auch gewinkelt (Winkel in der Hüfte während der ersten Flugphase) toleriert werden. Zur Differenzierung der Anforderungen und als Weg ein Flugerlebnis zu ermöglichen, ist der gewinkelte Überschlag eine Alternative im Freizeitsport, die auch im Gerätturnabzeichen des Deutschen Turner-Bundes ihren festen Platz neben der gestreckten Ausführung hat.

Voraussetzungen für den Handstützüberschlag über den Kasten sind:
- Absprung aus dem Minitramp aus dem schnellen Anlauf (vgl. Doppelstunde 6: Springen und Landen),
- Körperspannung (vgl. Doppelstunde 3: Körperspannung),
- Flüchtiger Handstand,
- Sichere Landung (vgl. Doppelstunde 7: Springen und Landen II).

Um auch kleineren oder schweren Schüler:innen den Einsprung ins Minitrampolin zu erleichtern, kann der Anlauf auf einer Erhöhung ausgeführt werden. Als Anlauffläche eignen sich:
- 3 hintereinander aufgestellte zweiteilige Kästen.
- 2 nebeneinander stehende Bänke.
- 3 nebeneinander stehende Bänke mit dünnen Matten darauf, um ein Umknicken in den Ritzen zwischen den Bänken zu verhindern.

Wenn eine Bank sehr wackelig ist, kann sie mit einem Ende auf einen kleinen Kasten gelegt werden, um ein Umkippen zu verhindern.

Zwischen Anlauffläche und Minitrampolin sollte ein Abstand von mindestens 40 cm eingehalten werden. Ist der Abstand geringer, gerät der Einsprung ins Trampolin zu kurz und die Schüler:innen können nicht optimal abspringen – sie „überlaufen" den Absprung. Bei großen oder schnellen Turner:innen sollte der Abstand folglich noch größer gewählt werden.

Als Testübung für die Lernvoraussetzungen Körperspannung und flüchtiger Handstand wurde, wie auch beim Flick-Flack, der Handstand mit Umkippen auf eine Weichbodenmatte gewählt.

Handstand-Umkippen: Aus dem Handstand Kippen in die gestreckt-gespannte Rückenlage auf einer Weichbodenmatte (wichtige Merkmale: Füße geschlossen, Arme gestreckt in Hochhalte neben dem Kopf). Wird diese Vorübung beherrscht, garantiert sie ausreichende Stützkraft und Körperspannung auch in Kopf-unter-Positionen und während der Bewegung. Gleichzeitig erhalten die Schüler:innen über ihre Landung auf der Matte eine eindeutige Rückmeldung über die Qualität ihrer Bewegungsausführung. Das Umkippen sollte 3- bis 5-mal in guter Ausführung wiederholt werden können, bevor mit dem Üben des Flick-Flacks begonnen wird.

Wird diese Bewegung beherrscht, garantiert sie die Aufrechterhaltung der Körperspannung auch in Kopf-unter-Positionen und während der Fortbe wegung. Die Landung auf der Matte gibt den Schüler:innen zudem eine eindeutige Rückmeldung über ihre Bewegungsausführung. Das Umkippen sollte wenigstens 3- bis 5-mal in guter Ausführung wiederholt werden können, bevor der nächste Lernschritt angeboten wird.

In einer Unterrichtseinheit, die so stark auf das Stützen ausgerichtet ist wie diese, ist es sinnvoll, Aufgaben zu ergänzen, die die Handgelenke aktiv entlasten. Im Stundenverlauf wurde dafür eine Übungskombination am Reck gewählt, da durch das Hängen die Handgelenke entlastet werden. Zudem wird die Haltekraft der Hände verbessert, was auf Sportstunden wie Reckturnen oder Klettern vorbereitet. Die Balance-Aufgabe verlängert die Übungsdauer an der Zusatzstation, sodass mehr Schüler:innen gleichzeitig in Bewegung sind. Außerdem wird das Gleichgewicht gefördert und ein weiterer Übungsanreiz in der Stunde gesetzt.

Stundenverlauf Doppelstunde 15: Überschlagen I

Stundenabschnitte und Unterrichtsinhalte	Organisatorische Hinweise
Aufwärmphase	
Geräteaufbau	2–4 Weichbodenmatten in der Halle verteilen.
Allgemeine Erwärmung Umlaufen der Matten • vorwärts • rückwärts • seitwärts • im Hopserlauf • im Seitgalopp	Schüler:innen bewegen sich frei um die Matten herum.
Laufen zwischen den Matten und auf bzw. an den Matten • Je 1 Rolle vorwärts. • Stützeln um die Matte herum: Im Liegestütz mit den Füßen auf der Matte, einmal um die halbe oder ganze Matte wandern (vgl. Abb. 55). • Schlusssprünge über die Matten. • Auf Händen und Füßen über die Matten laufen. • Hasenhüpfen auf den Matten: von den Füßen auf die Hände springen, Füße dicht an den Händen aufsetzen und sofort wieder abspringen zum Stütz auf den Händen usw.	Schüler:innen bewegen sich frei in der Halle und beziehen die Matten je nach Aufgabeneinstellung mit ein. 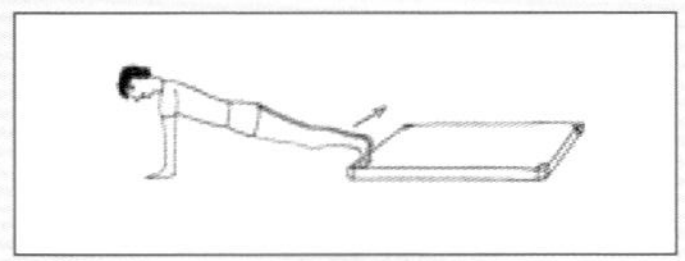 **Abb. 55: Stützeln um die Matte**

Stundenabschnitte und Unterrichtsinhalte	Organisatorische Hinweise
Dehnung der Beinmuskulatur	
• Im Stand einen Fuß nach vorn in den leichten Ausfallschritt stellen. Hinterer Fuß zeigt genau nach vorn, Ferse des hinteren Fußes bleibt am Boden. Durch Verlagern der Hüfte nach vorn Dehnung der hinteren Wade erhöhen (vgl. Bild 40). • Im Stand beide Knie leicht beugen, ein Bein nach vorn ausstrecken, Gewicht bleibt auf dem gebeugten Bein. Mit beiden Händen auf dem gebeugten Bein abstützen und den Oberkörper möglichst gerade nach vorn neigen (vgl. Bild 41). • In der Rückenlage ein Bein gebeugt mit beiden Armen zum Körper heranziehen. Das andere Bein ist ebenfalls gebeugt, der Fuß steht fest auf dem Boden. Kurz so halten, dann langsam das angehobene Bein nach oben hin ausstrecken. Die Hände halten das Bein am Oberschenkel (auch möglich: Unterschenkel, Griff ins Hosenbein oder an ein Handtuch, das um das Bein gelegt wurde).	Lehrkraft zeigt die Dehnübungen oder einer der Schüler:innen bereitet die Übungen als Referat vor, erklärt und demonstriert diese. 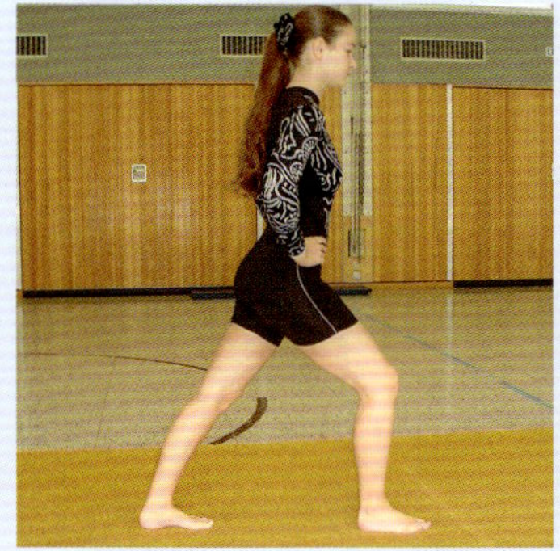 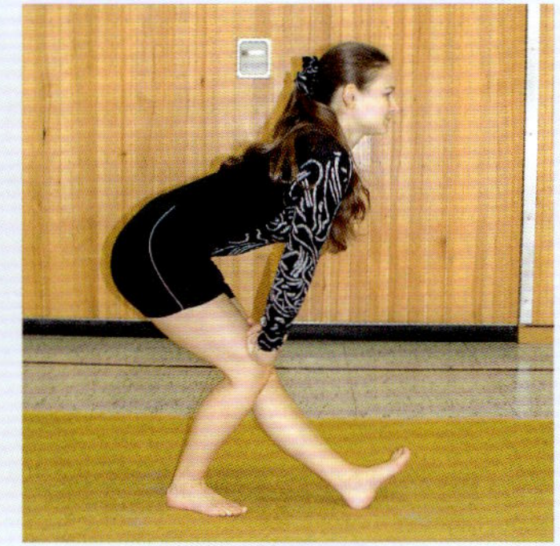 **Bild 40 und 41: Dehnung Wadenmuskulatur und Beinrückseite** Jede der Übungen sollte ca. 20 sec durchgeführt werden und mit jedem Bein 1- bis 2-mal wiederholt werden.
Spezielle Erwärmung	
1. Vorbereitung der Handgelenke	
• Stand 50–100 cm vor einer Wand, Bauch zeigt zur Wand. Hände gegen die Wand stützen und im Wechsel von der Wand so fest abdrücken, das die Hand kurz den Kontakt verliert.	Auch bei dieser Übung sollte bereits auf eine gestreckte Hüfte geachtet werden.
• Im Stand: Hände zur Faust ballen, langsam die Handgelenke kreisen lassen.	
• Im Stand: Aktivierung der Handgelenke. Arme waagerecht nach vorn ausstrecken und die Hände nach oben und unten klappen. Handfläche zeigt dabei zum Boden, Finger sind gestreckt. 30 Wiederholungen.	Die ersten 20 Wiederholungen dieser Übung sind sehr einfach, anstrengend wird es erst bei den letzten 10.

Stundenabschnitte und Unterrichtsinhalte	Organisatorische Hinweise
2. Übungen für die Körperspannung	
Im Liegestütz mit leicht gebeugter Hüfte, jede Übung für 5–10 Sekunden 2-mal durchführen: • Halten. Steigerung: Hände und Füße weiter voneinander entfernen. • Einen Arm abheben. • Ein Bein abheben. • Den rechten Arm und das linke Bein abheben, Wiederholung gegengleich.	Wiederholt auf Beugung der Hüfte hinweisen. Zwischendurch Gelegenheit geben die Handgelenke zu entlasten.
3. Vorbereitung der Landung	
Wiederholen der Landeposition aus dem Strecksprung, 8-mal (vgl. Doppelstunde 7: Springen und Landen II).	Beim Landen auf eine korrekte Bewegungsausführung achten (Qualitätsmerkmale für die Landung sind in der Doppelstunde 7 beschrieben).
Übungsphase 1	
Aufbau der Gerätstationen Je nach Schüler:innenzahl wird folgende Station in entsprechender Anzahl gemeinsam aufgebaut: Einen großen Kasten vor eine Weichbodenmatte schieben, eine (blaue) Turnmatte als Stoppmatte halb unter das Ende des Weichbodens schieben (vgl. Abb. 56). Die weiteren Weichböden bleiben in der Halle liegen.	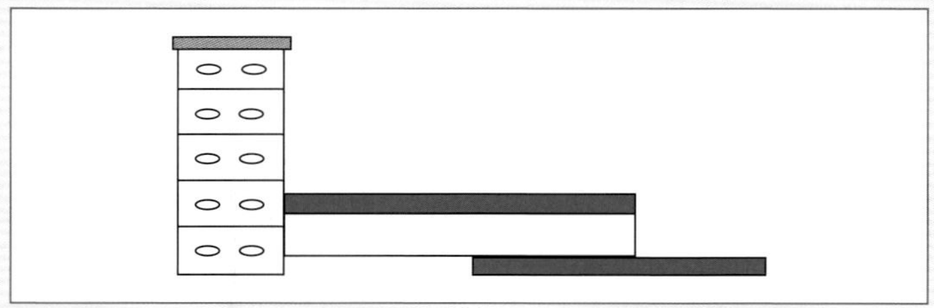 Abb. 56: Kasten mit Weichboden- und Stoppmatte

Stundenabschnitte und Unterrichtsinhalte	Organisatorische Hinweise
Vorbereitende Übungen	
Übung 1: Vorbereitung des Handstands	
Alle Schüler:innen turnen 10 Scherhandstände. Hierbei geht es vor allem darum, dass Körpergewicht für einen Moment mit den Händen zu tragen. Der Scherhandstand ist ein Handstand bei dem die Füße nicht geschlossen werden. Die Beine tauschen in der Luft ihre Position. Das Bein, das zuerst nach oben geschwungen ist, kommt als erstes auf den Boden zurück. Der Scherhandstand muss nicht bis in die Senkrechte geturnt werden. Es reicht aus, wenn die Füße kurz in der Luft sind, während das Scheren ausgeführt wird. Als Qualitätsmerkmal sollte auf eine leise Landung nach dem Handstand geachtet werden, da dies nur möglich ist, wenn die Bewegung kontrolliert ausgeführt wird.	Frei im Raum. Es sollte nicht auf den Weichbodenmatten gestützt werden, da diese zu weich sind und die Handgelenke dadurch zu stark belastet werden.
Übung 2: Vorübung zum aktiven Landen	
Aus dem Stand auf den Kasten, Strecksprung zur Landung auf der Weichbodenmatte. 10 Wiederholungen.	Landungen und Handstände sollten gleichzeitig angeboten werden, um lange Warteschlangen zu vermeiden. Auf korrekte Ausführung der Landungen achten.
Übungsphase 2	
Umbau der Gerätstationen • An den Kastenstationen wird je ein Minitrampolin ergänzt (vgl. Abb. 57). Ggf. wird eine Anlauferhöhung (Langbänke) vor dem Minitrampolin zusätzlich aufgebaut (vgl. S. 125). • Zusatzstation: 2 Reckanlagen werden direkt nebeneinander aufgebaut, wobei eine Reckstange in etwa 40 cm Höhe angebracht wird, die andere Stange dagegen so hoch, dass es für die Mehrzahl der Schüler:innen möglich ist, an der Stange zu hängen. Mattenlage unter den Reckstangen.	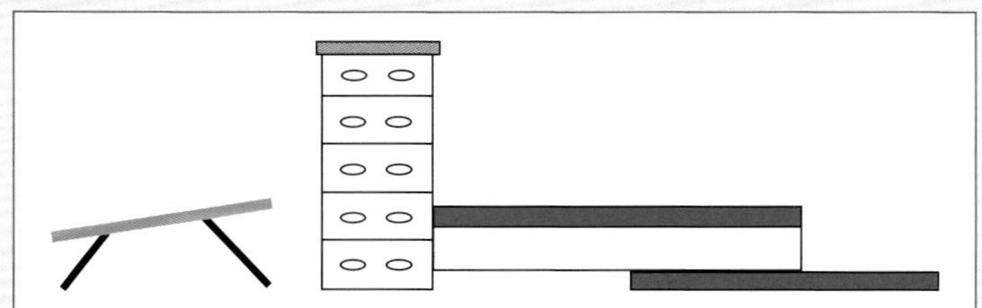 **Abb. 57: Kastenstation**

Stundenabschnitte und Unterrichtsinhalte	Organisatorische Hinweise
Übungsstationen zum Erlernen des Handstützüberschlags über den Kasten **Übung 1: Hochschwingen der Beine zum Handstand auf dem Kasten** Aus dem Stand auf dem Minitramp werden die Hände auf den Kasten gelegt. Turner:in springt nun beidbeinig vom Minitramp ab und schwingt die gestreckten Beine nach oben – im Idealfall bis in den Handstand. Es sollten etwa drei Wiederholungen hintereinander geturnt werden. 44 *Hilfestellung:* 2 Helfer:innen stehen hinter dem Kasten und sichern die turnende Person. Sie stehen seitlich zum Kasten und schauen sich an. Die Hand, die dichter am Kasten ist, stützt gegen die Schulter der turnenden Person und verhindert deren Vorschieben. Die zweite Hand ist nach oben ausgestreckt und sichert die turnende Person an der Hüfte gegen das Überkippen. **Übung 2: Aufschwingen in den Handstand mit Übertragen in den Stand auf dem Weichboden** Turner:in beginnt wie in Übung 1 beschrieben mit dem Aufschwingen in den Handstand. Ist die Handstandposition erreicht, lässt die turnende Person sich gestreckt-gespannt Umkippen und wird von 2 Helfer:innen zur sicheren Landung auf dem Weichboden getragen. *Hilfestellung:* Die Helfer:innen agieren wie oben beschrieben. Hat die turnende Person die Handstandposition erreicht, tragen sie diese in den Stand auf der Matte. Die Hand, die dichter am Kasten ist, stützt dabei den Körper an der Schulter, die andere unter der Hüfte.	Der Kasten muss, an die Körpergröße der Turnenden angepasst werden. Die Schüler:innen sollten alle mit der einfachsten Variante beginnen, um die Hilfestellung im langsamen Tempo zu erlernen. Die Übungen werden in der hier beschriebenen Reihenfolge durchlaufen. Die Schüler:innen entscheiden, wann sie zur nächsten Übung wechseln möchten. Eine gute Körperspannung der turnenden Person ist Voraussetzung dafür, dass die Helfer:innen ihn sicher in den Stand transportieren können. Alle Schüler:innen sollten vor dieser Übung nochmals darauf hingewiesen werden. Wurden erst wenige Aufgaben mit gegenseitigem Tragen im Unterricht behandelt, kann diese Übung eingeschoben werden: Bewusstmachung der Bedeutung von Körperspannung in Trage-situationen! In der Dreiergruppe steht ein Schüler:innen zwischen den beiden anderen. Die beiden äußeren Schüler:innen greifen jeweils von rechts und links im Klammergriff an den Oberarm des mittleren. Dieser baut Körperspannung auf und wird von den anderen angehoben. Anschließend wird das Anheben wiederholt, ohne dass die turnende Person Körperspannung hält. Das Anheben mit Spannung ist wesentlich leichter. Bei entspanntem Körper können manchmal lediglich die Arme gegen den Rumpf verschoben werden.

Stundenabschnitte und Unterrichtsinhalte	Organisatorische Hinweise
Übung 3: Handstand-Übertragen aus dem Anlauf Aus dem Anlauf auf der Bank Einsprung ins Minitramp, Absprung in den Handstand auf dem Kasten, 2 Hilfestellungen stehen hinter dem Kasten und tragen die turnende Person zur sicheren Landung auf dem Weichboden. Hilfestellung wie oben beschrieben. ***Ergänzende Information:*** Wenn die übende Person wenig Schwung hat, kann auch der Sprung in den Handstand unterstützt werden (Griff am Oberschenkel und heben in den Handstand). Entweder stehen hierfür zwei zusätzliche Helfer:innen zwischen Minitramp und Kasten oder die Helfer:innen hinter dem Kasten greifen über den Kasten hinweg. Steht die übende Person im Handstand still, kann durch leichtes Ziehen an der Hüfte das Umkippen eingeleitet werden.	
Übung 4: Erhöhung des Ausführungstempos Wird der Bewegungsablauf schneller ausgeführt, gelingt es den Übenden, allmählich allein in den Stand zu kippen oder im Idealfall sogar zu fliegen. Die Hilfestellung kann reduziert und zu einer Bewegungsbegleitung bzw. Sicherheitsstellung werden. Die Sicherheitsstellung dient vor allem der Landungssicherung und erfolgt an Bauch und Rücken. Wichtig ist, dass die Körperspannung und die gerade Körperposition während des Überschlags nicht aufgegeben werden.	Sicherheitsstellung demonstrieren. Im Übungsverlauf muss die Sicherheitsstellung sehr schnell sein, wenn die Landung der turnenden Person wirklich gebremst werden soll. Oft schießt die übende Person nach vorn von der Matte. Hierbei gilt: lieber schnell den Arm nach vorn ausstrecken und die turnende Person stoppen, als ihn nach vorn weglaufen zu lassen. Die Helfer:innen sind für den sicheren Stand der turnenden Person verantwortlich.
Zusatzstationen • An den zusätzlichen Weichböden kann weiterhin das Handstand-Umkippen geturnt werden. • Über die untere Reckstange balancieren, an die obere Stange greifen und an dieser entlang Hangeln. Das Hangeln kann auch zur anderen Seite, im Kammgriff oder mit $\frac{1}{2}$-Drehungen ausgeführt werden.	An den Zusatzstationen wird im Wechsel mit dem Üben an den Kästen geturnt.
Abbauen der genutzten Geräte	

Doppelstunde 16
Überschlagen II
Handstützüberschlag vorwärts am Boden

45 Mit dem Handstützüberschlag vorwärts am Boden kann man Schüler:innen, die bereits Vorerfahrungen im Turnen haben, eine neue Herausforderung bieten. Zu beachten ist allerdings, dass der Handstützüberschlag eine anspruchsvolle Bewegung ist, die eine sehr gute Körperspannung erfordert. Die größte Schwierigkeit beim Erlernen des Handstützüberschlags vorwärts am Boden stellt jedoch die Verbindung von Anlauf und Aufschwingen zum Handstand dar. Im Turnen nutzt man deshalb einen Hopser (vgl. Doppelstunde 10: Rad und Radwende), um die Anlaufgeschwindigkeit in die Turnbewegung umzuleiten. Deshalb muss auch die Kopplung von Anlaufschritten und Hopser fast wie ein eigenes Element gelernt werden. Damit die Anlaufgeschwindigkeit nicht durch diesen Anhüpfer verloren geht, muss er weit nach vorn geturnt werden. Ideal ist, wenn der Körper eine leichte Vorlage erreicht (vgl. Bild 42).

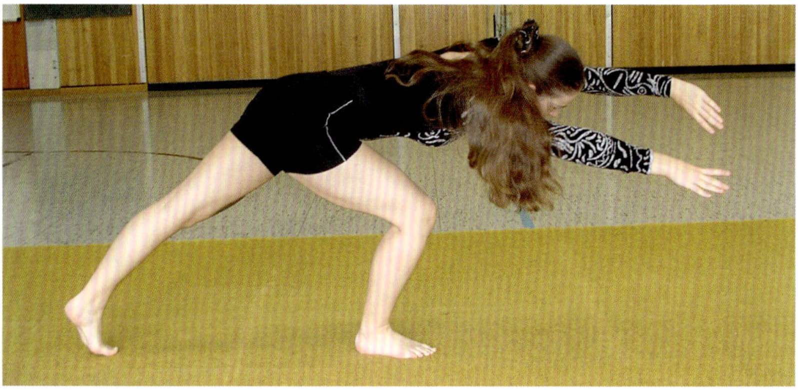

Bild 42: Übergang Hopser-Rad

Wird aus dem Anlauf geübt, lässt sich der Körper nur schwer in dieser Position stoppen. Um in der Originalgeschwindigkeit zu üben, sollte deshalb ein Rad an den Hopser angeschlossen werden. Aus diesem Grund wird das Rad neben dem Handstand-Umkippen (vgl. Doppelstunde 15: Handstützüberschlag über den Kasten) in der

Doppelstunde vorausgesetzt. Folgende Schrittkombination wird für den Anlauf genutzt:

- Aus dem Schlussstand 2 Schritte vorwärts mit sofortigem Hüpfer und anschließendem Übungsteil. Mit welchem Fuß der Anlauf begonnen wird, hängt davon ab, mit welchem Bein das Folgeelement geturnt wird.
- Beim Anlauf für ein Rad rechts ist die Schrittfolge: links, rechts, links, links (= Hopser), Aufsetzen des rechten Fußes. Wird das Rad mit dem linken Bein geturnt, muss der Anlauf mit rechts beginnen.

Dem Erlernen des Anlaufs wird in dieser Stunde ein großer Stellenwert eingeräumt. Da die koordinativen Anforderungen der Schrittfolge jedoch sehr hoch sind, kann es passieren, dass nur einzelne Schüler:innen einer Klasse in der angegebenen Zeit den Anlauf erlernen. Ist den Schüler:innen der im Kapitel Rad und Radwende beschriebene Anhüpfer jedoch geläufig, kann dieser auch statt des Anlaufs zur Vorbereitung des Handstützüberschlags genutzt werden. Die Ausführung des Überschlags ist allerdings deutlich schwieriger, sodass verstärkt mit Hilfestellung gearbeitet werden muss.

Ein häufig zu hörender Hinweis beim Turnen des Überschlags ist die Aufforderung den Abdruck von den Händen intensiver auszuführen. Aufgrund der kurzen Stützdauer von 100–200 ms ist eine bewusste Aktion der turnenden Person während des Handaufsatzes aber nicht möglich. Ein Beispiel soll dies verdeutlichen: Der Flug von den Händen auf die Füße erfolgt durch die Reaktivkraft. Ein mit einem Ende auf den Boden geworfener Stab fliegt ebenfalls weiter und rotiert bis zum Aufsetzen des anderen Endes auf den Boden. Auch bei diesem „Überschlag" wird keine weitere Aktion ausgeübt. Der Stab erhält aufgrund seiner Starrheit einen Großteil der Kraft zurück, mit der er auf den Boden geworfen wurde. Für die turnende Person heißt das, dass sie seinen Körper ebenfalls in einen möglichst geraden und starren Zustand bringen muss. Eine gute Körperspannung sorgt für einen guten Flug. Eine wichtige Rolle spielt dabei die Schulter, da sie in der Stützsituation am anfälligsten für Winkelveränderungen ist. Je offener und unbeweglicher der Schulterwinkel ist, umso leichter wird die turnende Person in den Stand kommen.

Wie auch in den anderen Doppelstunden wird bei diesem Thema eine Zusatzstation angeboten, um eine hohe Bewegungsintensität für möglichst viele Schüler:innen zu erreichen. Da mit einer durchschnittlichen Gerätausstattung in der Turnhalle geplant wurde, können nur drei Überschlag-Stationen aufgebaut werden. Die Zusatzstation „Hände-Füße-Springen" dient der Verbesserung von Stützkraft, Koordination und Körperspannung.

Stundenverlauf Doppelstunde 16: Überschlagen II

Stundenabschnitte und Unterrichtsinhalte	Organisatorische Hinweise
Aufwärmphase	
Geräteaufbau Zwei Reihen (blaue) Turnmatten auslegen, zwischen den Matten einen Abstand von ca. 1 m lassen, 5–6 Matten pro Reihe (vgl. Abb. 58).	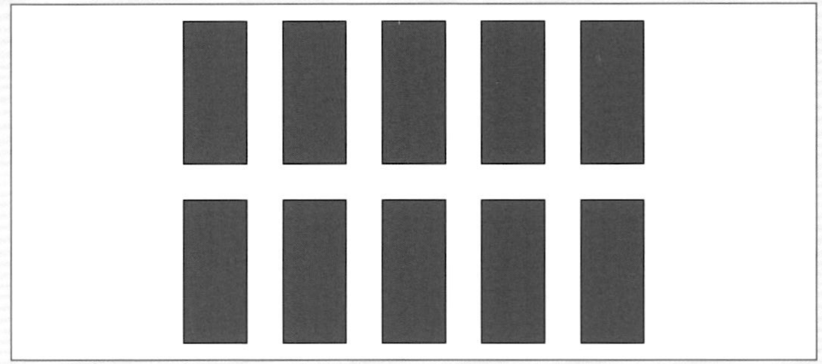 Abb. 58: Mattenbahn
Allgemeine Erwärmung Laufen über die Matten mit verschiedenen Lauf- und Rhythmisierungsaufgaben: • Überlaufen der Mattenbahn ohne weitere Anforderung. • 2 x die Matten im Slalom umlaufen. • Die Matten im Seitgalopp umlaufen, dabei nach jeder Matte die Richtung wechseln (Zickzack), 2 x. • Jeweils 2 Schritte pro Matte, die Zwischenräume werden übersprungen, 2 x. • Jeweils 3 Schritte pro Matte, die Zwischenräume werden übersprungen, 2 x. • Jeweils 1 Schritt (1 Fußkontakt) pro Matte, Zwischenräume werden übersprungen, 2 x. • Jeweils 2 Kontakte mit dem gleichen Fuß pro Matte, Zwischenräume werden übersprungen, 2 x. • Wiederholung: 3 Schritte pro Matte mit Überspringen der Zwischenräume.	Jeweils die Hälfte der Schüler:innen arbeitet an einer Mattenbahn. Es wird an einer Stirnseite der Halle begonnen. Die Matten werden von den Schüler:innen nacheinander überlaufen, der Rückweg ist an der Seite neben den Matten. Der Abstand zwischen den Matten muss an die Körpergröße der Übenden angepasst werden.

Dehnung der Beinmuskulatur

Jede der Übungen sollte ca. 20 sec gehalten und mit jedem Bein 2- bis 3-mal wiederholt werden.

- Im Stand einen Fuß nach vorn in den leichten Ausfallschritt stellen. Hinterer Fuß zeigt genau nach vorn, Ferse des hinteren Fußes bleibt am Boden. Durch Verlagern der Hüfte nach vorn Dehnung der hinteren Wade erhöhen (vgl. Bild 43).
- Im Stand beide Knie leicht beugen, ein Bein nach vorn ausstrecken, Gewicht bleibt auf dem gebeugten Bein. Mit beiden Händen auf dem gebeugten Bein abstützen und den Oberkörper möglichst gerade nach vorn neigen (vgl. Bild 44).
- Sitz am Rand einer Matte, Hüfte auf der Matte, Beine neben der Matte, Beine grätschen und Oberkörper nach vorn neigen. Becken sollte möglichst aufgerichtet und der Rücken gerade bleiben (vgl. Bild 45).

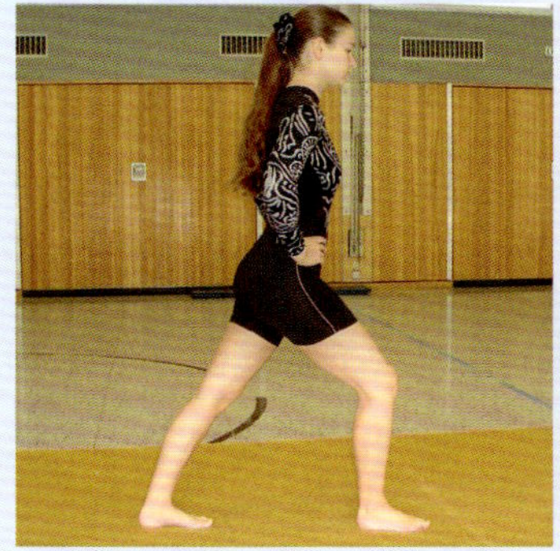

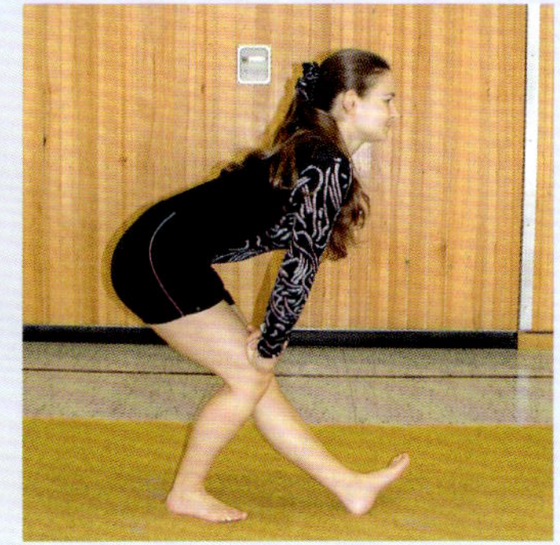

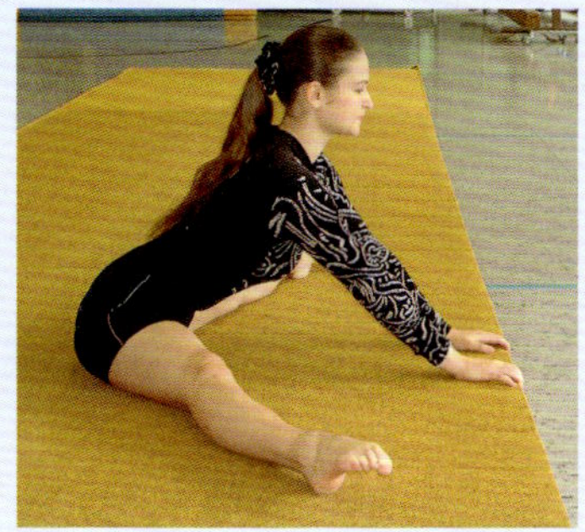

Bild 43 bis 45: Dehnübungen

Spezielle Erwärmung

Übungsblock „Vorbereitung der Handgelenke":

- Kräftigung der Handgelenke: Im Stand Arme waagerecht nach vorn ausstrecken und die Hände nach oben und unten klappen. Handfläche zeigt dabei zum Boden, Finger sind gestreckt. Ca. 30 Wiederholungen.
- Im Fersensitz die Hände vor den Knien aufstützen, die Schultern vorsichtig nach vorn schieben und das Gewicht wieder nach hinten verlagern.
- Im Liegestütz vorlings die Hände abwechselnd anheben. Dabei den freien Arm weit nach außen führen, jede Hand 5–10 x.
- Aus dem Liegestütz vorlings einen Arm abheben und über die Seite nach oben führen, drehen in den Liegestütz rücklings und weiter drehen in den Liegestütz vorlings. 2–3 x in jede Richtung.

Stundenabschnitte und Unterrichtsinhalte	Organisatorische Hinweise

Übungen für die Körperspannung

- In der gestreckten Seitlage den unteren Arm unter dem Kopf ausstrecken, den oberen Arm vor der Brust aufstützen.
  Unteren Arm sowie Schulter und Kopf anheben, gleichzeitig beide Beine leicht anheben (C-Position seitlings). Aufgestützte Hand sichert das Gleichgewicht, Füße sind geschlossen. 10 Sekunden halten, 3–5 Wiederholungen, dann Seitenwechsel.
- C-Position wie oben, durch Beugen des Stützarms den Körper so zum Schaukeln bringen, dass abwechselnd Oberkörper und Füße weiter vom Boden entfernt sind. 6 x Schaukeln, dann Seitenwechsel, 3 Wiederholungen.

Wiederholung von Handstand und Rad

Von einer Matte zur nächsten laufen und auf jeder Matte eins der folgenden Elemente turnen

- Scherhandstand
- Handstand
- Rad

Übungsphase 1

Umbau der Geräte

Die ausgelegten Matten zu 3–4 Mattenbahnen à 3 Matten zusammenschieben, ca. 5 m Abstand zwischen den Bahnen (vgl. Abb. 59).

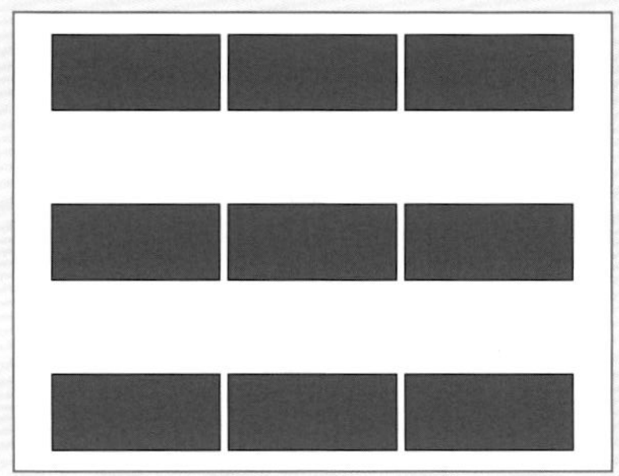

Abb. 59: Umbau Mattenbahn

Anlaufschulung

Übung 1: Lernen der typischen Rhythmisierung

Gemeinsames Klatschen des Anlauf-Rhythmus:

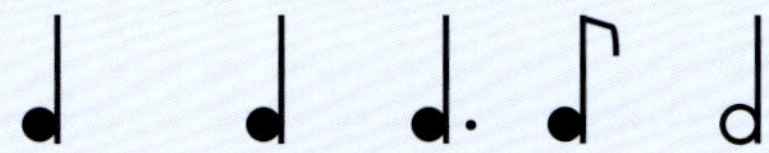

„Schritt – Schritt – Hopser – Rad“

Das Mitsprechen unterstützt dabei das Lernen der Rhythmisierung und sichert ein gemeinsames Tempo.

Ideal ist die Demonstration des Anlaufs als Einleitung zum Thema. Die Schüler:innen können dann den Rhythmus aus der gezeigten Schrittfolge übernehmen und mitklatschen.

Übung 2: Erlernen der Schrittfolge

Start an einer Stirnseite der Halle (vgl. Abb. 60). Zwei Schritte laufen, beim dritten Fußkontakt Absprung zum Hüpfer auf die Mattenbahn. Dort stoppen und neu beginnen. Abwechselnd mit rechts und links loslaufen.

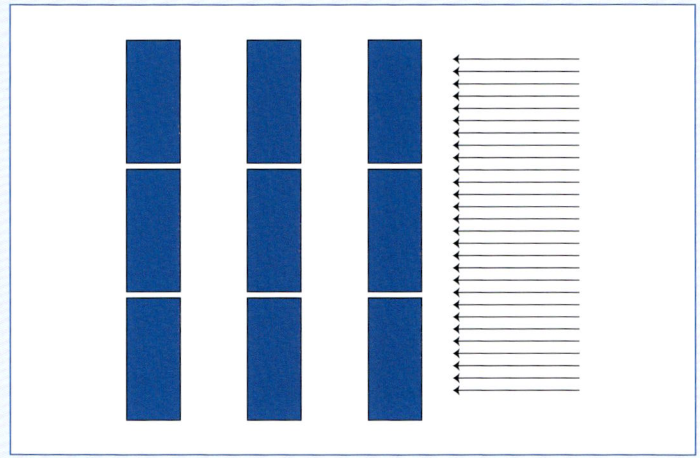

Abb. 60: Mattenbahn

Übung 3: Üben der Verbindung Anlauf – Rad

46

Festlegen, mit welchem Bein das Rad geturnt wird und mit welchem Fuß der Anlauf beginnen muss (Rad rechts = linker Fuß, Rad links = rechter Fuß).

Aus dem Stand vor der Stirnseite einer Mattenbahn anlaufen und im Anschluss an den Hopser ein Rad turnen. Langsam beginnen und auf korrekte Fußfolge achten. Allmählich das Tempo erhöhen. Ziel ist die flüssige und automatisierte Ausführung der Bewegungsfolge.

Übung 4: Wiederholung der Lernvoraussetzung – Handstand-Umkippen

An einer der Weichbodenmatten Handstand-Umkippen turnen.

Das Üben an dieser Station erfolgt auf dem Rückweg vom Anlauf. Wegen der langen Übungsdauer für den Anlauf reicht es aus, diese Aufgabe erst kurz vor Beginn der Übungsphase zu stellen.

Stundenabschnitte und Unterrichtsinhalte	Organisatorische Hinweise
Umbau der Geräte • Drei vierteilige große Kästen hintereinander stellen, Weichboden dahinter, 1 dünne Matte als Stoppmatte zur Hälfte unter den Weichboden legen (vgl. Abb. 61). • Zwei Mattenbahnen aus je mindestens 4 Matten auslegen. • Zusatzstation: zwei Minitramps mit der Schräge zueinander etwa ½ Meter voneinander entfernt aufstellen (abhängig von der Körpergröße der Übenden), eines der Minitramps steht dabei vor einer Wand, um ein Wegrutschen zu verhindern (vgl. Abb. 62). Als Gerätalternativen können auch ein Doppelminitrampolin oder ein großes Trampolin verwendet werden.	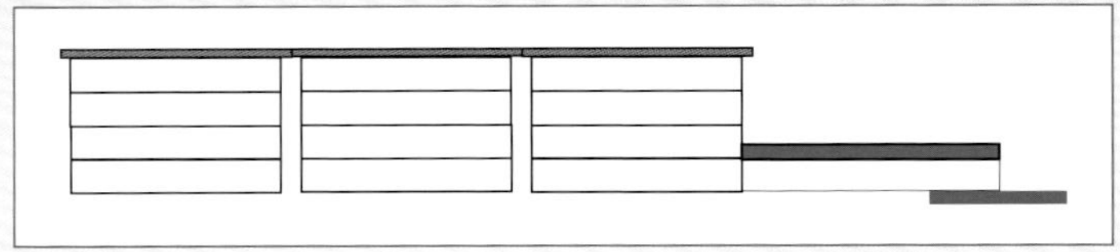 **Abb. 61: Übungsstation** 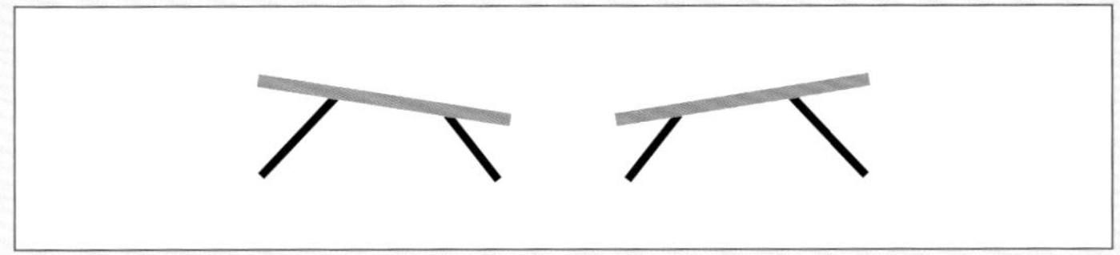 **Abb. 62: Zusatzstation**
Turnen an den Gerätstationen **Übung 1: Überschlag von einer Erhöhung** • Aus dem Stand auf den Kasten, Handstand am Ende des Kastens und Umkippen in den Stand auf die Weichbodenmatte. *Hilfestellung:* Zwei Helfer:innen stehen hinter dem Kasten und sichern die turnende Person. Sie stehen seitlich zum Kasten und schauen sich an. Die Hand, die dichter am Kasten ist, stützt gegen die Schulter der turnenden Person und verhindert deren Vorschieben. Die andere Hand trägt an der Hüfte. • Aus dem Anhüpfer Aufschwingen in den Handstand und Umkippen zur Landung auf der Weichbodenmatte. Hilfestellung wie oben beschrieben.	Die turnende Person darf den Handstand nicht zu dicht am Kastenende beginnen, da der Schulter-Winkel sonst zu Beginn des Handstands nicht geöffnet ist. Standposition vor dem Handstand ist auf dem mittleren Kasten. Von dort aus einen Fuß vorsetzen und weites Vorgreifen zum Aufschwingen in den Handstand.

Stundenabschnitte und Unterrichtsinhalte	Organisatorische Hinweise
Übung 2: Überschlag mit Hilfestellung auf der Mattenbahn	
• Aus dem Anhüpfer Aufschwingen in den Handstand Zwei Helfer:innen unterstützen den Flug zum Stand. ***Hilfestellung:*** Die Helfer:innen stehen sich im Schrittkniestand auf der Mattenbahn gegenüber. Die turnende Person setzt die Hände kurz vor den Helfer:innen auf. Sie greifen mit der Hand, die näher an der turnenden Person ist, an ihre Schulter und mit der anderen Hand an ihre Hüfte und tragen sie zur sicheren Landung auf der Mattenbahn.	Auch hier auf das weite Vorsetzen der Hände achten, um einen offenen Schulterwinkel zu erreichen.
• Handstützüberschlag aus dem Anlauf Zwei Helfer:innen unterstützen den Flug in den Stand. ***Hilfestellung:*** Die Hilfestellung kann wie oben beschrieben ausgeführt werden. Die turnende Person muss dabei ihren Anlauf so ausmessen, dass der Handaufsatz kurz vor den Helfer:innen erfolgt. Alternativ können die Helfer:innen auch stehen, während sie die Hilfestellung ausführen. Die Position der Hände bleibt dabei wie oben beschrieben.	
Übung 3: Hände-Füße-Springen (sehr schwierige Übung)	
Aus dem Stand im Minitramp mit erhobenen Armen Sprung zum flüchtigen Handstütz im anderen Minitramp. Anschließend Aufsatz der Füße am Ausgangspunkt und Heben der Hände. Diese Bewegung wird im ständigen Wechsel durchgeführt.	Besonders interessant wird diese Aufgaben, wenn die Häufigkeit der Wiederholungen ohne Unterbrechung gezählt wird. Expert:innen schaffen bis zu 70 Hand- und Fußkontakte.
Abbau der genutzten Geräte	

Doppelstunde 17
Kunststücke I
Flick-Flack

Flick-Flack ist ein Zauberwort des Turnens. Viele Jugendliche träumen davon, dieses Kunststück zu beherrschen, und wer es kann, wird bewundert. Es sind häufig die Jungen, die vom Reiz dieser Technik fasziniert sind, weswegen sie es manchmal sogar zu Hause auf
48 Matratzen üben, um anschließend damit glänzen zu können.

Für den Sportunterricht bedeutet dies Folgendes:

- Wer den Flick-Flack anbietet, hat einen sehr attraktiven Stundeninhalt gewählt.
- Neben der im Turnen verbreiteten Bewegungstechnik existieren viele Freestyle-Varianten. Beherrschen die Schüler:innen bereits einen solchen Überschlag rückwärts, ist Fingerspitzengefühl bei der Bewertung angesagt, denn das Umlernen der Technik ist – wie in jeder Sportart – ein langer Weg.

Die in dieser Doppelstunde beschriebene Methodik ist auf Schüler:innen ausgerichtet, die wenig Vorerfahrungen im Turnen haben. Ziel ist trotzdem ein sicher geturnter Flick-Flack, der in seinen Bewegungsmerkmalen jedoch nicht allen im Wettkampfsport Turnen gestellten Anforderungen entsprechen wird. Für die Wettkampftechnik ist eine exzellente körperliche Vorbildung erforderlich, die im Schulalltag nicht vorausgesetzt werden kann, denn allein die körperlichen Voraussetzungen der pubertierenden Jugendlichen erschweren durch schnelle Gewichtszunahme und unharmonische Proportionen die Schulung einer solchen Technik im Jugendalter.

Auch wenn dieses Kapitel die Überschrift „Doppelstunde Flick-Flack“ trägt, soll hier nicht der Eindruck erweckt werden, dass das Erlernen des Flick-Flacks in 80 Minuten möglich ist. Schon das langsame Bewegen rückwärts in die Kopf-unter-Position ist ein Erlebnis, das unseren normalen Bewegungskanon sprengt. Nicht selten löst der Flick-Flack aus diesem Grund Angst aus. Zur Überwindung von Angst braucht es Zeit, Vertrauen und Wissen über das, was passieren kann und wird. Ein vorschnelles Wechseln zum nächst schwierigeren

Lernschritt kann die schon erlernte Bewegungstechnik verfälschen oder sogar zu Blackout-Situationen führen. Mehr als bei allen anderen Themen muss daher beim Flick-Flack das gleichzeitige Anbieten verschiedener Lernstufen vor dem einheitlichen Üben aller Schüler:innen stehen. Der Stundenverlauf sieht dabei ganz eindeutig das Differenzieren während des Unterrichts vor. Auch der Zeitplan kann in Abhängigkeit von den motorischen Fähigkeiten der Schüler:innen verschoben werden. Werden von einer leistungsstarken Klasse die einzelnen Aufgaben schnell beherrscht, ist es sinnvoll die Übungsdauer zu verringern, bevor Langeweile eintritt, und sofort die nächstschwierigere Station anzubieten.

Grundsätzliches methodisches Prinzip ist das „slow-motion"-Üben, das heißt, dass durch den Einsatz von Gerätehilfen die Bewegung verlangsamt wird, wodurch eine hohe Sicherheit während der Bewegungsausführung gewährleistet ist. Zudem gleicht die Gewichtsübernahme durch das Gerät Größen- und Gewichtsunterschiede zwischen Helfenden und Übenden aus.

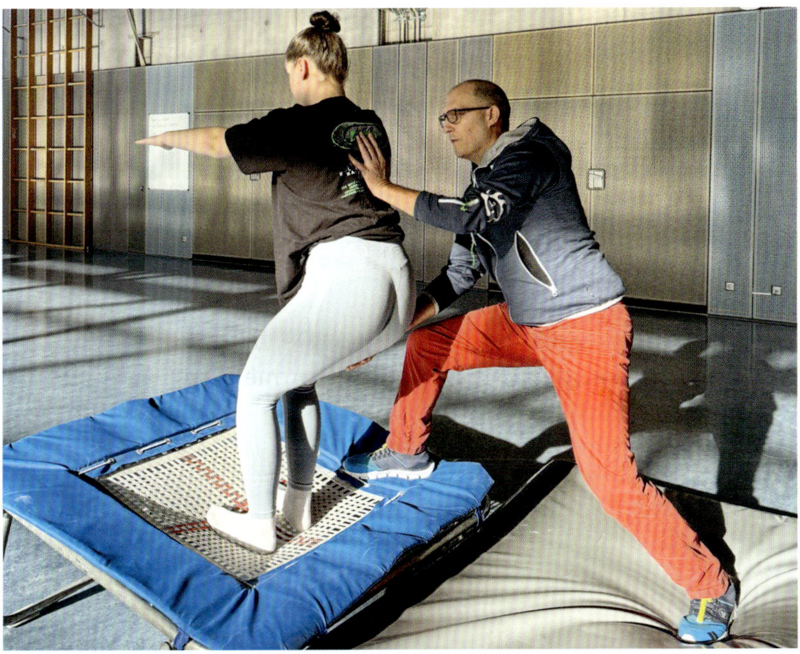

Ziel der Doppelstunde ist der Flick-Flack aus dem Stand. Die komplexe Rückwärtsbewegung ist isoliert leichter zu erlernen als aus der Radwende – gemäß dem didaktischen Prinzip „Vom einfachen zum Komplexen" (Gerling, 1999). Um den Flick-Flack aus dem Anlauf zu 47

turnen, ist eine gute Radwende die Voraussetzung. Die Radwende sollte daher immer nebenbei geübt werden. Die Verbindung der Elemente stellt jedoch eine weitere Schwierigkeit dar, die nicht unterschätzt werden sollte.

Der Flick-Flack ist durch folgenden Bewegungsablauf gekennzeichnet:

- Aus dem Stand mit erhobenen Armen.
- Anfallen nach hinten in eine angedeutete Sitzposition mit gleichzeitigem leichten Absenken der Arme nach vorn.
- Merkmale der Sitzposition: Knie sind maximal 90° gebeugt, Knie dürfen nicht vorgeschoben sein, Oberkörper ist gerade und leicht zurückgeneigt.
- Abdruck nach hinten-oben durch das Strecken von Beinen und Hüfte mit gleichzeitigem Armschwung nach oben-hinten.
- Die Hände führen den Körper in den Handstütz, der Blick folgt der Bewegung der Hände.
- Aus der Handstandposition aufsetzen beider Beine mit gleichzeitigem Aufrichten des Oberkörpers zum Stand.

Die Lernvoraussetzungen für den Flick-Flack sind:

- Eine ausreichende Schulterbeweglichkeit: Der Winkel zwischen Arm und Rumpf (ARW) muss mehr als 180° geöffnet werden können. Dies ist wichtig für den schnellen Handaufsatz, bei dem die Schulter senkrecht über der Hand positioniert sein sollte.
- Handstand-Umkippen: Aus dem Handstand Kippen in die gestreckt-gespannte Rückenlage auf einer Weichbodenmatte (wichtige Merkmale: Füße geschlossen, Arme gestreckt in Hochhalte neben dem Kopf). Wird diese Vorübung beherrscht, garantiert sie aus-reichende Stützkraft und Körperspannung auch in Kopf-unter-Positionen und während der Bewegung. Gleichzeitig erhalten die Schüler:innen über ihre Landung auf der Matte eine eindeutige Rückmeldung über die Qualität ihrer Bewegungsausführung. Das Umkippen sollte 3- bis 5-mal in guter Ausführung wiederholt werden können, bevor mit dem Üben des Flick-Flacks begonnen wird.

Abschließend ist noch festzuhalten, dass mehrere Wochen für ein wiederholendes Üben einzuplanen sind, wenn außer dem Bewegungserlebnis des Rückwärtsüberschlags der Flick-Flack als Turnelement vermittelt werden soll.

Stundenverlauf Doppelstunde 17: **Kunststücke I**

Stundenabschnitte und Unterrichtsinhalte	Organisatorische Hinweise
Aufwärmphase	
Erwärmung Umlaufen der Matten • rückwärts laufen • seitwärts laufen • im Hopserlauf • im Seitgallopp	Zwei Weichbodenmatten und 10 dünne Matten werden kreuz und quer in der Halle verteilt, die Schüler:innen laufen mit Musikbegleitung. Die Lehrkraft sagt die Laufrichtung und die jeweiligen Aufgaben an.
Zusätzliche Aufgaben • Rückenschaukel zum Hockstütz auf jeder dünnen Matte. • Flüchtiges Aufschwingen in den Handstand auf jeder dünnen Matte. • Überspringen der dünnen Matten, Schlusssprünge über die Weichböden. • Rad auf den oder über die dünnen Matten. • Handstand mit Partner:innenhilfe auf einer dünnen Matte (Dreiergruppen finden sich zusammen).	
Vorbereitung der Handgelenke • Hände falten, die Handflächen nach außen drehen, abwechselnd die rechte und linke Hand weiter nach vorn schieben. • Hände zur Faust ballen, langsam die Handgelenke kreisen lassen. • Im Fersensitz die Hände vor den Knien aufstützen, die Schultern vorsichtig nach vorn schieben und das Gewicht wieder nach hinten verlagern.	Alle Schüler:innen sind in der Halle verteilt. Die Lehrkraft macht die Übungen vor.
Übungen zur Körperspannung Ein:e Schüler:in befindet sich im Liegestütz auf der Matte, die Füße dürfen weit auseinander stehen. Eine andere Person schubst vorsichtig von der Seite, um die turnende Person aus dem Gleichgewicht zu bringen. Überraschungseffekte nutzen, kurze Impulse reichen aus.	Dreiergruppe, jede Gruppe an einer dünnen Matte.

Stundenabschnitte und Unterrichtsinhalte	Organisatorische Hinweise
Lernvoraussetzungen testen Aus dem Stand vor dem Weichboden: Aufschwingen in den Handstand und Kippen in eine gestreckt-gespannte Rückenlage. Die Hände setzen dabei dicht vor dem Weichboden auf dem Hallenboden auf. Zwei Helfer:innen können die Handstandposition sichern, bevor das Umkippen eingeleitet wird. ***Wichtige Merkmale:*** Füße geschlossen, Beine gestreckt, Arme gestreckt in Hochhalte neben dem Kopf, Blick zu den Füßen.	Die Schüler:innen turnen an den beiden Weichböden, Start ist jeweils an einer Stirnseite der Matten. Jeweils 2 Schüler:innen geben, wenn benötigt, Hilfestellung. Wer geturnt hat, löst eine:n der helfenden Personen ab.
Gleichzeitig wird an den dünnen Matten Handstand oder Scherhandstand geturnt.	Nach der Hilfestellung gehen die Schüler:innen an die dünnen Matten und turnen dort 3 Handstände oder Scherhandstände. Auch hierbei kann durch einen anderen Schüler:innen Hilfestellung geleistet werden.
Übungsphase	
Gewöhnung an die Rückwärtsbewegung Aufbau der Kastenbrücken (vgl. Abb. 63), dann gemeinsames Üben an den Stationen. Das Handstand-Umkippen und das Wandsitzen können gleichzeitig als Zusatzstationen angeboten werden. • Sitz auf der Kastenbrücke, Arme in Hochhalte. • Zurückneigen des Oberkörpers, die Hände „lenken“ den Oberkörper im weiten Bogen Richtung Boden, Blick folgt den Händen. • Aufsetzen der Hände dicht am Kasten bzw. fast unter der Brücke, lösen der Beine bis eine senkrechte Handstandposition erreicht ist. • Senken der Beine zum Stand. ***Hilfestellung:*** Zwei Helfer:innen sichern die übende Person am Oberschenkel gegen das Abheben der Beine beim Zurückneigen und begleiten sie mit einer Hand am oberen Rücken in den Handstand. ***Häufige Fehler*** • Kopf ist verdreht, weil versucht wird, über die Schulter nach hinten zu sehen.	**Gerätaufbau** Kastenbrücken aus 3 Kästen ohne Deckel und 2 Kastendeckeln bauen (siehe Abb. 63). Jeweils 2 Matten unter eine Brücke legen. 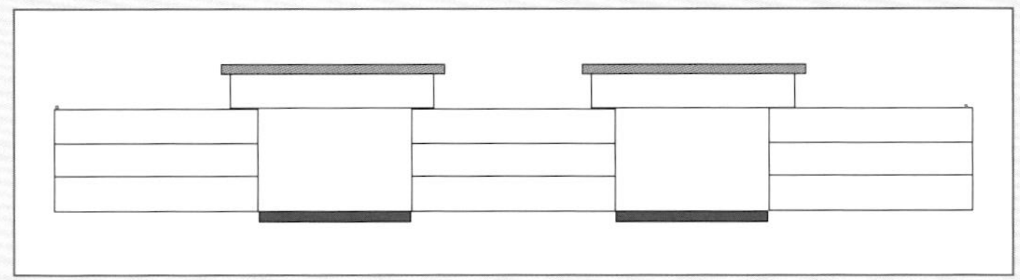 **Abb. 63: Kastenbrücke**

- Kopf wird schneller nach hinten geführt als die Arme, Oberarm ist nicht am Ohr.
- Körper steht nicht senkrecht im Handstand, Arm-Rumpf-Winkel (ARW) ist nicht geöffnet.
- Landung aus dem Handstand geschieht ohne Spannung in den Beinen; als Gegenmaßnahme kann direkt nach der Landung ein Strecksprung ausgeführt werden.

Verdeutlichen der Absprungposition durch Wandsitzen

Das Anfallen nach hinten ist ein entscheidender Aspekt beim Flick-Flack.

- Im Stand vor der Wand, mit dem Rücken an die Wand anlehnen
- Beine sind rechtwinklig gebeugt, ganzer Rücken hat Kontakt zur Wand.

Alle Schüler:innen an der Wand entlang verteilt.

Zur Vorbereitung der Hilfestellung und zum Vertrauensaufbau kann diese Übung auch mit Partner:innenhilfe ausgeführt werden. Zwei Helfer:innen stehen seitlich neben der übenden Person und stützen sie in der Sitzposition mit der einen Hand am Rücken und mit der anderen am Oberschenkel. Wird das Anlehnen gut ausgeführt, können die Helfer:innen die Hand vom Oberschenkel lösen und stützen nur noch mit einer Hand am Rücken.

Für die Variation in Dreiergruppen frei im Raum verteilt.

Flick-Flack mit dem Minitramp

Werden die bisher beschriebenen Aufgaben von den Schüler:innen beherrscht, kann der Flick-Flack mit dem Minitramp als weitere Steigerung angeboten werden.

Übungsbeschreibung: Vom Stand im Minitramp Abdruck nach hinten-oben zum Flick-Flack. Handaufsatz erfolgt auf der Weichbodenmatte.

Geräteaufbau

Kastendeckel vor einer Wand, die erhöhte Seite des Minitramps darauf stellen, ein Sprungbrett vor das Minitramp, eine Weichbodenmatte auf das Sprungbrett, eine dünne Matte zum Stoppen unter den Weichboden (siehe Abb. 64).

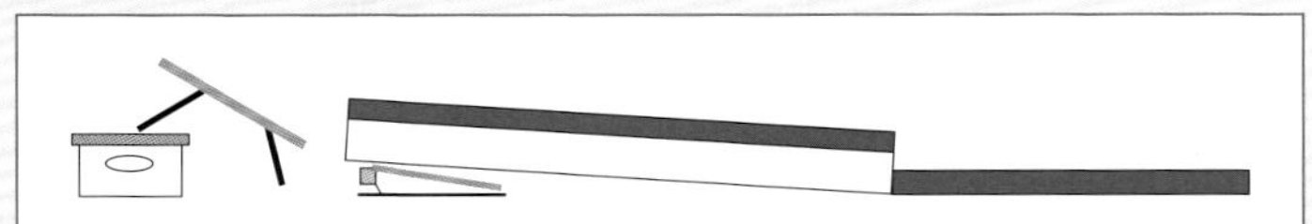

Abb. 64: Flick-Flack mit dem Minitramp

Stundenabschnitte und Unterrichtsinhalte	Organisatorische Hinweise

Hilfestellung: 1–2 Helfer:innen (je nach Könnensstand und Gewicht der übenden Person) unterstützen an Rücken und Oberschenkelrückseite den Flug auf die Hände.

Wichtig: Betontes Anlehnen an die Hände der Helfer:innen beim Stand im Minitramp, um die optimale Ausgangsposition für den Flick-Flack zu erreichen (siehe Bild 46).

Häufige Fehler
- Vor dem Abdruck wird der Oberkörper nach vorn geneigt und beim Absprung nach hinten gerissen.
- Beim Abdruck werden die Knie nach vorne geschoben

Generell können sich außerdem alle oben genannten Fehler hier wiederholen.

Die Kastenbrücken bleiben stehen. Bei Bedarf kann eine Kastenbrücke abgebaut und der Kastendeckel für den Aufbau einer weiteren Minitrampstation eingesetzt werden.

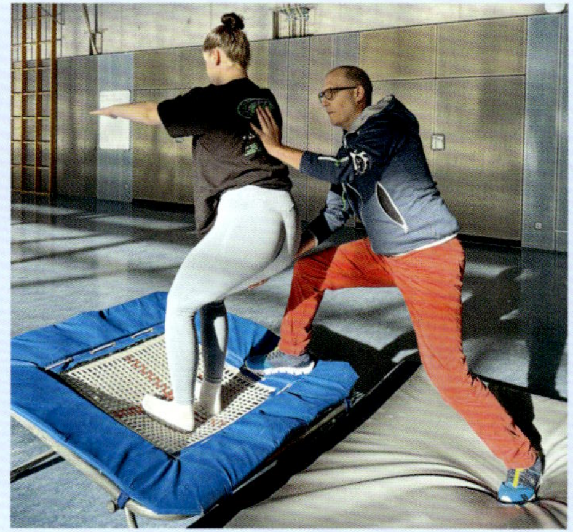

Bild 46: Hilfestellung beim Flick-Flack mit dem Minitramp

49

Flick-Flack vom Sprungbrett

Auch bei dieser Vorübung wird eine schiefe Ebene genutzt, um das Anfallen vor dem Abdruck zu unterstützen (Abb. 65).

Wird an dieser Station geübt, sollte die turnende Person in der Lage sein, mit nur einem Helfer:innen zu turnen. Sie stellt eine dichte Annäherung an das Zielelement dar und wird in der ersten Stunde zum Thema Flick-Flack wohl nur von wenigen Schüler:innen erreicht werden.

Die Hilfestellung erfolgt wie oben beschrieben an Rücken und Oberschenkel.

Geräteaufbau

Mattenbahn aus dünnen Matten, ein Sprungbrett liegt unter der ersten Matte (siehe Abb. 65).

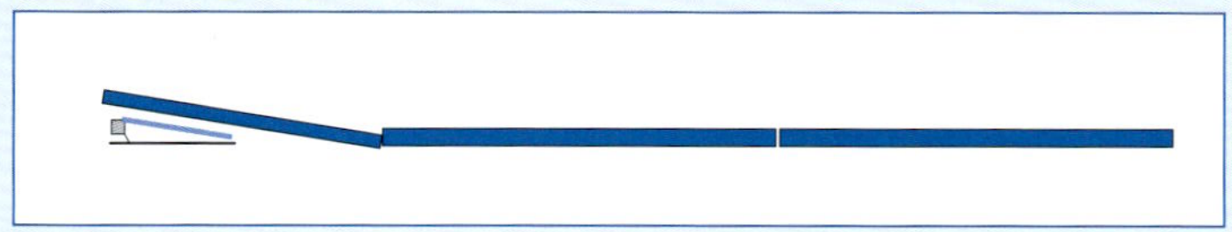

Abb. 65: Flick-Flack vom Sprungbrett

Abbau der genutzten Geräte und Verabschiedung

Doppelstunde 18
Kunststücke II
Salto vorwärts und Trapezschaukel

Kunststücke sind das, was Turnen für viele reizvoll macht. Um Kunststücke geht es auch in dieser Doppelstunde, allerdings nicht um rein gerätturnerische, sondern vielmehr um „zirkusreife“ Kunststücke. Daher kommen Gerätearrangements zum Einsatz, die nicht dem Gerätekanon des Kunstturnens entsprechen: das schwingende Doppelreck, das Trapez und das Minitrampolin, letzteres, um den gefürchteten „Salto mortale“ zu erarbeiten.

Um die Schüler:innen auf diese Doppelstunde vorzubereiten, werden die ersten Kunststücke bereits in das Aufwärmen integriert. Im weiteren Verlauf stellt die Lehrkraft an den meisten Stationen Bewegungsaufgaben, die mehrere Lösungsmöglichkeiten haben sollten. Ausnahme bildet das Minitrampolin am Mattenberg, hier ist das Gefahrenpotential zu hoch, sodass die Lehrkraft diese Station selbst betreuen muss.

Ein wesentliches Merkmal dieser Doppelstunde ist das Ausführen von Kunststücken in der Gruppe, weshalb jede:r einzelne Schüler:in einen Beitrag zum Gelingen bringen muss (vgl. auch Doppelstunde 1 und 2). Deshalb eignen sich Übungsformen zu dritt, zu viert oder mit noch mehr Schüler:innen ganz besonders. Dabei sollte den Ideen und Vorschlägen der Schüler:innen genüge getan werden; Ideen, die die Lehrkraft hat, sollten nur im Ausnahmefall Eingang finden. Dies funktioniert dann besser, wenn die Klasse einen solchen Unterricht gewohnt ist, in anderen Worten: wenn sie es bereits in der Unter- und Mittelstufe gelernt hat, im Turnen Aufgaben in der Gruppe zu lösen.

Bei den Aufbauten ist bei dieser Doppelstunde in besonderem Maße auf Sicherheit zu achten. Daher ist es hilfreich, wenn die Lehrkraft eine entsprechende Auswahl an Knoten bzw. Verknotungsstrategien beherrscht. Sind mehr als drei Schüler:innen am Trapez oder am Doppelreck, sollte die Bruchfestigkeit des Materials gesichert und die Aufhängungen der Taue und Schaukelringe dafür geeignet sein. Im Zweifelsfall ist Rücksprache mit den Hausmeistern und der Versicherung sowie der Schulverwaltung zu halten.

Stundenverlauf Doppelstunde 18: **Kunststücke II**

Stundenabschnitte und Unterrichtsinhalte	Organisatorische Hinweise
Aufwärmphase	
Allgemeines Aufwärmen • Die Schüler:innen fassen sich paarweise im Akrobatikgriff am Unterarm, Blick zum:zur Partner:in, Fußspitzen zusammen. Dann werden die Arme langsam gestreckt (schräge Position: V-Position; vgl. Abb. 66, Griff vgl. Abb. 67). • Sechs Paare stellen sich nebeneinander, so dass immer ein Paar zueinander schaut und dem nächsten Paar den Rücken zuwendet, dann eine Position wie oben einnehmen; restliche Klasse überprüft Synchronität (gemeinsames Kommando). • Die gesamte Klasse versucht dies gemeinsam. • Ein:e Partner:in steht im Handstand (Bauch zum:zur Partner:in) und wird am Oberschenkel (Fortgeschrittene an den Füßen) gesichert, die Paare versuchen, wieder die schräge V-Position einzunehmen. • In Achter- oder Zwölfergruppen Pyramiden (mit Hilfe des Barrens) bauen. Als Anreiz gibt die Lehrkraft folgende Möglichkeiten vor: Ihr könnt neben und auf dem Barren sowohl auf den Füßen als auch auf den Händen stehen, an den Holmen hängen und sitzen. Ziel ist, dass alle einen festen Platz haben und in das Gesamtbild eingefügt sind.	Bodenläufer als Unterlage, Barren als Hilfsmittel 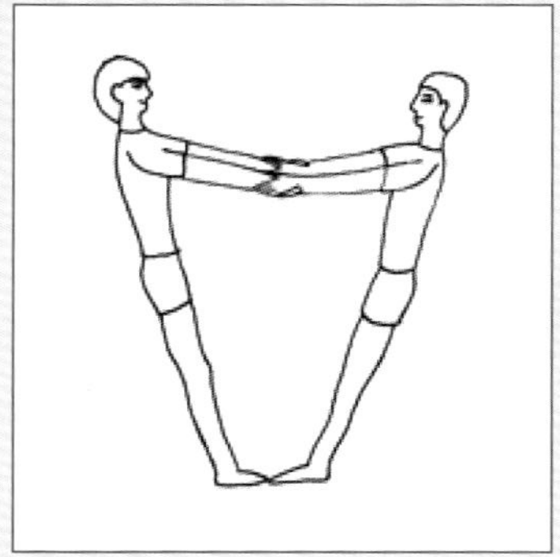 Abb. 66: V-Position 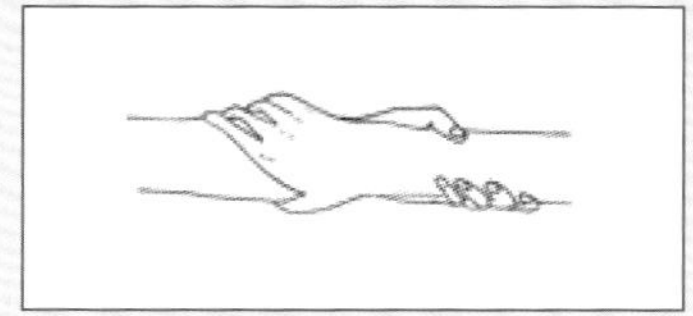 Abb. 67: Akrobatikgriff bei V-Position
Stationsaufbau	

Stundenabschnitte und Unterrichtsinhalte	Organisatorische Hinweise
Übungsphase	
Stationstraining	Stationen nach angemessener Zeit wechseln
Station 1: Trapez (vgl. Abb. 68) An den Schaukelringen oder Tauen eine Reckstange befestigen, zur Sicherung (blaue) Turnmatten oder besser Weichbodenmatten unterlegen. Aufgabenstellungen: • „Versucht, zu zweit oder zu dritt nebeneinander zu turnen“. • „Versucht, zu zweit oder zu dritt übereinander zu turnen“. • „Baut eine Pyramide auf dem schwingenden Trapez“. • „Springt wie im Zirkus an die schwingende Trapezstange, nehmt ggf. ein Trampolin oder Sprungbrett zur Hilfe“.	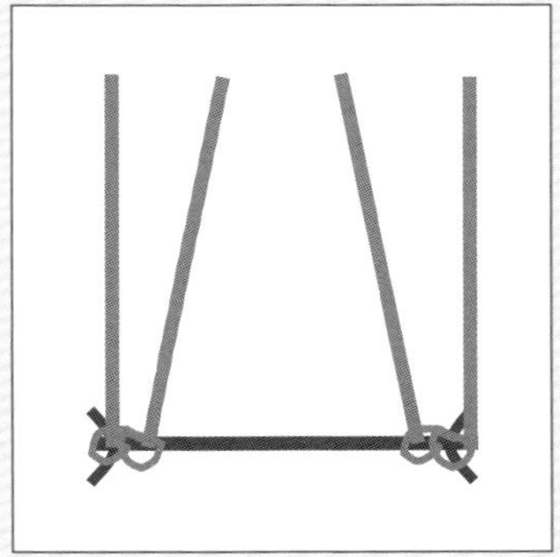 Abb. 68: Trapez Falls keine Trapezstange vorhanden ist, kann eine Reckstange verwendet werden: Die Lehrkraft befestigt diese mit der normalen Einhängevorrichtung (Pistole), zusätzlich mit Seilen festknoten, damit die Pistole nicht aufgeht und dauernd überprüfen, dass sich weder Seile noch Pistole öffnen. Vorab prüfen: Ist die Stange bruchfest und sind die Aufhängungen für die Belastungen ausgelegt? Mattensicherung!
Station 2: Doppelreck (vgl. Abb. 69) Vier Taue mit Reckstangen oder Holmen des Stufenbarrens zur Doppelschaukel gestalten: • „Versucht allein, zu zweit oder zu dritt zu schaukeln.“ • „Könnt Ihr während des Schwingens an der Doppelschaukel turnen?“ • „Versucht, während des Schaukelns mit den Knien in der oberen Stange einzuhaken und den Kopf nach unten hängen zu lassen.“ „Stellt Euch während des Schwingens auf die obere Stange und haltet Euch dabei an den Tauen fest.“	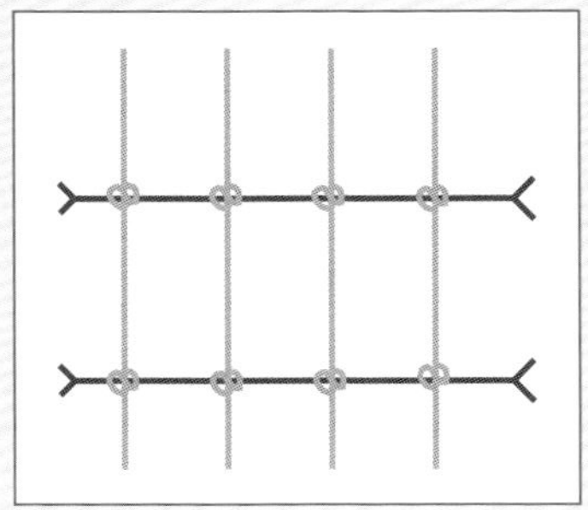 Abb. 69: Doppelreck Lehrkraft knotet die Stangen an die Taue. Sind die Stangen bruchfest und die Aufhängungen für die Belastungen ausgelegt?

Stundenabschnitte und Unterrichtsinhalte	Organisatorische Hinweise

Station 3: Mattentisch (vgl. Abb. 70)

Drei dreiteilige Kästen werden parallel gestellt und eine Weichbodenmatte darüber gelegt. Vor dem Aufbau steht ein Minitrampolin, davor 2 Turnbänke (parallel) oder zwei zweiteilige Kästen (hintereinander).

- Dreimal auf dem Minitrampolin federn und nach hohem Stütz abrollen.
- Anlaufen und in das Minitrampolin springen, kurzer Stütz auf dem Mattenberg und Salto in den Sitz.
- Offene Aufgabe: „Wer schafft es, ohne seine Hände zu benutzen, in den Sitz zu gelangen".

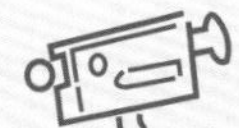
50

Hinweise an die Schüler:innen: Arme möglichst nicht beugen, Kopf auf die Brust nehmen.

Achtung: Motivierende Station, die jedoch auch Ängste auslösen kann.

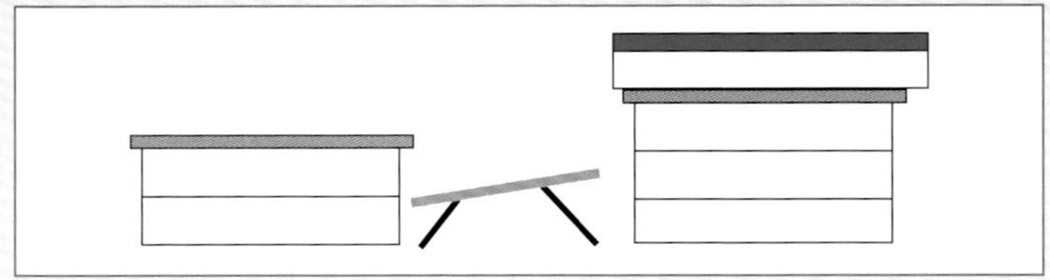

Abb. 70: Trampolin mit Mattenberg

Zunächst Minitrampolin umgekehrt hinlegen, um unerwünschte Sprünge zu vermeiden.

Lehrkraft erklärt und demonstriert ausführlich die Sicherheits- und Hilfestellung (Sichern vor unerwünschtem Zurückfallen).

Umbau

Mit einem Kasten eine Schrägmatte bauen (Weichbodenmatte liegt auf einem quer stehenden Kasten und auf dem Boden), weitere Matten am Ende der Weichbodenmatte hinlegen um ein Wegrutschen der Weichbodenmatte zu vermeiden und die Landung der Schüler:innen abzusichern (vgl. Abb. 71).

Aufgabenstellung: mit den Händen oder ohne Hände einen Salto turnen und auf der Schräge landen.

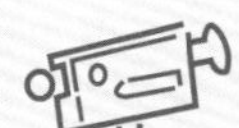
51+52

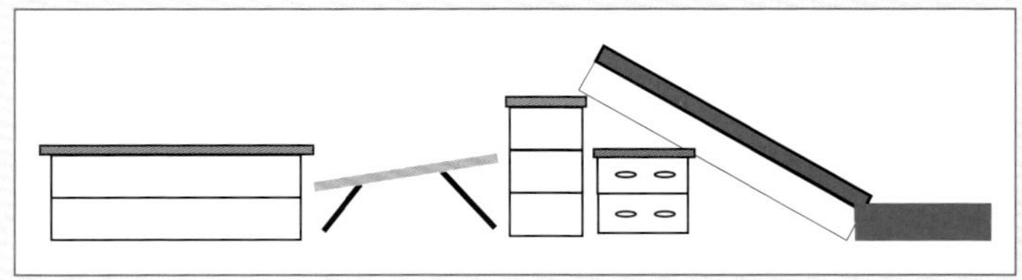

Abb. 71: Umbau mit Schrägmatte

Zum Landen Hüfte strecken (Landung vorbereiten).

Eine Hilfestellung unterstützt die Drehung und sichert die Landung (Schulterdrehgriff), die andere Hilfestellung beschleunigt die Drehung (Oberschenkelrückseite).

Stundenausklang

Umbau

Kasten wegnehmen, Weichbodenmatte gerade hinlegen. Am Ende der Weichbodenmatte zwei weitere Matten hinlegen um ein Wegrutschen der Weichbodenmatte zu vermeiden und die Landung der Schüler:innen abzusichern (vgl. Abb. 72).

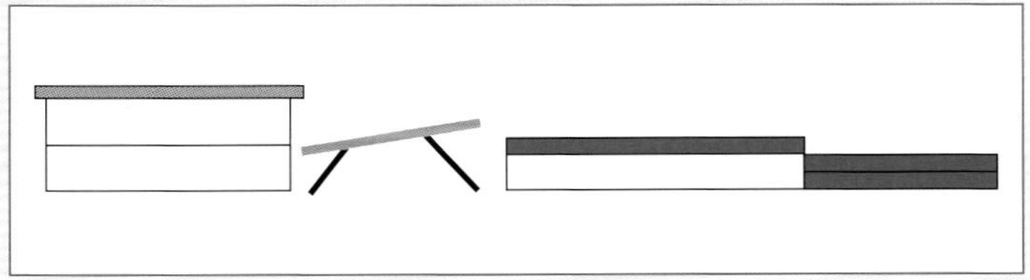

Abb. 72: Von der Schrägmatte zur ebenen Landung

Aufgabe

Zum Abschluss turnt jede:r Schüler:innen einen von der Lehrkraft plus Mitschüler:innen gesicherten Salto vorwärts.

Zum Landen Hüfte strecken (Landung vorbereiten).

Eine Hilfestellung unterstützt die Drehung und sichert die Landung (Schulterdrehgriff), die andere Hilfestellung beschleunigt die Drehung (Oberschenkelrückseite).

Gemeinsamer Abbau

Doppelstunde 19
Kunststücke III
Salto rückwärts mit Minitrampolin und an den Schaukelringen

Der Salto rückwärts ist ein Kunststück, vor dem viele Respekt haben, aber auch stolz sind, wenn sie ihn erlernt haben und zeigen können. An vier Stationen sollen deshalb die wesentlichen Aktionen des Saltos erlernt werden. Besondere Bedeutung kommt dabei der Hilfestellung zu. Meist wird hierfür der Dreh-Klammer-Griff verwendet, bei dem die Helfer:innen an den Oberarmen fassen und dabei möglichst nahe bei den Übenden stehen (Schulter an den Oberarmen). Auch Vertrauen spielt bei einer Rückwärtsbewegung grundsätzlich eine große Rolle. Daher wird bereits beim Aufwärmen das gemeinsame Üben vorbereitet. Um an den Stationen größtmögliche Sicherheit zu gewährleisten, sollte die Lehrkraft genügend Zeit für die Erläuterung und Demonstration der Helfer:innengriffe aufwenden. Die Schüler:innen sollten diese unter den kritischen Augen der Lehrkraft ausprobieren, bevor sie selbstständig zu üben beginnen.

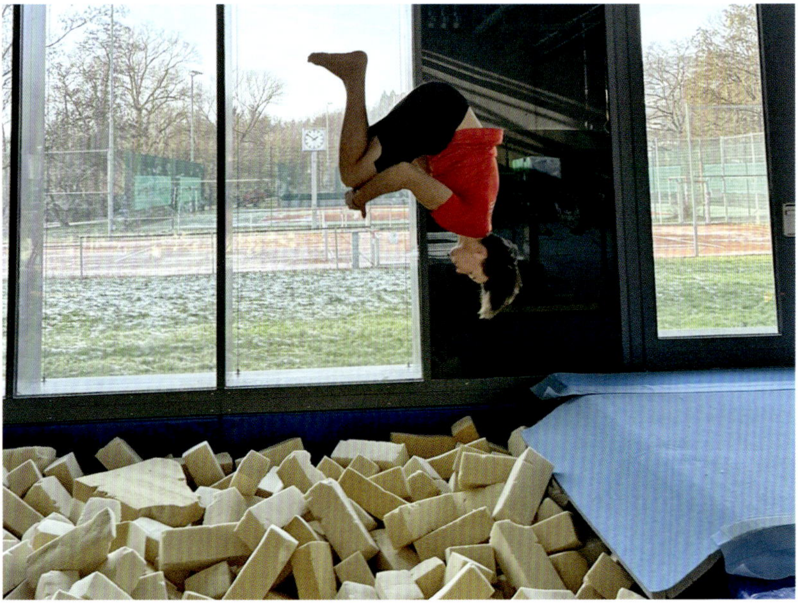

Voraussetzung für das Erlernen des Salto rückwärts sind vielfältige Bewegungserfahrungen mit Rückwärtsdrehungen. Daher sollten bereits Rolle rückwärts, Felgrolle rückwärts oder Drehungen am Barren, den Ringen oder am Tau bekannt sein.

Funktional von besonderer Bedeutung ist der schnellkräftige Absprung mit gleichzeitigem Armschwung und anschließendem Abschwingen der Arme und Anhocken der Beine (Salto am Boden). Beim Salto an den Ringen ist die schnellkräftige Beinschwungbewegung nach vorne oben, die aus einer frühzeitigen (Aktivüber)-Streckung rührt (Voraussetzung ist ein früher Bodenkontakt der Beine), bewegungsentscheidend. Nur wer ohne Probleme in den Felghang aufschwingen kann, ist in der Lage, später einen Salto zu turnen. Beim Weiterdrehen im Felghang sollte darauf geachtet werden, dass die Schüler:innen ihren Griff lösen, ggf. kann ein Zuruf unterstützend wirken. Andernfalls sollten die Helfer:innen die Übenden zurückdrehen um Verletzungen des Schultergelenks zu vermeiden.

53+54

Die Lehrkraft gibt den Schüler:innen an ihren Geräten immer neue Bewegungsaufgaben und regelt den Stationswechsel, sodass jede Gruppe zumindest zweimal an jeder Station turnen kann. Ihr unterliegt die stetige Prüfung der Sicherheits- und Hilfestellungen, die verhindern sollen, dass ein:e Schüler:in bei einem missglückten Versuch auf dem Kopf landet. Zeichnungen oder Abbildungen unterstützen die Bewegungsaufgaben, sodass die Schüler:innen nach Erfolg reibungslos die nächst schwierigere Übung ausprobieren können.

Stundenverlauf Doppelstunde 19: Kunststücke III

Stundenabschnitte und Unterrichtsinhalte	Organisatorische Hinweise
Aufwärmphase	
Übung 1: Partner:innenstrecksprung Schüler:innen gehen paarweise zusammen. Ein:e Schüler:in springt einen Strecksprung nach hinten-oben und wird dabei von seinem:seiner Partner:in am Rücken gestützt.	Material: 1 Bodenläufer oder Mattenbahnen Partner:innen in Schrittstellung, Griff unterer Rücken und Schulter.
Übung 2: Partner:innenhandstand Zwei Schüler:innen stehen in leichter Grätschstellung voreinander. Schüler:in 1 macht eine Rumpfbeuge vorwärts und ergreift die Sprunggelenke von Schüler:in 2. Schüler:in 2 legt sich langsam auf den Rücken von Schüler:in 1. Schüler:in 1 richtet sich langsam auf, sodass Schüler:in 1 in den Handstand gehoben wird (vgl. Bild 47 und 48).	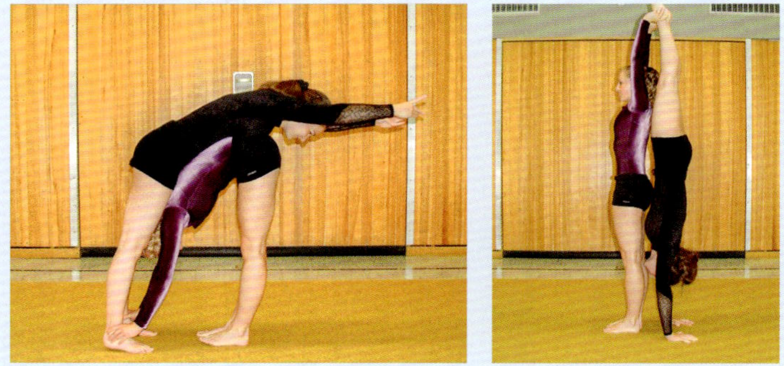 **Bild 47 und 48: Partner:innenhandstand**
Übung 3: Partner:innenhandstand rückwärts Zwei Schüler:innen stehen Rücken an Rücken. Schüler:in 1 umfasst die Handgelenke von Schüler:in 2 und bewegt sich durch beugen der Beine unter Schüler:in 2. Dann beugt er sich vor, streckt dabei die Beine und zieht Schüler:in 2 über seinen Rücken in den Handstand (vgl. Bild 49–52).	Ein:e weitere:r Schüler:in kann den Handstand sichern.

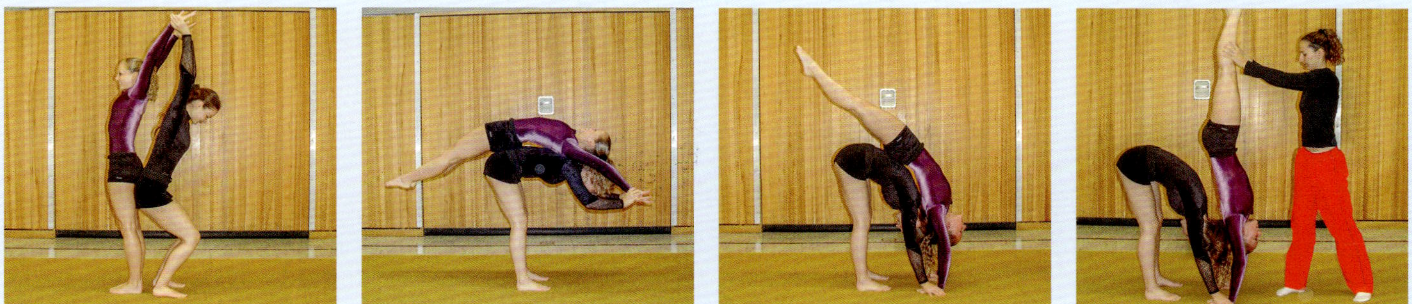

Bild 49–52: Partner:innenhandstand rückwärts

Stundenabschnitte und Unterrichtsinhalte	Organisatorische Hinweise
Übung 4: Handstand – Stand – Handstand – Stand Schüler:in 1 macht einen Handstand gegen den Rücken von Schüler:in 2 und legt die Unterschenkel auf den Schultern von Schüler:in 2 ab. Schüler:in 2 ergreift die Sprunggelenke von Schüler:in 1, macht eine Rumpfbeuge vorwärts und zieht Schüler:in 1 dabei über den Rücken in den Stand. Schüler:in 1 muss dabei aktiv den Rumpf aufrichten (vordere Muskelschlinge). Steht Schüler:in 1 sicher auf den Beinen, macht Schüler:in 2 einen Handstand etc. (vgl. Bild 53–57). ***Wettbewerb:*** Welches Team kommt am weitesten (nicht: Wer ist am schnellsten)?	Ein:e weitere:r Schüler:in kann die Bewegung sichern.

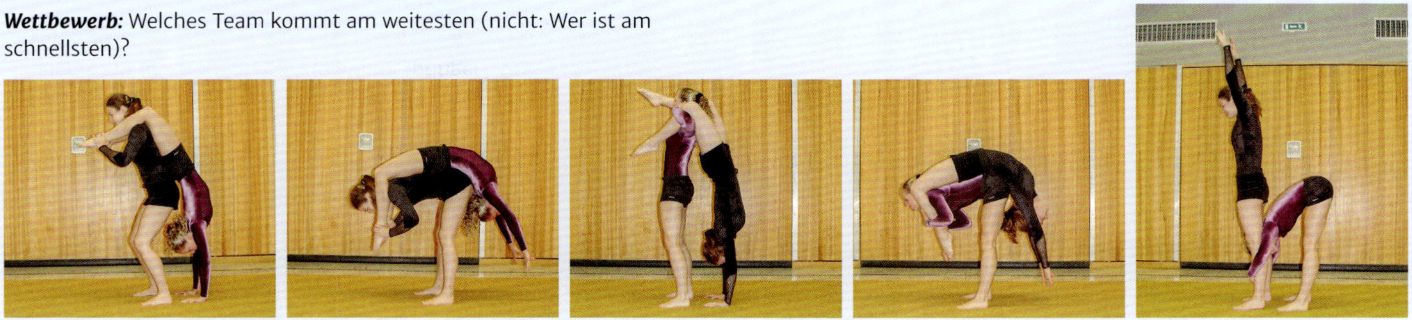

Bild 53–57: Handstand-Stand

Übungsphase

Stationsaufbau	Stations-Skizzen vorbereiten.
Stationsbegehung mit Erklären der Hilfestellungen • Mattenberg: Sicherung gegen Zurückfallen. • Minitrampolin: Dreh-Klammer-Griff, Stützgriff. • Kasten: Dreh-Klammer-Griff. • Schaukelringe: Dreh-Klammer-Griff.	Aufgabenkarten vorbereiten, ggf. Bilder verwenden. Erklärung durch die Lehrkraft. Demonstration der Lehrkraft mit einem:einer Schüler:in, ausprobieren durch die Schüler:innen unter kritischer Betrachtung durch die Lehrkraft. Kontrolle der Sicherheit der jeweiligen Station durch die Lehrkraft. Je Stations-Durchgang eine Aufgabenstellung (siehe unten, Ausnahme Schaukelringe: 2 Aufgaben) vergeben, Endform erst in der 3. Runde. Den Schüler:innen Laufzettel austeilen.

Stundenabschnitte und Unterrichtsinhalte	Organisatorische Hinweise

Station 1: Mattenberg (vgl. Abb. 73)

Minitrampolin (niedere Seite zum Mattenberg) vor Mattenberg (2–3 vierteilige Kästen), davor Sprungpferd quer.

- Auf Pferd stützen und auf dem Minitrampolin federn.
- Wie oben, beim dritten Federn auf dem Mattenberg in Rückenlage landen. 55
- Wie oben, jedoch mit leichtem Anhocken der Knie vor der Landung. 56

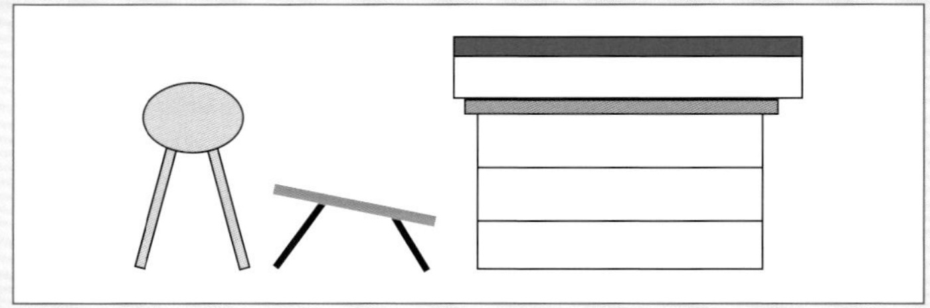
Abb. 73: Mattenberg

Station 2: Minitrampolin (vgl. Abb. 74)

Minitrampolin (niedere Seite zur Matte) vor Landematte(n)

- Aus dem Stand von der Matte in das Minitrampolin springen und einen Strecksprung nach hinten oben auf die Matte ausführen.
- Aus dem Stand von der Matte in das Minitrampolin springen und einen Strecksprung in die Arme der Helfer:innen mit leichtem Anhocken der Knie turnen (Stützgriff).
- Aus dem Stand von der Matte in das Minitrampolin springen und einen Salto rückwärts mit Hilfestellung springen (Drehklammergriff).
- Alternativer Aufbau: vgl. Video 21.

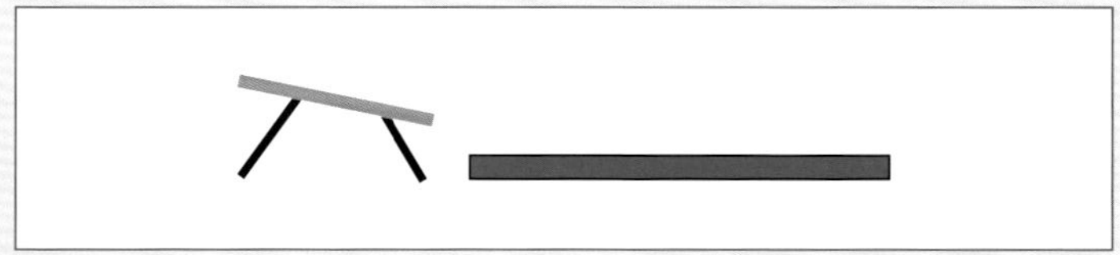
Abb. 74: Minitrampolin

57

Station 3: Kasten (vgl. Abb. 75)

Zweiteiliger Kasten vor Landematte(n).

- Vom Kasten einen Strecksprung nach hinten oben springen, auf der Matte landen.
- Aus dem Stand auf dem Kasten einen Strecksprung in die Arme der Helfer:innen mit leichtem Anhocken der Knie springen (Stützgriff).
- Aus dem Stand auf dem Kasten einen Salto rückwärts mit Hilfestellung springen (Schulterstützgriff mit Drehhilfe am Oberschenkel).

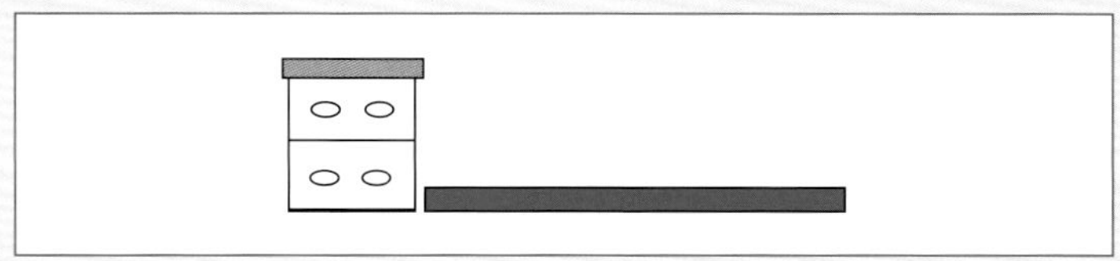
Abb. 75: Kasten

58

Stundenabschnitte und Unterrichtsinhalte	Organisatorische Hinweise

Station 4: Schaukelringe (vgl. Abb. 76)

Schaukelringe mit Landematte(n) und vier bis fünf (blauen) Turnmatten unter der Aufhängung aufbauen, einen kleinen Kasten bereitstellen. Markierung mittels Strich (Magnesia) direkt unter der Aufhängung.

- Vom Kasten aus mit den Beinen voraus abschwingen, erster Fußkontakt erfolgt kurz vor der Markierung. Nach Passieren der Senkrechten, Beine hochschwingen (Sicherheitsstellung, falls Griff gelöst wird).
- Vom Kasten aus Abschwingen mit den Beinen voraus, Fußkontakt kurz vor der Markierung und in den Felghang (vgl. Bild 58) hochschwingen (Felghang sichern, falls Griff gelöst wird oder zu weit gedreht wird).
- Von der Hilfestellung in den Felghang heben lassen (an ruhigen Ringen), nach hinten weiter drehen und Griff lösen, wenn die Knie die Senkrechte passiert haben (Sicherheitsstellung: Falls Griff nicht gelöst wird, zurückdrehen).
- Vom Kasten aus abschwingen mit Beinen voraus, Fußkontakt kurz vor der Markierung und in den Felghang hochschwingen, weiter drehen und Griff wie oben lösen (Sicherheitsstellung: Falls Griff nicht gelöst wird, zurückdrehen, ggf. Zuruf, Lande-Sicherung).
- Mit mehr Schwung vom Kästchen (oder 2-teiliger Kasten) aus mit Beinen voraus abschwingen, Fußkontakt kurz vor der Markierung und bereits beim Aufschwingen der Beine Griff lösen (Dreh-Hilfe mit Dreh-Klammer-Griff, Lande-Sicherung).
- Aus dem Grundschwung an den Schaukelringen Beine hochschwingen und dabei Griff lösen (Dreh-Hilfe mit Dreh-Klammer-Griff, Lande-Sicherung).

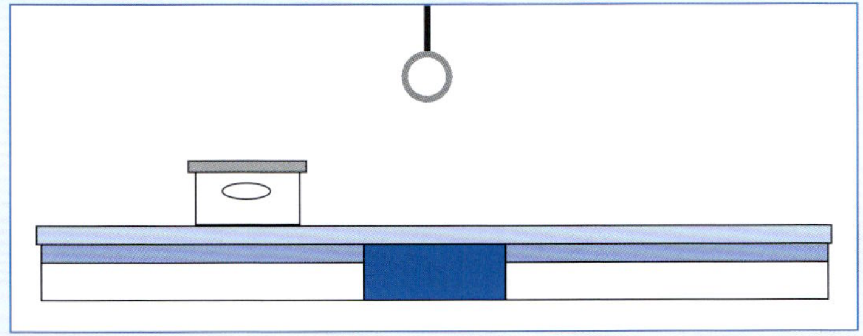

Abb. 76: Schaukelringe

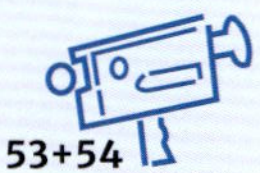

53+54

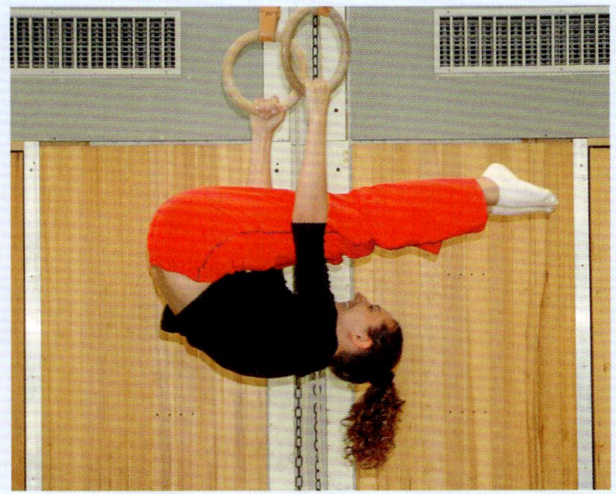

Bild 58: Aufschwingen zum Felghang

Stundenausklang

Lehrkraft-Schüler:in-Gespräch

Vertrauen im Turnen am Beispiel des Salto rückwärts (Erfahrungsaustausch).

Doppelstunde 20
Turnshow

Das Thema Turnshow eignet sich genau wie das Gerätturnabzeichen in der Mittelstufe als Abschluss eines Themenblocks Gerätturnen. Die erlernten Elemente können frei kombiniert und in der Gestaltung angewendet werden. Dieser kreative Prozess fordert von den Schüler:innen eine hohe Sozialkompetenz und ermöglicht ihnen, sich mit ihrem individuellen Können in der Aufführungssituation zu präsentieren. Um eine kreative Arbeit anzuregen, empfiehlt es sich, durch gezielte Aufgabenstellungen die Freiheitsgrade einzuschränken und den Schüler:innen dadurch Orientierungshilfen für die Umsetzung zu geben; vor allem dann, wenn wenig Zeit für eine Gestaltung zur Verfügung steht, helfen klare Anforderungen, schnelle Ergebnisse zu erzielen (vgl. Bischoff, 1998; 2000).

Das Austesten der Möglichkeiten, innerhalb der Schranken einer gegebenen Bewegungsaufgabe, wird mit hoher Wahrscheinlichkeit zu einer Vielzahl von Varianten führen und die Einzelnen dazu zwingen, sich an völlig neue Bewegungslösungen heranzuwagen und nicht nur auf das vorhandene Bewegungsrepertoire zurückzugreifen. Die bewusste Mitarbeit der ganzen Gruppe sollte in dieser Phase angeregt werden. Es passiert schnell, dass einige die Situation dominieren und die anderen entweder schüchtern ihre Ideen zurückhalten oder sich aus Bequemlichkeit nicht weiter an der Materialsuche beteiligen. Vielfältig kann eine Gestaltung aber nur dann werden, wenn viele ihre Ideen einbringen. Nur durch diese Vielfalt können Klischees vermieden werden und verschiedene Gestaltungen auch jeweils einen eigenen Charakter erhalten. Kreatives Gestalten ist somit immer auch ein Prozess, der hohe Anforderungen an die sozialen Fähigkeiten einer Gruppe stellt.

Die Lehrkraft kann hierbei über Anregungen und Ermutigungen die Improvisation unterstützen. Dabei ist zu beachten, dass Kommentare immer positiv sein sollten. Es gibt keine falsche Reaktion auf eine Bewegungsaufgabe. Sie ist vielleicht anders als man sie erwartet hätte, aber auch das kann eine Bereicherung sein. Es gibt nur die Möglichkeiten, offen für die anderen Ergebnisse zu sein oder die Aufgabe präziser zu formulieren und noch engere Grenzen zu setzen (z. B. wenn die Entfernung vom eigentlichen Thema zu groß wird).

Die Grundlage für kreatives Gestalten ist eine Unterrichtsatmosphäre, die durch gegenseitiges Vertrauen geprägt ist. Es muss für die Schüler:innen angenehm sein, sich frei zu bewegen. Gerade Jugendliche sind schnell verunsichert, wenn sie sich zu sehr beobachtet fühlen. Die Angst, etwas Albernes oder etwas Falsches zu tun, hindert sie daran, frei mit den Bewegungsmöglichkeiten zu spielen. Das „anonyme" Untertauchen in der Gruppe gibt Sicherheit und sollte bei den ersten Improvisationsversuchen akzeptiert werden.

Die Sicherheit in der Gruppe kommt auch bei der Präsentation zum Tragen. Es kostet Mut, mit einer Gestaltung vor Zuschauer zu treten und sich damit zu zeigen. Auch dies macht die Turnshow zu einem besonderen Moment im Sportunterricht, in dem Stolz und Lampenfieber ganz eng beieinander liegen. Eine erfolgreiche Vorführung kann beflügeln und für weitere Aktionen motivieren.

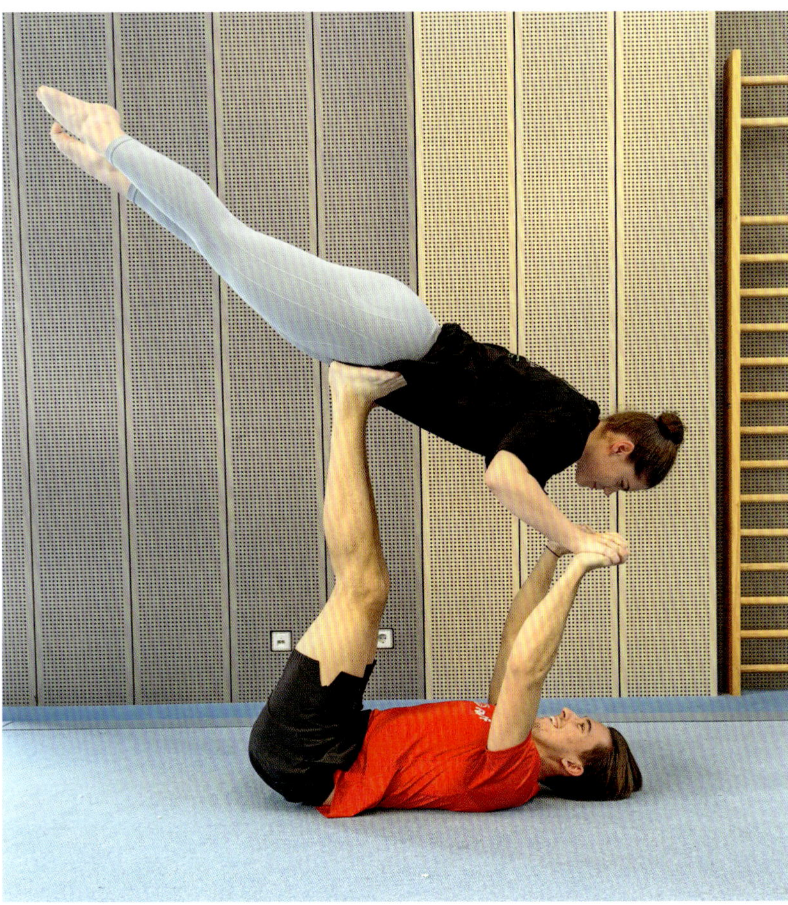

Stundenverlauf Doppelstunde 20: Turnshow

Stundenabschnitte und Unterrichtsinhalte	Organisatorische Hinweise
Aufwärmphase	
Spielform „Billard" Ein:e Schüler:in läuft als „weiße Kugel" los und gibt mit der Hand den anderen (im Raum verteilt stehenden) Schüler:innen den Impuls zum Loslaufen. Der Impuls kann so gegeben werden, dass er zum Vorwärts- oder Rückwärtslaufen oder zum Laufen mit Drehungen führt. Jede:r Schüler:in der läuft kann wiederum anderen stehenden Schüler:innen einen Impuls geben. Jede:r (auch die „weiße Kugel") kann jederzeit stehen bleiben, bis er/sie wieder einen neuen Impuls bekommt.	Die Lehrkraft erklärt die Spielregeln. Es sollte Musik im Lauftempo gewählt werden, z. B. „Mission Impossible".
Begriffe darstellen Die Schüler:innen laufen zur Musik durcheinander (es können unterschiedliche Laufarten angesagt werden). Auf Zuruf durch die Lehrkraft sollen in 5er-Gruppen unterschiedliche Gegenstände dargestellt werden, z. B. Schnecke, Haus, Toaster, Weihnachtsbaum, Schokoladenpudding, Seestern, Dreieck, Qualle, Waschmaschine, Blumenstrauß …	Lehrkraft erklärt die Spielregeln und ruft die Begriffe zu.
Vorbereitungsphase	
Vorbereitung der Gestaltung und Geräteaufbau Von den Schüler:innen soll eine Gestaltung mit einem Gerät gezeigt werden. Zur Auswahl stehen dafür: 1 Bank, 1 Parallelbarren (inkl. Mattensicherung), 1 großer Kasten, 2–3 dünne Matten oder 1 Reck (inkl. Mattensicherung). Die Themen werden von der Lehrkraft vorgegeben. Jede Gruppe bekommt ein eigenes Thema zugelost. Die Vorführung muss vorgegebene Inhalte berücksichtigen. Dies erleichtert den Schüler:innen die Gestaltung, da die Entscheidungsspielräume reduziert werden, was ein gutes Resultat trotz der kurzen Arbeitszeit ermöglicht. • Die Schüler:innen bilden Gruppen mit jeweils 5 Personen. • Jede Gruppe wählt das Gerät, mit dem sie arbeiten möchte.	Die Verlosung der Themen erfolgt mit vorbereiteten Loskärtchen. Als Themen sind u. a. geeignet: 1001 Nacht, Wilder Westen, Modenschau/Fototermin in Paris, „Hilfe, ich habe verschlafen", „Ein ganz normaler Tag", „Leben im und am Wasser", Urlaub, Roboter, etc. Erläuterung der geforderten Inhalte mit Hilfe eines Plakats und/oder Arbeitsblättern für die Gruppen. Geforderte Inhalte an die Gestaltung können sein: • Mindestens 2 am Gerät geturnte Elemente, 1 davon von der ganzen Gruppe, das andere von mindestens 2 Schüler:innen gezeigt (Hilfestellung ist möglich). • Eine synchron gezeigte Bewegung (muss kein Turnelement sein). • Eine räumliche Veränderung (z. B. Platzwechsel oder Richtungsänderung). • Klarer Anfang und deutlicher Schluss.

<table>
<tr><th>Stundenabschnitte und Unterrichtsinhalte</th><th>Organisatorische Hinweise</th></tr>
<tr><td>Geräteaufbau

Jede Gruppe baut die von ihr benötigten Geräte auf und sichert sie ggf. mit Matten.</td><td></td></tr>
<tr><td colspan="2">Gestaltungsphase</td></tr>
<tr><td>Gestalten

Die Schüler:innen arbeiten selbstständig an den von ihnen gezogenen Bewegungsaufgaben.</td><td>Lehrkraft berät, klärt Fragen und eventuelle Konflikte, gibt regelmäßig Informationen über die verbleibende Zeit.</td></tr>
<tr><td>Proben

Die Gruppen proben den Ablauf zwei- oder dreimal und lernen die Musik kennen. Die Gruppe entscheidet, ob sie die Musik verwendet oder lieber ohne Untermalung auftreten möchte.</td><td>Die Lehrkraft spricht die Gruppen einzeln an und spielt leise die Musik vor.

Mögliche Musikvorschläge:
• Hugel Remix: Bella Ciao
• Katy Perry: Hot N Cold
• Nathan Evans, 220 KID: Wellerman (Sea Shanty / 220 KID x Billen Ted Remix)
• Scotty: The Black Pearl – Dave Darell Radio Edit
• R3HAB, A Touch Of Class: Around The World
• Jive Bunny and the Mastermixers: Swing The Mood
• Michael Franti & Spearhead: A Little Bit Of Riddim (feat. Cherine Tanya Anderson)
• Flo Rida: Good Feeling
• Ofenbach: Be Mine
• Jax Jones, Demi Lovato, Stefflon Don: Instruction
• Pitbull, John Ryan: Fireball
• Jennifer Lopez, Pitbull: On The Floor
• Safri Duo: Played-A-Live
• Madonna: Hung Up</td></tr>
<tr><td>Showtime

Die Gruppen präsentieren ihre Ergebnisse.</td><td>Die zuschauenden Schüler:innen wechseln ihre Sitzposition von Gerät zu Gerät.
Das Publikum sollte von der vorführenden Gruppe auf einer Seite des Geräts platziert werden.</td></tr>
<tr><td>Geräteabbau: Jede Gruppe baut die eigene Station wieder ab.</td><td></td></tr>
</table>

Literatur

Arnold, K., Leirich, J. & Rieling, K. (1976). *Terminologie Gerätturnen.* Berlin: Sportverlag.

Bächle, F. (2004). *Optimierungsanalyse sportlicher Bewegungen: Die Suche nach optimalen Bewegungen mit algorithmischen Verfahren der Informatik und modellierenden Verfahren der Biomechanik.* Dissertation, Tübingen.

Balz, E. (1992). Fachdidaktische Konzepte oder: Woran soll sich der Schulsport orientieren? *Sportpädagogik, 16*(2), 13–22.

Balz, E. (1996). Wie kann man soziales Lernen fördern. In Bielefelder Sportpädagogen (Hrsg.), *Methoden im Sportunterricht – ein Lehrbuch in 14 Lektionen* (S. 149–167). Schorndorf: Hofmann.

Bischoff, K. (1998). TurnTanzTeam – mit zwölf auf 12 x 12. In DTB (Hrsg.), *DTB-Handbuch Teil 7 (Gerätturnen).* Frankfurt: Fördergesellschaft des DTB.

Bischoff, K. (2000). Showvorführungen für Turngruppen. In Turnverband Mittelrhein (Hrsg.), *Kongreßbericht Turnen ist mehr!* Montabauer 9.–11. November 2000.

Bischoff, K. (2002). Radschlagen für alle. *Ü – Magazin für Übungsleiterinnen und Übungsleiter des Deutschen Turner Bundes, 3,* 15–17.

Bischoff, K. (2003). Action für alle am Schwebebalken. *Ü – Magazin für Übungsleiterinnen und Übungsleiter des Deutschen Turner Bundes, 4,* 24–25.

Blumenthal, E. (1988). Die organisatorisch-soziale Gestaltung des Sportunterrichts im Spektrum didaktischer Entscheidungen. In C. Czwalina (Hrsg), *Methodisches Handeln im Sportunterricht.* Schorndorf: Hofmann.

Brodtmann, D. (1986). In Gruppen lernen. *Sportpädagogik, 10(6),* 12–17.

Bruckmann, M. (1992). *Wir turnen miteinander.* Stuttgart: Fördergesellschaft des STB.

Brüggemann, G. P. (1994). Biomechanics of Gymnastic Techniques. *Sport Sciencs Review, 2,* 79–120.

Deutsche Turnerjugend [DTJ] (o. J.). *Fit wie ein Turnschuh.* Frankfurt: DTB.

Deutsche Turnerjugend [DTJ] (1999). *DTB-Kinderturnabzeichen.* Frankfurt: DTB.

Digel, H. (1996). Schulsport – wie ihn die Schüler sehen. Eine Studie zum Schulsport in Südhessen (Teil 1). *sportunterricht, 45*(8), 324–339.

Frey, G. & Hildenbrandt, E. (1994). *Einführung in die Trainingslehre. Teil 1: Grundlagen.* Schorndorf: Hofmann.

Funke, J. (1989). Sich bewegen als ästhetische Selbsterziehung – ein Anthropologisches Bewegungsverständnis als Grundlage einer Turndidaktik. *sportunterricht, 38*(12), 177–183.

Funke, J. (1990). Sich bewegen als ästhetische Selbsterziehung – ein Anthropologisches Bewegungsverständnis als Grundlage einer Turndidaktik. *sportunterricht, 39*(1), 7–10.

Funke-Wieneke, J. (1992). Grundzüge einer zeitgemäßen Turndidaktik. *Leibesübung-Leibeserziehung, 5*, 3–7.

Gerling, I. (1997). *Kinderturnen – Helfen und Sichern.* Aachen: Meyer & Meyer.

Gerling, I. (1999). *Gerätturnen für alle – Basisbuch.* Aachen: Meyer & Meyer.

Gerling, I. (2002). *Gerätturnen für Fortgeschrittene. Band 1: Boden und Schwebebalken.* Aachen: Meyer & Meyer.

Klenk, C. (2004). Schulsport in Baden-Württemberg. Eine Schülerbefragung zum Schulsport an Gymnasien. *sportunterricht* 53(8), 233–239.

Knirsch, K. (1996). *Fundamentum des Gerätturnens.* Sindelfingen: Röhm.

Kolupa, I., Lange, S., Noecker, A., Ruehl, A. & Selchow, U. (2002). *Kinderturnen – motorische Grundlagenausbildung.* Frankfurt: MT-Druck.

Kurz, D. (1998a). Schulsport in Nordrhein-Westfalen. Das pädagogische Konzept der Richtlinien- und Lehrplanrevision. *sportunterricht, 47* (4), 141–147.

Kurz, D. (1998b). Wie offen soll und darf der Sportunterricht sein? In Bielefelder Sportpädagogen (Hrsg.), *Methoden im Sportunterricht – ein Lehrbuch in 14 Lektionen* (S. 219–235). Schorndorf: Hofmann.

Laging, R. (1990). *Stundenblätter Turnen. Bewegungsgelegenheiten zum Erkunden, Lernen, Gestalten.* Stuttgart: Klett.

Landessportbund Nordrhein-Westfalen e. V. (1999) (Hrsg.). *Rahmentrainingskonzeption für Kinder und Jugendliche im Leistungssport, Bd. 1. Weibliches Kunstturnen.* Wiebelsheim: Limpert.

Lange, S. (2001). Koordinative Fähigkeiten im Kinderturnen. *Ü – Magazin für Übungsleiterinnen und Übungsleiter des Deutschen Turner Bundes, 1,* 24–25.

Lutter, M. & Stock, A. (2005). *Erlebnislandschaften in der Turnhalle. Ein praktisches Handbuch für Spiel, Spaß und Abenteuer in Schule, Verein und Freizeit.* Schorndorf: Hofmann.

Neumaier, A. (2006). *Koordinatives Anforderungsprofil und Koordinationstraining.* Köln: Sportverlag Strauß.

Paul, M. & Sölken, H. (1998). Mehrperspektivisch unterrichten – Über die Probleme und Möglichkeiten, ein verändertes Unterrichtsverständnis zu entwickeln. *sportunterricht,* 47(12), 477–482.

Rockmann-Rüger, U. (1991). *Zur Gestaltung von Übungsprozessen beim Erlernen von Bewegungstechniken: ausgewählte Theorien und experimentelle Befunde.* Frankfurt: Deutsch.

Scherler, K. (1985). Objekte und Geräte. *Sportpädagogik, 9,* 1, 5–18.

Söll, W. (2000). Das Sportartenkonzept in Vergangenheit und Gegenwart. *sportunterricht,* 49(1), 4–8.

Stibbe, G (2000). Vom Sportartenprogramm zum erziehenden Sportunterricht. *sportunterricht,* 49(7), 212–219.

Thiele, J. (2001). Vom „Erziehendem Sportunterricht“ und „Pädagogischen Perspektiven“. *sportunterricht,* 50(2), 43–49.

Wydra, G. (2001). Beliebtheit und Akzeptanz des Sportunterrichts. *sportunterricht,* 50(3), 67–73.

Glossar

- *Anhüpfer (Hopser)*
  Bewegung zur Beschleunigung des Körpers aus dem Stand. Wird vor allem zur Einleitung von Überschlagbewegungen wie Rad, Radwende oder Handstützüberschlag verwendet. Aus dem Schlussstand erfolgt ein beidbeiniger Absprung nach schräg vorn mit gleichzeitigem Vor-Hochschwingen der Arme. Die Füße setzen nacheinander in der Schrittstellung auf. Im Idealfall erreicht die Körperposition eine Schräg-Vorlage, und die Arme sind in Verlängerung des Rumpfes. Beim Anhüpfer landet der Fuß, mit dem das anschließende Element geturnt wird, als zweites und steht möglichst weit vor dem anderen (große Schrittstellung). Bei einem Anhüpfer vor einem Rad rechts wäre der Fußaufsatz: links – rechts. Anschließend folgt sofort der Stütz der Hände.
- *Arm-Rumpf-Winkel*
  Unter Arm-Rumpf-Winkel wird das Verhältnis der Arme zum Körper (Rumpf) bezeichnet. Das Öffnen des Arm-Rumpf-Winkels ist Voraussetzung für das Gelingen eines Elements. Mangelnde Beweglichkeit im Schulterbereich stellt hierbei einen leistungslimitierenden Faktor dar.
- *Außenseitstand*
  Schüler:in steht neben dem Barren mit Blick zu den Holmen.
- *Baumstammrollen*
  Mehrere Schüler:innen liegen eng nebeneinander, ein:e Schüler:in liegt quer über den Anderen. Durch gemeinsame Drehung der unten liegenden Schüler:innen wird der:die oben liegende Schüler:in in eine Richtung transportiert. Die frei werdenden Schüler:innen (hinten) stehen auf und legen sich sofort wieder vorne hin.
- *Doppelrolle*
  Ein Kind (K1) liegt in Rückenlage mit angewinkelten Beinen und greift an die Fesseln des in dieselbe Blickrichtung über ihm stehenden Kindes (K2). K2 beugt sich vor und greift an die Fesseln des liegenden Kindes. Zeitgleich mit dem leichten Abspringen von K2 richtet sich K1 auf, während K2 abrollt. K1 folgt der Bewegung ebenfalls mit leichtem Absprung.

- *Dreh-Klammergriff*
  Der Dreh-Klammergriff kommt bei Drehungen (Rotationen) um die Körperbreitenachse zum Einsatz. Bei Vorwärtsdrehungen nimmt die turnende Person die Hände zunächst nach vorne, der:die Helfer:in fasst mit der turnernahen Hand den Oberarm der turnenden Person von unten, die andere Hand übergreift und fasst den Oberarm von oben. Die Daumen liegen außen am Arm der übenden Person nebeneinander (unbedingt darauf achten). Die Helfer:innen begleiten die Vorwärtsbewegung der turnenden Person, indem sie die seitwärts mitgehen. Hinweis: Der Dreh-Klammergriff kann bei Rückwärtsrotationen umgekehrt Anwendung finden.

- *Geschlossene Schiffchenposition oder C-Plus-Position*
  Die geschlossene Schiffchenposition (C-Plus-Position) bezeichnet eine Haltung bei der der gestreckte und gespannte Körper leicht nach vorn gekrümmt ist. Entscheidend ist vor allem die Aufrichtung des Beckens und die Rundung der Lendenwirbelsäule nach vorn und damit entgegen der natürlichen Lordose. Die gestreckten Arme sind dabei auf Kopfhöhe (knapp hinter den Ohren). Meist sind die Arme schulterbreit, sie können jedoch auch weiter geöffnet sein. Der Blick ist auf den Bauch gerichtet.

- *Innenquerstand*
  Turner:in steht zwischen den beiden Barrenholmen mit Blickrichtung zum Barrenende.

- *Innenseitstand*
  Turner:in steht zwischen den beiden Barrenholmen mit Blickrichtung zu einem Holm

- *KBA:* Körperbreitenachse

- *KLA:* Körperlängsachse

- *KTA:* Körpertiefenachse

- *Klammergriff*
  Der Klammergriff bezeichnet den Griff der Helfer:innen am Oberarm der turnenden Person. Eine Hand des:der Helfer:in fasst dabei den Oberarm der turnenden Person von hinten, die andere Hand fasst von vorne, beide Daumen liegen am Außenarm (darauf hinweisen). Der Klammergriff findet beim Schwingen am Barren Anwendung, sollte jedoch gerade beim Sprung besser durch den Stützgriff ersetzt werden. Hinweis: Nie mit der einen Hand am Oberarm und der anderen Hand am Unterarm greifen (Verletzungsgefahr für Ellbogen).

- *Körperspannung*
  Fixieren des Körpers in einer Position durch Anspannen sämtlicher dafür benötigter Muskeln. Auch unter Körperspannung soll der Atem gleichmäßig fließen.
- *Niedersprungmatte*
  Speziell für Fußlandungen entwickelte Matte, deren Oberseite mit festem Filz bezogen ist. Die Matte verhindert zu starkes Einsinken der Füße und ermöglicht durch ihre Filzoberfläche ein Weiterdrehen bei nicht vollendeten Drehungen um die Körperlängsachse. Beide Faktoren schützen vor Fuß- und Knieverletzungen, die durch das Rotieren des Körpers bei fixierten Füßen entstehen. Niedersprungmatten sind 12–30 cm dick und sollten nie geknickt oder gerollt werden, da der Schaumstoffkern dadurch zerstört und die Matte unbrauchbar wird.
- *Offene Schiffchenposition (aktive Streckung) oder C-Minus-Position*
  Die offene Schiffchenposition (auch aktive Streckung/C-Minus-Position) ist die Gegenbewegung zum geschlossenen Schiffchen (C-Plus-Position. Der Körper ist unter Körperspannung leicht überstreckt, die Hände sind gestreckt neben dem Kopf (knapp hinter den Ohren).
- *Rondat*
  Das Rondat ist die dynamische Version eines Rades. Eine häufig verwendete Bezeichnung für das Rondat ist Radwende.
- *Rückwärtspendel*
  Von einem Pendel spricht man (vereinfacht), wenn ein Körper hin- und herschwingt und nach mehrmaligem Pendeln in einer nicht ausgelenkten Position ankommt. Als Rückwärtspendel wird hier verstanden, wenn der hängende Turner von vorne nach hinten pendelt (und am hinteren Umkehrpunkt eine Aktion anschließt).
- *Scherhandstand*
  Der Scherhandstand ist eine vereinfachte Form des Handstands, bei dem es vor allem um das Stützen auf den Händen geht. Aus der Schrittstellung werden die Hände aufgesetzt und die Beine nacheinander angehoben, so dass der Körper für einen Moment nur auf den Händen getragen wird. Die Beine werden in der Luft nicht geschlossen, sondern tauschen lediglich ihre Position.
  Das Bein, das als erstes den Boden verlassen hat, wird auch als erstes wieder nach unten geführt
- *Seitliche Schiffchenposition oder seitliche C-Position*
  Die seitliche Schiffchenposition (seitliche C-Position) ist eine weitere Variante der gestreckten und gespannten Körperhaltung.

Sie ist durch eine Seitneigung im Mittelkörper gekennzeichnet. Die gestreckten Arme befinden sich neben dem Kopf. Im Liegen kann der obere Arm vor dem Körper aufgestützt werden.

- *Stützgriff*
  Der Stützgriff bezeichnet den Griff am Oberarm und der Schulter der turnenden Person, der v. a. bei der Sprunghocke zum Einsatz kommt. Die Helfer:innen greifen mit der turnernahen Hand an die Schulter (Blockieren) und mit der anderen Hand an den Oberarm (Stabilisieren).
- *Vorwärtspendel*
  Von einem Pendel spricht man (vereinfacht), wenn ein Körper hin- und herschwingt und nach mehrmaligem Pendeln in einer nicht ausgelenkten Position ankommt. Als Vorwärtspendel wird hier verstanden, wenn die hängende Person von hinten nach vorne pendelt (und am vorderen Umkehrpunkt eine Aktion anschließt).